INTRODUCCIÓN
A LA LINGÜÍSTICA:
HISTORIA Y MODELOS

Colección:
LINGÜÍSTICA

Director:
Francisco Marcos Marín

Para Charles Faulhaber, este
recuerdo de Berkeley 1989, con un
abrazo

Paco

Madison, 25, 5, 1990

INTRODUCCIÓN
A LA LINGÜÍSTICA:
HISTORIA Y MODELOS

FRANCISCO MARCOS MARÍN

EDITORIAL
SINTESIS

© FRANCISCO MARCOS MARÍN

© EDITORIAL SÍNTESIS, S. A.
  Vallehermoso, 32-4.º A Izq. 28015 Madrid
  Teléfono (91) 593 20 98

Depósito legal: M. 13.927-1990
ISBN: 84-7738-086-4

Fotocompuesto en MonoComp, S. A.
Impreso en Edigrafos, S. A.
Impreso en España - Printed in Spain

Índice

Prólogo

Este libro es una introducción a la colección de Lingüística de editorial Síntesis, más que una introducción a la Lingüística. Hubiéramos querido que, con mucha mayor justificación, nuestra colección se hubiera inaugurado con la versión española de un libro de Roman Jakobson, *Main Trends in the Science of Language*. A pesar de la buena disposición de los herederos del maestro, ha sido imposible saber con certeza quién es el propietario de los derechos, al haber intervenido la UNESCO en la publicación de la versión más amplia de esta obra. Diversas consultas al organismo internacional terminaron sin éxito. En estas condiciones, no parecía prudente arriesgar la publicación de una traducción al castellano.

Al ser imposible nuestro planteamiento inicial, Francisco Belloso me pidió que escribiera este número introductorio. Acepté mi responsabilidad de director de la serie y empecé un trabajo que tampoco hacía por primera vez; pero que añadía considerables dificultades a las aportadas por el paso de los años y el aumento de los agobios.

Lo ideal teórico hubiera pedido que con esta obra ocurriera una de dos cosas: o que hubiera sido la primera publicada, abriendo así paso a la serie y sentando terminología y orientaciones a las restantes, o que hubiera sido la última, para recoger en síntesis las valiosas opiniones de los profesores que han hecho posible esta colección, por primera vez en nuestra lengua. Sale el libro en medio, oculto bajo la protección de sus compañeros, como si esperara, al igual que los marinos de Ulises, salir de la cueva del cíclope sin caer en las garras del Polifemo de la crítica. No iba a ser de otra manera: no podía constituirme en orientador de quienes tanto tienen que enseñarme, ni el editor tenía paciencia para esperar a cerrar la colección con una visión general de lo estudiado por los demás.

La pretensión de esta colección, por otra parte, es clara e impone

9

sus límites: servir de apoyo, sobre todo a los estudiantes de los tres primeros años, o sea del primer ciclo. Quisiéramos que esta colección contuviera aquello que nos gustaría que supieran los estudiantes de ciencias del lenguaje al acabar su primer ciclo universitario. Como limitación pedagógica tiene su peso; pero no llega a cortar las alas de quienes se han atrevido a más. No cabe todo, a veces por demasiado complejo, a veces, simplemente, por demasiado extenso.

En esta situación, he hecho lo que más me atraía, recorrer el camino de la ciencia lingüística con el arma de la Historia: un espejo; pero un espejo un tanto cóncavo, que ha hecho crecer los puntos de vista latino-occidentales y, en algún momento, españoles y que se ha detenido más en lo que constituía los puntos que permiten construir modelos distintos, desde las distintas teorías. Como no todas me interesan por igual, ni las conozco con el mismo detalle, ni tengo capacidad para una crítica equipolente, ni todas ellas deben exponerse en una presentación introductoria como ésta, algunas hay en las que el espejo se ha detenido más y se ha curvado en menor medida o, al menos, así lo espero. Otras, sencillamente, no aparecen. No faltan introducciones a la Lingüística más ortodoxas que ésta, como también las hay más heterodoxas. Permítase a este autor invertir su tinta en una modesta pretensión de originalidad, al menos en la intención, si no en el objeto.

Lo anterior, aunque tenga su dimensión obligada y necesaria de *captatio benevolentiae* del lector, no es una excusa, ni sería aceptable excusarse por añadir una obra más a la ya dilatada lista de introducciones a la Lingüística: lo más aconsejable, en ese caso, sería no añadirla. Al hilo de la ineludible condición informativa, esta obra supone también una reflexión personal e incluye unas consideraciones críticas, junto con ciertas sugerencias (que obedecen a las sugestiones de los modelos sobre el autor). Puede tener una doble lectura: iniciática, para el estudiante o el curioso lector no especializado, de contraste y reflexión, para el profesional. Con ello, por supuesto, no se pretende más que en el resto de los volúmenes de esta serie. Si los años hacen a un estudioso consciente de una variada gama de limitaciones, también le aportan una dosis creciente de conciencia de su público, de su responsabilidad hacia él y de interés por contribuir a la divulgación y discusión de los conocimientos en su propia rama del saber, curiosidad intelectual que se une a una tensión afectiva hacia el objeto de estudio y aquellos con quienes se comparte.

Este libro se ha terminado en Madrid, aunque la mayor parte se ha escrito en Pequín, ciudad donde sólo era posible tener una limitada bibliografía a mano; pero donde se disponía de tiempo para trabajar con abundantes notas y material previamente seleccionado. En esta selección tuvieron mucho que ver las bibliotecas de Heidelberg, donde se trazó el plan inicial, de la Universidad de Stanford y de la Universidad de California en Berkeley, donde el exceso bibliográfico había impedido, literalmente, escribir una línea, al tenernos ocupados en recoger el material para seguir escribiendo. A Jane Wolff, cuya ayuda en el uso de los medios informáticos de Berkeley fue imprescindible, y a mis colegas Arthur Askins, Charles B. Faulhaber, Jerry Craddock y Milton Azevedo agradezco su amistad y hospitalidad. Nada tienen que ver con el contenido de este libro; pero sí con las gratas circunstancias que han ido haciéndolo posible. María Ángeles de Andrés, Silvia Guilarte, Antonio Moreno, Cristina Olmeda y Soledad Salazar leyeron la primera redacción y me ayudaron con sus comentarios, que agradezco profundamente. Marina Fernández Lagunilla leyó el capítulo en el que se trata más pormenorizadamente el modelo de la rección y el ligamiento y me hizo útiles observaciones, Los errores y descuidos que permanezcan son sólo míos.

Otras fuerzas de la naturaleza y el arte (léanse situaciones familiares y universitarias) han intervenido en el retraso de esta redacción, quizás para bien. Como demostración de mi afecto, hubiera dedicado este libro a mi mujer, mis hijos o a mis compañeros de esta magnífica aventura que se llama EUROTRA, en Madrid y Barcelona. También se lo hubiera dedicado, de buen grado, a todos los profesionales de la lingüística española que han colaborado en esta colección, por escrito o con sus opiniones y apoyo. Todos ellos, sin embargo, conocen el trabajo que llevo a cabo desde el año de 1981 en la República Popular de China y espero que comprenderán la necesidad de expresar mi mayor preocupación. Por ello dedico este libro al futuro de China, que es también el futuro de todos nosotros, a la esperanza de una solución en paz, a mi confianza en un porvenir digno y pacífico para mis alumnos, compañeros y amigos: *wǒ yě ài Zhōngguó.*

1.

Escritura y gramática: hasta el modelo greco-latino

Como punto de partida de este libro se encuentra la pregunta de cómo se han ido construyendo los modelos de representación del conocimiento lingüístico a lo largo de la historia, hasta las posibilidades de formalización y verificación tan rigurosas que tenemos hoy en día. En este empeño, naturalmente, hemos de partir de los primeros datos, los que marcan el paso de la Prehistoria a la Historia, o sea, el surgimiento y desarrollo de los modelos de representación escrita de las lenguas. Nuestros conocimientos sobre el origen del lenguaje, la estructura del cerebro, las redes neuronales, la adquisición de la primera y las restantes lenguas han avanzado mucho; pero todavía se mueven en el terreno puramente fisiológico, en unos casos, o en el de las discusiones entre escuelas de pensamiento, en otros. Son cuestiones que requieren su propio espacio y que, en esta misma colección, lo van obteniendo (López García: 1988).

Este capítulo pretende mostrar, en su primera parte, una serie de aspectos lingüísticos y de interacción cultural y social, para poder ver, ya dentro del contexto de la escritura, cómo a lo largo de la historia se van desarrollando otras preocupaciones y modelos, que iremos resumiendo y presentando después, sucesivamente, para detenernos en los que nos parezcan más necesarios para una formación básica.

1.1. Comunicación y escritura

Al llegar al final de este libro el lector se hallará más familiarizado, esperamos, con un planteamiento del lenguaje como conocimiento; pero, para empezar, si tuviéramos que buscar una razón inicial de la preocupación o el interés por el lenguaje, una razón, por supuesto, que fuera muy elemental y obvia, diríamos que es porque el lenguaje es vehículo de comunicación. La comunicación, diríamos luego, es una función característicamente semiológica.

Los lingüistas actuales utilizan los términos *semiológico* y *semiótico,* cuyo primer elemento significa etimológicamente «significar», como adjetivos referidos a *semiología* y *semiótica.* Sin entrar aquí en las diferencias que puedan establecerse (véanse los libros de Carmen Bobes y de Antonio García Berrio, Teresa Hernández Fernández y Tomás Albaladejo en esta colección), en su sentido amplio, radical, podemos hablar de la ciencia que estudia los *signos,* considerando éstos como unidades a las que corresponde una expresión, es decir, que son elementos físicos, por un lado, y que transmiten un significado, que es su *contenido,* por otro. Expresión y contenido son sustancias conformadas, por lo que deberemos hablar de sendas *forma* y *sustancia* de la expresión y del contenido. No todos los elementos de la sustancia son conformables, o no lo son necesariamente para todas las funciones posibles, por lo que se puede hablar, junto a la sustancia conformada, de una *sustancia amorfa.*

El signo es un *par,* un conjunto de dos elementos, a los que llamaremos {expresión, contenido} y que también se llaman {significante, significado}. Los elementos de este conjunto están articulados. La *primera articulación* es la que existe entre *expresión* y *contenido.* En ella se basa lo que se llama la *economía* de las lenguas: transmitir con el menor número de expresiones el mayor número de contenidos, sin entorpecer o impedir la comunicación. Las unidades de la primera articulación son bifaciales, son expresiones con contenido: *mesa* tiene una expresión /m+e+s+a/ y un contenido «mesa». Las unidades de la *segunda articulación* son unidades sólo de la expresión, pueden servir para distinguir contenidos (la /l/ y la /c/ en /lama/ y /cama/); pero ellas mismas no tienen contenido: lo que diferencia «lama» de «cama» no es lo que diferencia «l» de «c», no se trata del contenido «ama» más el de «c» o «l», dicho de otro modo. En cambio, estas unidades de la segunda articulación pueden analizarse objetivamente gracias a las propiedades físicas de la sustancia fónica.

No todos los pares {expresión, contenido} tienen el mismo interés para nosotros. Nos ocupan especialmente aquéllos en los que la relación entre los dos elementos es convencional, arbitraria, requieren una interpretación y, en consecuencia, un intérprete, y se llaman, en Semiótica, *símbolos.*

En un estudio lingüístico, conviene restringir el término *comunicación,* como propone sir John Lyons en su *Semántica* (1977), a «la transmisión intencionada de información de datos o proposicional».

Ello nos permite situar la representación escrita de la lengua en su lugar correspondiente, como comunicación estable para recepción visual. Podemos añadir que esta definición histórica ha sido sobrepasada por tecnologías incluso de cierta antigüedad, y así hemos de considerar el tacto de los ciegos como equivalente de la vista en los videntes, para la escritura Braille, y la lectura electrónica para un ordenador también como equivalente del sentido humano de la vista.

Frente al carácter de comunicación momentánea para recepción auditiva que tiene el habla, o para recepción visual que tienen los gestos, la escritura satisface una necesidad social, la de preservación, favoreciendo el desarrollo de sociedades complejas.

La escritura implica también la selección de un *espacio* para la comunicación, que puede variar entre varios metros cuadrados, en una estela egipcia o china, o reducirse al tamaño de una cuartilla o una pantalla, o de un hueso donde se han grabado varios caracteres. Este condicionamiento espacial trajo consigo una *orientación,* que ha sido diversa. Los hetitas usaban un sistema llamado *bustrofedón,* es decir, «como ara el buey:» marcaban con un signo especial el principio de la escritura y, al acabar esa línea, en lugar de volver al punto de partida y bajar a la línea siguiente, bajaban a esa línea sin cambiar de columna de escritura y reemprendían ésta en sentido inverso; así iban una vez de izquierda a derecha y otra de derecha a izquierda.

Si consideramos ahora sólo la dirección horizontal, los dos sentidos posibles están bien atestiguados: en los sistemas semíticos, como el hebreo y el árabe, se escribe de derecha a izquierda; el griego y el latín, por su parte, se escriben de izquierda a derecha.

También es posible seguir los dos sentidos de la dirección vertical: en chino clásico se escribía preferentemente de arriba hacia abajo (y de derecha a izquierda). En chino moderno se sigue en cambio la dirección horizontal y el orden de izquierda a derecha occidental, salvo por razones artísticas excepcionales.

Nótese que la escritura es también un esfuerzo físico, con determinadas repercusiones fisiológicas: la representación silábica y alfabética refuerzan la especialización del hemisferio cerebral izquierdo, donde radican la mayoría de las funciones lingüísticas, mientras que la representación pictórica refuerza la especialización del hemisferio derecho, junto con las funciones motrices.

El sentido de la escritura implica también un cambio físico en relación con la posición de la mano y el cuerpo: cuando la escritura va de izquierda a derecha la mano acaba, en los diestros, en posición normal; pero cuando se escribe de derecha a izquierda, siempre con la mano derecha, la mano acaba en posición cruzada con el cuerpo.

1.2. La representación escrita de las lenguas

La evidencia empírica de que la palabra hablada precedió a la representación escrita como medio de comunicación entre los hablantes es innegable: los testimonios históricos son claros, al igual que las conclusiones a que nos llevan las aportaciones de la antropología. Podemos añadir, incluso, que muchas lenguas no han recibido una representación escrita hasta épocas muy recientes: así ocurre en América y Filipinas, desde el siglo XVI, como consecuencia de la colonización española y posteriormente en todo el mundo como consecuencia de las colonizaciones, fundamentalmente portuguesa, inglesa, francesa y rusa.

El fenómeno tampoco era nuevo: los mercaderes fenicios y griegos llevaron sus sistemas de escritura por el Mediterráneo, donde finalmente los romanos impusieron el latino, desplazado por el árabe en el Mediterráneo Sur a partir del siglo VIII. El *alifato* árabe, así llamado por el nombre de las dos primeras letras (como *alfabeto* para el griego y *abecedario* para el latino), se utiliza también todavía hoy para lenguas no semíticas, como el persa y otras lenguas indoeuropeas de la familia irania, desde China a la Unión Soviética y Turquía, e igualmente para distintas lenguas túrcicas, comenzando por el propio turco.

Tampoco se trató, por supuesto, de un fenómeno del mundo occidental, o semito-occidental. El sistema de escritura del chino se extendió por Asia hasta Japón e Indonesia, siendo poco a poco desplazado por otros sistemas nacionales, como el llamado alfabeto coreano implantado en el siglo XVI, que tiene todavía elementos silábicos. Otro sistema de escritura, el sánscrito o antiguo indio, se extendió hasta Indonesia con la expansión del budismo y ha sido posteriormente reemplazado por el árabe en Malaisia y el latino en Indonesia.

Estos datos, que son muy generales y podrían ampliarse sin gran dificultad, nos llevan a una primera aseveración, que justifica —a nuestro juicio— la elección de este problema como punto de partida de la exposición de los modelos lingüísticos. Los seres humanos se plantearon, en una época muy reciente de la Historia de la Humanidad, hace unos seis mil años, la necesidad de fijar la palabra mediante marcas visibles convencionales. Para llevar a cabo esta tarea tuvieron que realizar un análisis suficiente de la lengua y determinar cuáles eran las unidades y elementos que iban a representar. De hecho, el nombre clásico de la disciplina que se ocupa del estudio de cada lengua, la *Gramática,* procede de la designación griega de la unidad básica del sistema de escritura, puesto que *gramma* significa sencillamente «letra». Así pues, en principio, la Gramática sería la ciencia de lo escrito o, mejor, la ciencia de lo representado mediante un sistema de escritura.

Las posibilidades terminológicas de la lengua española, que nos dejan distinguir entre *lenguaje* y *lengua,* nos llevan a dar otro paso: lo que se representa por escrito no es el lenguaje, sino la lengua o, mejor, una lengua concreta. No es óbice que un sistema de escritura sirva para representar a muchas lenguas (o a todas, caso del alfabeto fonético internacional). La escritura representa un sistema lingüístico, no un sistema comunicativo cualquiera: el código lingüístico debe estar en la base de todo sistema de escritura.

Esta base lingüística se extiende a los lenguajes formales, ampliada con signos específicos que no corresponden a la lengua natural, porque estos lenguajes formales se apoyan en la lengua natural, único medio de comunicación completa entre los seres humanos y específico de éstos.

Hemos de tener en cuenta que los inventores y perfeccionadores o reformadores de los sistemas de escritura demuestran en la práctica la conciencia de diferenciación entre las articulaciones de la lengua natural: una primera articulación, como vimos, entre expresión y contenido, que posibilita la clasificación de contenidos en *unidades,* y una segunda articulación, de expresiones, clasificadas en *elementos.*

En consecuencia, podemos plantearnos el estudio de la representación escrita de las lenguas en un triple plano. En primer lugar tendríamos la *semasiografía,* que constituye la primera gran etapa. No es muy interesante desde el punto de vista lingüístico, aunque posiblemente sí desde el cognoscitivo. La representación, generalmente en pinturas o combinaciones de pinturas, se realiza mediante *iconos.* De acuerdo con la definición clásica de Charles Peirce los iconos son signos motivados, «poseerían el carácter que los hace significativos incluso si su objeto no tuviera existencia real, como, por ejemplo, una raya de lápiz que representa una línea geométrica». Esta representación semasiográfica no debe confundirse con la pintura en general, como la pintura rupestre, a la que añade unos mecanismos descriptivos o identificadores.

La principal característica de un icono es que siempre significa algo, existente o no, y no precisa la existencia de un intérprete. No puede hablarse de verdadera escritura, en cuanto representación de la lengua, sino de expresión de un conocimiento del mundo. Por eso aparece en los códigos complementarios que se utilizan en lugares en donde es imposible proporcionar información intercomprensible, como aeropuertos, estaciones de ferrocarril, donde son centenares las lenguas que podrían emplearse teóricamente: es icónica la representación de un avión hacia arriba para indicar despegue o salida, hacia abajo para indicar aterrizaje o llegada. «Icónico», de todos modos, tampoco debe tomarse como equivalente de «natural».

La verdadera escritura comienza cuando las señales escritas son sustitutos de los signos de la lengua. Ya no se trata de iconos, sino de *símbolos,* signos en los cuales la relación entre expresión y contenido es arbitraria, convencional, basada en el acuerdo de los hablantes y en razones históricas, a partir de la necesidad de intercomprensión. Por este motivo el símbolo exige la existencia de un intérprete, mientras que, como ya hemos dicho, el icono no la exige. La lengua escrita asume así su condición definitoria, la de *código sustitutivo.* Lo que se sustituye son unidades o elementos de distintos grados: palabras, sílabas o segmentos fónicos diferenciados. Se habla de *fonografía;* pero no se asocia única y necesariamente una representación escrita con una forma oral.

No nos encontramos ante un plano único, sino doble, como corresponde a las dos articulaciones. Así tendremos sistemas que representan la primera articulación, la del contenido, y por ello son *morfémicos,* como ocurre en el chino, y sistemas que representan la segunda articulación, la de la expresión, y son *silábicos* o *fonémicos.* De todos modos, la historia de la escritura nos muestra que los sistemas que atienden fundamentalmente a la primera articulación y son, por ello, morfémicos van admitiendo progresivamente unidades de la segunda (para facilitar la diferenciación de homógrafos no homófonos, por ejemplo), llegándose a un tipo mixto, de escritura que se suele llamar *logosilábica.*

Para poner un ejemplo de la diferencia entre representación de la primera o de la segunda articulación no necesitamos ni siquiera recurrir a la lengua paradigmática, como es el chino, sino que nos basta con un signo escrito tan corriente como el signo + .

El signo + expresa un contenido, que podemos llamar [ADICIÓN], independientemente de la expresión que se le asigne (lo que solemos llamar «cómo lo leemos»). Así, se leerá /más/ en español, /ply/ en francés o /plʌs/ en inglés. Gracias a ello podemos emplearlo en cualquier lengua en la que escribamos. Lo mismo ocurre con el signo −, que se leerá, respectivamente, /ménos/, /mwã/, /minus/.

Para explicar la combinación de lo morfémico y lo silábico podemos recurrir a uno de los juegos y pasatiempos más conocidos y sencillos: el de la sustitución de elementos en una cadena de escritura.

Si en una frase como:

La máscara menospreció a los demás y siguió su camino

sustituimos las sílabas *más* y *menos* por los signos hasta ahora morfémicos + y −, convertiremos estos signos en signos representativos de la expresión, con pérdida de su valor de contenido, total (*máscara, demás*) o parcialmente (*menospreció*):

La +cara −preció a los de+ y siguió su camino.

El elemento + ha pasado a representar una sílaba. Este paso ha supuesto un cambio radical. La frase anterior sólo puede leerla correctamente un hablante de español: la única equivalencia posible es (+ = /más/). No podemos leer /plycara/ o /deplΛs/. Del mismo modo es incomprensible para una persona que no sea hablante de francés un simple juego de equivalencias, ahora sólo fonético, no gráfico, como:

Ça t'a + ? /sa ta ply?/

«¿Te ha gustado?», donde lo que cuenta es la pronunciación /ply/ del participio de *plaire,* «gustar», homófona, no homógrafa, de la que corresponde al signo + .

Los reformadores del sistema chino de escritura fueron muy pronto conscientes de esta posibilidad y formaron múltiples representaciones a base de unir un elemento portador del contenido con otro segundo, indicador de la expresión, lo que se llama el semántico o *radical,* más el *fonético.*

1.3. Etapas en el desarrollo de la escritura

Aunque el modelo teórico ideal de la evolución iría de la pintura a la letra, pasando por la sílaba y el signo morfémico (o *carácter),* esta evolución no corresponde a la cronología, porque se han superpuesto hechos culturales que han alterado su desarrollo aparentemente natural. Así el chino se sigue escribiendo con un sistema representativo del tipo logo-silábico que, en algunos caracteres, está inmediatamente relacionado con el pictográfico y, sin embargo, proporciona los signos silábicos y alfabéticos del coreano moderno o de las escrituras japonesas simplificadas.

Los bastones con incisiones para contar, guijarros, quipus incaicos, wampum de los indios norteamericanos, cauríes de los yorubas del África Occidental, junto con las pinturas, son los precursores de la escritura. Tras ellos nos encontramos inmediatamente con los sistemas *semasiográficos,* con mecanismos descriptivos-representativos, como la roca de Nuevo México, o mecanismos identificadores-mnemónicos, como los proverbios ewé, en África Occidental. Lo común de todos estos sistemas es doble: el paso de icono a símbolo todavía no ha concluido; la motivación de todas estas representaciones se limita a la conservación de unos datos, bien de carácter económico-contable, bien de índole que consideraremos más cultural o espiritual, como cadenas de sucesión, o mecanismos para recordar.

No se trata de algo que pueda ser interpretado por cualquier hablante, sino sólo por aquellos que conocen el tipo de referencia. Nosotros solemos hacer un nudo en el pañuelo, o cambiarnos el anillo de mano para recordar algo: se trata de un mecanismo mnemónico. También formamos palabras o frases para recordar clasificaciones, el ejemplo obvio son los latinajos de los silogismos: *Barbara celarent Darii ferio,* etc., donde la vocal A indica juicio afirmativo con cuantificador universal, E negativo con cuantificador universal, siendo I O los correspondientes negativos con cuantificador existencial. Supongamos que hubiéramos hecho una sarta de bolas de colores, rojo para A, azul para E, verde para I, negro para O: tendríamos un mecanismo mnemónico

rojo-rojo-rojo azul-rojo-azul rojo-verde-verde azul-verde-negro

para la primera figura; pero si no sabemos que A es la afirmación universal y E la negación y que I, O son sus correspondientes particulares, no tenemos ninguna posibilidad de interpretar

rojo-rojo-rojo

como un modo de hacernos recordar la validez de todos los razonamientos del tipo

Todos los hombres son mamíferos

Todos los políticos son hombres

Todos los políticos son mamíferos

Entre las tres bolas rojas y la expresión de las tres proposiciones anteriores discurre (sin demasiada fortuna en este caso) toda la historia de la escritura, a partir de la escritura propiamente dicha, es decir, de la que llamamos *fonografía,* aunque, insistimos, no es imprescindible que se representen sonidos.

Aunque se han propuesto cuadros muy complejos de evoluciones y es imprescindible remitir a las obras especializadas (Faulmann: 1880; Gelb: 1952/1987), podemos tener una visión más clara, aunque simplificada, si construimos un esquema como punto de partida, aunque no desarrollemos algunos puntos de innegable importancia, como la derivación desde el silabario fenicio al indio:

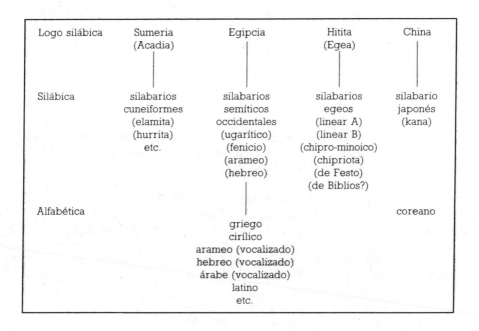

Logo silábica	Sumeria (Acadia)	Egipcia	Hitita (Egea)	China
Silábica	silabarios cuneiformes (elamita) (hurrita) etc.	silabarios semíticos occidentales (ugarítico) (fenicio) (arameo) (hebreo)	silabarios egeos (linear A) (linear B) (chipro-minoico) (chipriota) (de Festo) (de Biblios?)	silabario japonés (kana)
Alfabética		griego cirílico arameo (vocalizado) hebreo (vocalizado) árabe (vocalizado) latino etc.		coreano

Del tipo inicial, logosilábico, se conserva el sistema chino, para esta lengua y, junto con los sistemas simplificados *hiragana* y *katakana,* para el japonés. Los tipos sumerio, egipcio e hitita corresponden al sistema jeroglífico (de origen icónico) y su primera evolución (en su progresivo paso a simbólico). En los tres casos esa evolución prosigue y lleva a una variedad de silabarios, de los cuales sólo tiene continuidad el tipo egipcio, a donde remontan las escrituras indoeuropeas occidentales, mediante el silabario fenicio: el griego y el latino. Del primero nació en la Edad Media el alfabeto cirílico de los pueblos eslavos, que toma su nombre de San Cirilo (c. 827- 869), apóstol de los eslavos, junto con su hermano San Metodio (c. 825- 884), probables inventores de este sistema, usado en la traducción de la Biblia al llamado por ello eslavo eclesiástico antiguo.

Del mismo tipo egipcio arrancan los silabarios semitas de los que proceden las versiones actuales del arameo (siriaco), hebreo y árabe. En estos casos no cabe hablar de alfabetos en sentido pleno, puesto que las vocales breves se representan simplemente con signos, *mociones,* sobre la base consonántica: un sistema similar al de los acentos o la diéresis en español, francés o alemán.

Unas consideraciones concretas sobre los casos del chino y el árabe pueden ayudarnos a comprender mejor algunos aspectos de la evolución.

En el caso del chino, la cuestión básica es bien conocida: la lengua china está dividida en una serie de «dialectos» (en realidad, lenguas o grupos lingüísticos) muy diferenciados. Esta diferenciación no es moderna; pero pervive en las condiciones actuales, con la peculiaridad de que, por la idiosincrasia del sistema chino de escritura, sólo afecta a la lengua hablada: las distintas variedades lingüísticas chinas, tan diferentes que llegan a ser mutuamente ininteligibles, tienen un sistema de escritura común, sistema que sirve, por otra parte, a diversas lenguas asiáticas, incluso sin relación genética con el chino, como ocurre con el japonés. Por ejemplo, el carácter 日 significa «sol», se lee en chino *rì* y en japonés *nip*. (Y en español *sol,* podríamos añadir.)

Este sistema servía para escribir el chino antiguo, que tanto fonética como tipológicamente puede estar muy lejos del actual, y estaba ya bien establecido en el siglo IV de nuestra era, lo que permite a un conocedor actual del sistema gráfico leer los textos de esta época (y algunos bastante anteriores) y comprender su contenido, aunque no sepa pronunciarlo como cuando se escribió. Pueden leerse así, con mayor o menor dificultad, textos que se remontan a épocas anteriores al fin de la dinastía Shang (1122 a.J.C.).

Lo que permite esta amplia posibilidad es, como sabemos, la escasa o nula relación con la pronunciación. Sobre todo los caracteres que se refieren a objetos concretos, como *sol* o *cuchillo,* pueden haber tenido una relación directa con ese objeto, por ejemplo si han nacido como dibujos para representarlo; pero ni siquiera esto vale para la gran masa de caracteres.

Un carácter está formado por una serie de trazos dispuestos de acuerdo con un orden rígidamente establecido y expresa uno o varios significados; por sí mismo no podemos saber cómo se lee o leía, aunque, naturalmente, tenemos otros recursos, como las rimas, por ejemplo, los nombres propios y sus correspondencias en otras lenguas, o las noticias de gramáticos y lexicógrafos. De todos modos, hay todavía caracteres que no sabemos leer, aunque, a veces, sepamos qué significan.

Como ejemplo sencillo podemos poner el del carácter 二, que significa «dos», como es fácil deducir (si bien advertimos que así es y que se trata de la representación abreviada, no de la usada en contabilidad, porque sería muy fácil de alterar). Se lee *èr* o *liǎng,* en pequinés moderno. Nada hay en el carácter que indique cómo se lee: el trazo único — «uno» se lee *yī,* el triple, 三 «tres», se lee *sān.*

El sistema de escritura chino se desarrolló en etapas. Aunque señalamos tres primeras, conviene advertir enseguida que, en realidad, no son total y absolutamente sucesivas.

Primero tenemos dibujos de objetos naturales, progresivamente estilizados y separados de su modelo, como el sol y la luna. Conceptualmente una segunda etapa correspondería a dibujos con referencias de tipo metafórico, de relación inmediata o fácil con el contenido expresado: es el caso de «dos», que hemos visto, o «subir» y «bajar» (línea horizontal con un trazo vertical hacia arriba o hacia abajo, respectivamente). El tercer paso es el de los compuestos para expresar cualidades o valores abstractos: la combinación del carácter del sol y de la luna, *míng,* expresa «brillantez», la suma de «alto» + «bajo» es «altura», y así sucesivamente.

Este sistema es muy ingenioso; pero ofrece un grave peligro: que cada uno se invente los caracteres que va necesitando, a su gusto. Ya Confucio (551- 479 a.J.C.) se quejaba de la falta de sistematización de la lengua escrita. El año 213 a.J.C., por esta razón, el emperador Shih Huang Di encargó al gramático Li Sin la revisión del sistema de escritura (Forrest: 1948/1973, 48).

La gran masa de confusiones se produce cuando un carácter pasa a usarse para varios significados, y ello por muchas razones: porque el significado primitivo es arcaico, por error, por homofonías, por desuso y otras similares. Mucho antes de Li Sin vivió un escriba desconocido (seguramente fueron varios) que recurrió a un procedimiento específico para remediar este mal: una parte de los caracteres complejos sería un *radical,* es decir, un signo relacionado con el significado básico. Así, todos los caracteres que representan significados relacionados con el agua comienzan por el radical 氵, que no tiene lectura propia, sólo sirve para diferenciar lo que sigue, que, si fuera solo, podría expresar varios significados distintos.

Li Sin codificó este uso incipiente y no general, de modo que, a partir de entonces, los caracteres chinos complejos constan de un *radical,* que expresa la agrupación semántica a la que pertenece el significado representado, y una parte llamada *fonética,* constituida por un carácter que no tiene nada que ver con el significado; pero que da una indicación, a veces muy somera, sobre la pronunciación. Así, el carácter 们 que sirve para expresar el «plural personal», está formado por el radical 亻 de «persona» y el fonético 门 *men* (signo modernizado que significa «puerta», simplificación de una forma antigua, que es la que encontramos, con el mismo valor, en los textos anteriores a la reforma actual de los caracteres.)

La normalización de Li Sin abarcó unas tres mil trescientas formas, las básicas para la comunicación normal, muy lejanas de los cuarenta mil caracteres, aproximadamente, de los grandes diccionarios. La verdad es que, durante mucho tiempo después, los radicales se usaron a gusto de los escribas y que la escritura se complicó por múltiples razones, incluidas las estéticas, la etimología popular y otras mezclas de refinamiento e ignorancia, de manera que esta reforma tiene más valor simbólico que efectivo. No obstante, vale la pena saber que, doscientos tres años antes de Jesucristo, un emperador y un gramático chinos encontraban provechoso ocuparse de la modernización y reforma de la lengua.

La evolución de la escritura árabe, como ejemplo de silabario, también está llena de interés.

El alifato árabe es, como hemos dicho, un silabario, en el que tienen signos de uso obligatorio las consonantes y las vocales largas. Además, se trata de una escritura *cursiva*, lo que lleva consigo que muchas grafías tengan distintas formas en posición inicial, medial, final o aislada:

b   -b   -b-   b-

A esta escritura cursiva, en su estado actual, se ha ido llegando en un proceso lento, en el que la aparición de los puntos diacríticos y la unión de las letras han sido progresivos.

En un principio, en la escritura que llamamos *cúfica*, por el nombre de la ciudad de Cufa, sólo se representaba la base de la consonante, no los puntos diacríticos. Así, un trazo como el de arriba, sin el punto, no sólo representaba *ba, bi, bu,* sino también *ta, ti, tu, ta, ti, tu, na, ni, nu* y hasta *ya, yi, yu* inicial y medial. Lo mismo ocurría con todas las sílabas que se diferencian por puntos: *fa, fi, fu* se escribía igual que *qa, qi, qu*.

La adición de los puntos diacríticos facilitaba enormemente la lectura y de ello hay una clara conciencia popular, reflejada en la noche 242 de las *Mil y una noches,* que corresponde a la historia de *Niᶜma* y *Nuᶜm:*

«El primero, acompañado del médico persa que le sirve de amigo y protector, llega a Damasco, en busca de su amada Nuᶜm. El médico alquila una tienda y abre consulta con sus fármacos e instrumental. A los pocos días se presenta una vieja recadera que solicita remedios para sanar a una esclava, propiedad del califa ᶜAbd al-Malik b. Marwān. El médico pide unos datos para confeccionar el horóscopo de la enferma, por los que deduce que se trata de *Nuᶜm,* de Cufa. Lleno de alegría, Niᶜma prepara los medicamentos que su maestro prescribe y los mete en una caja. Hecho esto, escribe en una hoja de papel unos versos, que esconde entre las medicinas, dentro de la caja. Antes de entregarla a la recadera, finalmente, escribe sobre la tapa, ya sellada, *en letra cúfica: "yo soy Niᶜma b. al-Rabīʾ, de Kūfa"'*. Esta precaución permite que nadie, salvo Nuᶜm, sea capaz de descifrar el escrito.»

La anécdota interesa porque al hilo de ella surgen puntualizaciones de los estudiosos que nos ilustran acerca de las vicisitudes que otros sistemas de escritura han podido sufrir. A pesar de no haber sido nunca exclusiva del mundo árabe, sino peculiar de ese foco cultural iraquí, la escritura cúfica adquirió gran importancia debido a que, hacia el 650 J.C. (H. 30), cuando el califa ᶜUṯmān intentó unificar las distintas lecturas alcoránicas, el grupo de Cufa, que creía tener una recensión «escrita en los mismos caracteres que trazó la Pluma, *al-Qalam,* al redactar la parte de la Tabla, *al-Lawḥ,* revelada por Gabriel a Mahoma en cumplimiento de los designios de Al-lāh», se opuso, y acabó consiguiendo que su modalidad de escritura fuera la exclusiva de los textos alcoránicos, como observamos en los ejemplares más antiguos.

El uso de la escritura cúfica para el Alcorán hacía que éste sólo pudiera ser leído por unos pocos. Así nacieron una técnica especial, la de la lectura salmodiada, *ᶜilm al-Qirāʾa,* y un oficio, el de los recitadores, *qurrāʾ,* que eran realmente memorizadores del texto. Para evitar el abandono de la lectura, con los problemas de una transmisión oral, se fue relegando a unos pocos casos el uso del cúfico en la copia del Alcorán, para usar el alifato con signos diacríticos y, más tarde, extender el uso de las mociones vocálicas sobre las grafías consonánticas, general hoy día y que hace de la escritura árabe alcoránica un ejemplo claro de transición del sistema silábico al alfabético.

1.4. Información de la escritura sobre el modelo lingüístico

Desgraciadamente, los autores de los sistemas de escritura antiguos, los auténticos «inventores» de la escritura, no nos han dejado ningún tratado donde expusieran los motivos, métodos y modelos. Si lo hicieron, no se ha conservado. Tenemos muchos conocimientos sobre procedimientos modernos, desde las escrituras secretas de los escolares a las invenciones de una persona en un lugar determinado, como el sultán bamún (parte del Camerún actual) Njoya (h.1867-1933), quien entre 1895 y 1896 inventó el alfabeto y la escritura shümom, que transformó posteriormente en cuatro reformas, hasta 1920, año de la primera impresión en lengua shümom. Sin embargo, por interesantes que sean estos procedimientos modernos, se apoyan siempre en que la escritura, como tal, ya existe.

Los inventores de los primeros sistemas de escritura pueden ser considerados con justicia los auténticos iniciadores de la Lingüística, por lo que podemos también extraer algunas consecuencias del estudio del nacimiento y evolución de los sistemas de escritura.

Varios son los aspectos que este análisis confirma:

El paso de la pictografía y los sistemas mnemotécnicos a la escritura es una indicación clara de la sustitución del signo icónico por el signo arbitrario interpretable: el símbolo. El análisis de éste en contenido y expresión, que corresponde a los dos planos o la doble articulación de la lengua natural, permite la existencia de sistemas que representan unidades mínimas dotadas de significado, *morfemas* o *monemas,* así como el desarrollo, por análisis posterior, de tipos que representan ya elementos del plano de la expresión, sílabas o segmentos fonemáticos.

En el plano de la expresión se ha producido, como explicación del paso logo-silábico al silábico, un análisis completo de la *sílaba* y, en el paso al alfabeto, de los segmentos llamados habitualmente *fonemas.*

Las *unidades lingüísticas* menores y su *concatenación,* por lo tanto, hubieron de ser detenidamente analizados en este complejo y largo proceso evolutivo de la representación escrita.

También podemos inferir de su estudio la preocupación que motivó este desarrollo. La escritura, que pudo partir de una preocupación religiosa o mágica y artística o estética, se pone desde sus inicios al servicio de la memoria. Su finalidad es preservar nombres, de los dioses y los muertos, en principio, luego de los reyes y sus hechos, así como de los números: muchos de los primeros testimonios de representaciones escritas son testimonios de recuentos. Por una parte es una ocupación al servicio de la clase dirigente y, por ello, conservadora; pero por otro lado, los custodios y reformadores de la escritura son también testigos de la evolución de los conocimientos y participan de la mentalidad de investigación. En lo que se refiere a su técnica, como tal, su modelo es *prescriptivo, normativo,* aunque, como hemos visto, no haya sido posible llegar a él sin una previa y detallada fase de descripción.

Este carácter normativo de la escritura, que pervive en la *ortografía,* no debe hacernos olvidar, sin embargo, la base de descripción y preocupación por las lenguas que, con toda seguridad, presidió su origen.

Fue la evolución histórica, sin duda, quien despojó a la escritura de su carácter conservador, para convertirla en una técnica al servicio de la sociedad, apta para todo tipo de contenidos.

En algunos casos, para escrituras que se adaptan con dificultad a las lenguas que representan, han sido razones religiosas las que han motivado su conservación: aunque Kemal Attatürk a principios del siglo XX hizo que el turco otomano pasara a escribirse con el alfabeto latino y tanto en la Unión Soviética como en China se ha tratado de usar el alfabeto cirílico, o el latino, en otras lenguas túrcicas, así como en lenguas iranias, el peso de la religión islámica ha sido determinante en el mantenimiento de la grafía árabe.

Si éste puede considerarse un paso regresivo, no lo es, pese a las apariencias, el que ni el árabe ni el chino, por ejemplo, hayan adoptado el alfabeto latino. En ambos casos el sistema de escritura sirve para mantener una unidad que no existe en la lengua hablada. Si bien en el caso del árabe esto supone una típica actitud de *diglosia* (Rotaetxe: 1988), con una variedad superior o A de una lengua y una variedad inferior, B, que corresponde a los dialectos y variantes orales, dada la peculiar y constante interacción de A y B en el mundo árabe, al menos de momento, la esperanza de evitar la fragmentación pasa por conservar el modelo de escritura. En cuanto al chino, si bien es útil que la escolarización se haga también en el sistema romanizado, *pinyin,* que favorece luego la iniciación a distintos modelos de análisis lingüístico, hemos señalado varias veces cómo la lengua escrita es el único medio de intercomprensión entre numerosísimos habitantes de la República Popular.

No se nos oculta que hay muchas voces, que se presentan por lo general con vestiduras que se pretenden progresistas, clamando por la simplificación de los sistemas, la unificación, e incluso la superación del alfabeto latino mediante un nuevo tipo de escritura más acorde con las nuevas tecnologías. Sin embargo, cuando se supone que así el costo del aprendizaje de un sistema como el chino disminuiría y lo haría también el analfabetismo, la pregunta pasa a ser otra distinta, la de la finalidad de la lectura y escritura. No vale la pena haber hecho un esfuerzo tan gigantesco como el desarrollo de la escritura para que sólo se utilice para rellenar impresos oficiales, leer propaganda o publicidad. Pasar de ahí supone, más que aprendizaje, educación, y eso cuesta tiempo, tiempo compatible con el aprendizaje de sistemas que llevan en sí una carga de cultura, de historia y también de belleza estética.

1.5. La gramática en el Mediterráneo: desde el modelo griego a Roma

A partir del siglo V a.J.C. tenemos ya noticias de una preocupación acerca del lenguaje en el mundo griego. Esta preocupación está naturalmente vinculada a la especulación filosófica que, como se sabe, nace en la civilización helénica con mucha fuerza y tiene ya en el siglo IV a.J.C. con la figura de Platón (427-347 a.J.C.) a uno de los filósofos más notables de todos los tiempos.

Al mismo tiempo, esta corriente de preocupación por el lenguaje se va plasmando en otro tipo de actividades, ahora no de carácter especulativo y teorético, sino de índole más práctica y dominio más restringido: nos referimos a la acción de todos los conservadores, transmisores y correctores de textos literarios, ocupados en fijar por escrito la gran literatura griega, transmitida originariamente por vía oral. No hay Literatura sin texto y, puesto que éste requiere para su interpretación una labor previa de fijación, o sea, de crítica textual, podemos decir que no hay Literatura sin Filología, en el sentido más amplio del término. Ya en el siglo I a.J.C., Dionisio el Tracio, al estudiar las partes de la Gramática, en la línea de su maestro, el célebre filólogo alejandrino Aristarco de Samotracia (217-145), afirma que la sexta parte es la dedicada a examinar críticamente los poemas y la considera la culminación de las cinco anteriores.

Tampoco olvidemos, porque está en el nombre mismo de la nueva técnica, que el nombre *Gramática* está directamente relacionado con la capacidad de escribir, como veíamos anteriormente: *gramma* es «letra».

Así pues, Grecia nos ofrece ya dos corrientes que van a constituir sendos modelos de investigación lingüística: por un lado el modelo teórico, lógico, especulativo; por otro, el modelo aplicado, filológico, normativo, pues no basta con conservar los textos orales en forma escrita, sino que se toman también como modelos sobre los cuales se enseña en las escuelas. Durante veinticinco siglos los niños leerán las hazañas de los héroes de Homero y Troya será para ellos tan familiar como cualquier acontecimiento de su vida diaria.

Si en el aspecto cultural este hecho puede calificarse de extraordinario, aún lo es más si se tiene en cuenta que, desde muy pronto, esta lectura no se hará en la lengua griega originaria, en la parte dominante del mundo mediterráneo: primero será el latín el que desplace al griego, para ser poco a poco sustituido por las lenguas románicas, derivadas de él, extenderse con las lenguas germánicas y eslavas por Europa, influir con el árabe en el Mediterráneo Sur, retornar a través del castellano y el latín hispánico a Europa, y extenderse por todo el mundo con las conquistas y colonizaciones de los europeos desde el siglo XV al XX.

Esta extraordinaria pervivencia no se debe a la casualidad, naturalmente, sino a que los griegos supieron construir unos esquemas rigurosos, unos *modelos* que pudieron aplicarse, no sólo a las lenguas indoeuropeas, como el latín, las lenguas germánicas, bálticas o eslavas, sino a las lenguas indoamericanas, más tarde. Téngase en cuenta que no hablamos ahora de que ese modelo fuera perfecto y definitivo, desde el punto de vista científico, sino de que se tomó como tal y se mantuvo, básicamente, hasta nuestro siglo.

Arranca de los griegos un modelo *teórico*, lógico-filosófico, especulativo, junto con un modelo *normativo*, escolar, vigente en lo fundamental hasta mediados del siglo XX y todavía no sustituido por completo. El primer modelo se preocupa por la conexión del lenguaje con el pensamiento, por las categorías universales, las partes de la gramática; mientras que el segundo se preocupa de la corrección, a partir del ejemplo que ofrecen las *autoridades del idioma*, los grandes autores, en un momento en el que todo lo que se escribe se considera en conjunto, sin establecer diferencias entre un texto científico y un texto literario. La obligación de cualquier escritor era hacerlo bien y para ello tenía que seguir unas normas, impuestas en la escuela. Roma heredará esta concepción y la transmitirá a las escuelas medievales. Aprender a leer será aprender también a conocer un texto modelo, una manera ejemplar de escribir y unas construcciones que se deben copiar. Los autores imitables, las autoridades del idioma, son los *clásicos*.

No significa esto que el modelo especulativo no tuviera un carácter también aplicativo. Ni los conocimientos científicos de la época ni el modelo de sociedad permitían el desarrollo de un pensamiento teórico en el sentido de una lingüística inmanente, que, de hecho, será una de las grandes innovaciones de de Saussure en el segundo decenio del siglo XX. La Filosofía, el Foro y la Literatura son los tres ejes en torno a los cuales gira esta especulación gramatical.

1.6. Del Derecho a la Poética

Los primeros gramáticos griegos de nombre conocido son los *sofistas*, cuya figura es Protágoras (480-410 a.J.C.). De él se cuenta que acordó un día con Euathlos, quien deseaba ser abogado, enseñarle el arte propio de los sofistas, la dialéctica. El precio de la enseñanza era una cantidad abultada, porque la aplicación inmediata de estos conocimientos era el foro y como abogado ya se ganaba bien el dinero en Grecia. Esta suma se dividía en dos partes: la primera se pagaba al empezar la enseñanza y la segunda cuando Euathlos hubiera ganado su primer pleito.

Como pasaron los años sin que Euathlos iniciara la práctica forense, Protágoras ya no esperó más y decidió citarlo a juicio, con esta argumentación:

—Euathlos tendrá que pagarme de todos modos: si gana el pleito, porque convinimos en que me pagara cuando hubiera ganado su primer caso y si lo pierde, porque los jueces lo condenarán a ello.

Euathlos también hizo sus cálculos y sus conclusiones demuestran al menos que había asimilado bien las enseñanzas de Protágoras:

—No voy a pagar de ninguna manera: si gano el pleito, serán los jueces los que dictaminen que no he de hacerlo y, si lo pierdo, tampoco pagaré, puesto que lo acordado con Protágoras es que le pague cuando haya ganado mi primer caso.

La anécdota es representativa de un uso del estudio del lenguaje muy distinto del que puede observarse en otros testimonios de diversos pueblos. Se trata del uso común, para las contingencias de la vida diaria, no de la necesidad de transmitir una religión o una revelación, ni los anales reales o palatinos. Por ello es inevitable que la norma vaya acompañada de la especulación teórica, en dos modelos interrelacionados.

Estos dos modelos agrupan, pero no reducen, todas las tendencias que se observan en el mundo complejo de la gramática grecolatina. Es determinante que la preocupación lingüística no se origine por la interpretación de un texto sagrado, como ocurre en el caso del antiguo indio, con la gramática sánscrita, o del hebreo, con la Biblia, o del árabe, con el Alcorán. Se parte de la pregunta general acerca del hombre, en dos sentidos, por un lado ligada a la estructura del razonamiento, a la Lógica y por otro ligada a la interpretación del mundo, a la Metafísica. Paradojas como la de Euathlos no tienen solución salvo que separemos dos planos: el de la justicia ordinaria y el metaplano del acuerdo personal. En el caso del lenguaje esta separación se produce mediante la distinción entre un nivel de uso corriente del lenguaje y un nivel de uso especulativo: usar la lengua para hablar de la lengua, es decir, usar la lengua como *metalengua.*

Se trata de una gramática, por una parte, de contenido, de relación de categorías mentales y categorías lingüísticas, y por otro lado de expresión. Para cumplir estas finalidades se dividía en cuatro partes:

La Prosodia trataba de los sonidos y lo significativo de las diferencias entre ellos, pero sin estudiar la oposición de unos a otros para aislar unidades, innovación que habrá de esperar hasta después de 1920, con la Fonología estructural. Podríamos definirla como un tipo de Fonética con algunos puntos de pre-Fonología. La Etimología se ocupaba del origen de las palabras; pero no en el sentido que tiene ahora esta definición, sino en el de la relación entre los nombres y las cosas. Abarcaba así los problemas de la convención o motivación, anomalía y analogía en la relación entre el objeto, la cosa, y el nombre, así como el de las derivaciones, aunque de manera muy poco fiel, por falta de mecanismos de análisis. La Sintaxis trataba de las frases en lo que hoy llamaríamos su estructura superficial: construcción de la oración y clases de oraciones. Es una sintaxis de tipo muy morfológico, a lo que ayuda también la estructura de la lengua griega, con la posibilidad de asignar funciones sintácticas a las formas gramaticales de los casos. No se trata de lo que podemos entender hoy por Sintaxis, que es más bien un sistema de reglas y principios. La Analogía, por último, aunque está relacionada con las construcciones morfológicas y, con el paso del tiempo, será la ciencia que corresponde a la Morfología tradicional, no era en principio lo mismo. Ya desde el nombre arrancaba de un intento de explicar ciertos elementos lingüísticos de modo analógico, no convencional. Se trataba en ella de acercarse a los elementos o características motivados de la lengua natural a través del estudio de las partes de la oración, o sea por la caracterización formal y funcional de los distintos elementos oracionales. No olvidemos que el problema fundamental era el del origen del lenguaje y el estudio de las estructuras lingüísticas era un modo de buscar una respuesta a esa pregunta.

Más que de partes de la oración tendríamos que hablar de partes de la proposición lógica que enuncia un juicio: Ps, «predicado se da en sujeto», «*Leónidas es hombre: la hombría se da en Leónidas*». Todavía hoy se conserva esta notación en Lógica. De acuerdo con ello Platón (427-347 a.J.C.) distingue *ónoma* «nombre» de *rhêma* «verbo», como sujeto y predicado lógicos. Aristóteles (384-322 a.J.C.) en su *Poética* nos permite comprobar también que esa distinción es más lógica que morfológica: *ónoma* es el nombre como sujeto y *rhêma* es «siempre la expresión de aquello que se dice de otro, es decir, de un sujeto (sustrato) o de aquello que está en el sujeto». (Para unificar la versión de las citas usaremos preferentemente, cuando sea posible, Arens: 1976, en este caso en la página 27.)

Los griegos no llegan a establecer unidades estrictamente lingüísticas, como habían hecho los gramáticos del antiguo indio, quienes ya podían analizar una unidad mínima dotada de significado, es decir, un *monema* o *morfema,* que podían dividir en dos tipos, uno con significado léxico, o RAÍZ y otro con significado gramatical, flexivo, o DESINENCIA. Los griegos, en cambio, tenían como unidades dos, procedentes del análisis de la lengua escrita, la *letra* y la *palabra.*

De la enseñanza de Sócrates conocemos la versión que nos da Platón en sus Diálogos, especialmente en el *Crátilo,* que se dedica a «la verdad de las palabras». Sobre su interpretación se ha escrito tanto que es imposible aquí hacer otra cosa que referirse al problema fundamental, tal como lo enuncia Hermógenes, haciendo suya una afirmación de

Crátilo, «que hay para cada cosa un nombre que surge de la naturaleza de la cosa misma y que no hay que reconocer como (verdadero) nombre el que algunos emplean por convención como denominación del objeto eligiendo (caprichosamente) un fragmento de su lenguaje como expresión de aquél, sino que hay una exactitud natural de los nombres, que es la misma para todos, griegos y bárbaros».

La demostración de la propiedad de las palabras se consigue, según los interlocutores, aplicando el método etimológico. Estas etimologías, que llegan hasta la ciencia etimológica actual de modo mucho más científico y depurado, son en la Edad Antigua y Media, y todavía en la Moderna, una mezcla de suposiciones, supersticiones y confusiones. Puede interpretarse que Sócrates ironiza sobre ello cuando discute la etimología de Poseidón, dios del mar, mezclando interpretaciones fantásticas, como «traba para los pies» *(posidesmon),* porque la naturaleza del mar lo detuvo como una traba para sus pies, junto con «el que sabe muchas cosas» *(pollà eidôs)* o «el sacudidor» *(ho seíon).* Claro que cuando se leen las *Etimologiae* de San Isidoro de Sevilla (+ 636), de las que nos ocuparemos más adelante, de cuya seriedad no se puede dudar, parece más difícil pensar que Sócrates y Platón ironizaran. Cuando Sócrates insiste en «explicar las cosas mediante la imitación con las letras y las sílabas» está totalmente dentro de la concepción de que originariamente las palabras representan las cosas por semejanza natural. Los sonidos originarios tienen por ello una relación directa con la cosa misma, de ahí el interés por la etimología. Subyace, como es natural, una concepción onomatopéyica del origen del lenguaje.

Esta interpretación no podía extenderse, sin embargo, a todas las formas de la lengua, por lo que el *Crátilo* termina con lo que Arens (1976: 25) llama «una interpretación conciliadora:» «la convención y el uso contribuyen en cierta manera a la representación de aquello en que pensamos al hablar».

En la *Lógica* de Aristóteles se plantea ya de otra manera esta relación. Por un lado se advierte que las impresiones psíquicas, como imágenes de las cosas, «son las mismas en todos» (Arens: 1976, 27), la base que permite que todas las lenguas humanas sean intertraducibles. Los signos de esas impresiones psíquicas son las expresiones lingüísticas. La relación entre expresión lingüística e impresión psíquica, que se refiere a la cosa, es convencional, negándose expresamente el significado de los componentes.

Como ciencia, la gramática efectúa pocos progresos, aunque en la *Poética* (cap. III especialmente) se desarrollan algunos puntos. No se divide la Gramática; pero sí se deslindan algunas categorías: «Las partes de toda suerte de habla son éstas: elemento, sílaba, nombre, verbo, palabra de enlace, artículo, caso, palabra». Una gran heterogeneidad preside la enumeración anterior. En ella, *elemento* viene a coincidir con «letra», *sílaba* es la combinación de vocal y semivocal o muda, sin significación.

En lo que concierne a la definición de las voces, la *conjunción* o palabra de enlace es voz no significativa que une voces significativas, mientras que «*Artículo* es una voz no significativa, la cual muestra el principio o el fin, o la distinción de la palabra; v. g.: *Lo dicho, acerca de esto,* etcétera». Esta categoría sólo aparece en la *Poética* y en la *Retórica,* por lo que ya desde antiguo la crítica ha negado que fuera formulada por Aristóteles (Steinthal: 1890). El *nombre* es voz significativa sin tiempo y compuesta de varios elementos, que no mantienen su significación separados. El *verbo* es voz significativa con tiempo, también compuesta. El *caso (ptôsis)* no es exactamente la flexión nominal y verbal, aunque así es como podemos interpretarlo; se refiere sencillamente a las variaciones que sufre la forma fundamental de una palabra, no solamente por flexión, sino también por traslación o cambio de categoría, la adverbialización por ejemplo, o por composición lexicológica. En cuanto a la *palabra,* definida como «voz compuesta significativa, de cuyas partes algunas significan por sí, más no siempre con tiempo, porque no toda palabra se compone de nombres y verbos», se trata en realidad de una definición sintagmática, que corresponde a una extensión amplia entre la unidad léxica y la unidad sintáctica.

1.7. Desarrollo de los modelos y categorías gramaticales

Nombre, verbo y *palabra de enlace* o *conjunción (syndesmoi)* son las categorías que parecen más claras en Aristóteles. Las cuatro partes, con el *artículo,* no aparecerán con claridad hasta los *estoicos.* A la generación anterior a su fundador pertenece Epicuro (341-270 a.J.C.), interesado en la discusión sobre el origen del lenguaje.

Políticamente el movimiento *estoico* corresponde a la época postalejandrina. Su fundador, Zenón de Citio (h. 320- h. 250 a.J.C.), era de origen semítico, fenicio, y bilingüe. Autores como Robins (1969) han señalado el interés que este bilingüismo, con una lengua no indoeuropea, por otra parte, pudiera tener y su influencia en el desarrollo de su gramática. Desgraciadamente, los testimonios que tenemos de los estoicos son posteriores e indirectos, a través de la obra de Diógenes Laercio, *De vitis philosophorum.*

Con todo, sabemos que su especulación etimológica los lleva al origen natural del lenguaje, aunque son anomalistas para explicar la relación entre palabra o expresión lingüística y cosa u objeto en las lenguas humanas que conocen. El movimiento estoico, como las otras escuelas griegas posteriores, repercutirá además en la gramática latina.

Si repasamos brevemente sus aportaciones, vemos enseguida que son mucho más concretas que las de Aristóteles. Restringen la *flexión* a los cinco casos del nombre, frente a la pluralidad de mutaciones que señalábamos en Aristóteles, por ejemplo, y se ocupan de las clases de verbos y sus *accidentes*, especialmente la *voz*, a la que se dedicaron Diógenes Babilonio y Crisipo (II a.J.C.). En el siglo I a.J.C. Antípater de Tarso añadió la voz media.

Con ellos quedan configuradas, por tanto, las *categorías morfológicas*, de un lado y las *partes de la oración* de otro. A las primeras, para el sustantivo, corresponden *número*, *género*, *caso*, mientras que en las segundas tenemos el *nombre*, que es el nombre propio, para expresión de la cualidad individual, «ser Sócrates», el *apelativo*, para expresar la cualidad general, «ser un caballo», el *verbo*, la *conjunción:ehpl y el artículo*, categoría a la que corresponden el artículo determinante del griego así como los personales y los posesivos.

Lo que se va desarrollando, en consecuencia, es un modelo de *análisis* del lenguaje, más interpretativo que creativo. Este aspecto se completa en la parte especulativa con el desarrollo de las intuiciones aristotélicas en una primera posible *teoría del signo*, en la que por un lado se distingue el OBJETO y por otra el designador y lo designado, como SIGNIFICANTE-SIGNIFICADO. Así se transmite esta diferencia ya en la obra de un pensador escéptico, Sexto Empírico (h. 180-200 d.J.C.), *Adversus mathematicos*, quien nos transmite los puntos de vista de los estoicos para discutir sobre ellos. El desarrollo del pensamiento de Aristóteles corresponde sin embargo más a otra escuela, la de los *neoplatónicos*, uno de cuyos representantes más ilustres, Porfirio (h. 232-304 d.J.C.) compuso uno de los libros más influyentes en ciertas corrientes de pensamiento medieval, la *Eisagoge* (introducción) *a la teoría de las categorías de Aristóteles*. Este libro, difundido gracias al comentario medieval de Boecio, es la base de la *disputa de los universales*.

Paralelamente al desarrollo del movimiento estoico y el neoplatónico va evolucionando el movimiento *helenístico*. Sus dos escuelas principales, la de Alejandría y la de Pérgamo, difieren en que los primeros son analogistas, consideran esencial la regularidad del lenguaje humano, mientras que los segundos son anomalistas, más preocupados por la irregularidad. Téngase en cuenta que los filólogos, en la crítica textual, se enfrentaban con una gran variedad de formas, en principio merecedoras de atención y crítica, por formar parte de la tradición. Ante ellas no cabía propiamente el modelo normativo, sino que era necesario realizar una previa labor de recogida y clasificación. Se origina así el modelo *descriptivo*, que tan extraordinaria importancia tendrá en la evolución de la gramática y cuya validez todavía hoy es indiscutible.

Aunque parece ser que los principios de esta escuela estaban ya establecidos en la obra de Aristarco de Samotracia (217-145 a.J.C.), la *Gramática* de Dionisio el Tracio (¿170-90? a.J.C.), donde ya aparece el título de *Téchnē* («arte» en la versión latina; pero claro antecedente de «técnica»), es la primera gran obra específica y explícitamente gramatical, al menos que conozcamos.

Encontramos en esta obra seis apartados básicos, que corresponden a la lectura con pronunciación correcta, la explicación de giros, la transmisión de glosas y ejemplos mitológicos, la etimología, la analogía y el examen crítico de los poemas. Se presenta lo gramatical, pues, en relación con la crítica textual, o sea, lo filológico, dentro de una preocupación por la corrección que nos sitúa en los primeros desarrollos completos del modelo *prescriptivo* o *normativo*.

Las partes de la oración son ya ocho: a las cuatro que conocemos, nombre, verbo, palabras de enlace y artículo, se añaden *adverbio (epírrēma), preposición (próthesis), participio (metochê)* y *pronombre (antōnymía)*. En lo que se refiere al *artículo,* ya desde los estoicos se encuentra la distinción entre *definidos (ōrisména)* e *indefinidos (aoristōdes)*. Entre los primeros se incluyen los *personales,* entre los segundos los *relativos.*

El concepto de *adverbio* parece en principio una de las adiciones más interesantes; pero se queda en un cajón de sastre, por la excesiva amplitud de su definición: «adición al predicado». Tampoco queda muy clara la distinción entre preposición y relacionantes, que se interfieren continuamente. Gramáticos alejandrinos posteriores, como Apolonio Díscolo (s.II d.J.C.), en su *Sintaxis,* llegarán a establecer diecinueve tipos de relacionantes. El concepto de *pronombre,* por su parte, surge confundido con el de artículo, originariamente. Se distinguen los *deícticos* y los *anafóricos*. También se tenía en cuenta una forma que no se consideraba parte de la oración, la *interjección,* a la que llamaban *álogoi,* «excluida del discurso», si bien algunas de ellas, en la obra de Dionisio, figuraban entre los adverbios.

Dionisio el Tracio y Apolonio, cuya obra fue continuada por su hijo Herodiano, influyeron directamente en la gramática latina. A partir de este momento nos movemos ya en una continuidad de tratadistas y de influencias. Habrán de pasar muchos siglos para que los tres modelos se alteren, la gramática será mayoritariamente especulativa o normativa; pero no faltarán muestras interesantes del modelo descriptivo. Habrá que esperar al siglo XIX, con antecedentes en el XVIII, para la incorporación del modelo comparativo y el tipológico tras él, sin que ninguno de los que desarrollaron los griegos desaparezca.

1.8. La continuación de la gramática griega en Roma y su desarrollo

Suetonio (Arens: 1976, 51) nos cuenta que un estoico, Crates de Malo, en el siglo II a.J.C., intentó despertar el interés por las cuestiones lingüísticas con una serie de exposiciones públicas en las que defendía, al parecer, el modelo anomalista. La polémica entre analogistas y anomalistas, que ocupa una parte fundamental de los escritos de Varrón (I a.J.C.), el primer gramático romano, es así uno de los puntos de partida, junto con el influjo griego, de la gramática latina.

Los romanos no tenían la visión despectiva hacia quien no hablara su lengua que caracterizaba a los griegos y, de hecho, aceptaron todas las innovaciones de la cultura griega que les parecieron convenientes. Desde el punto de vista lingüístico, tuvieron una mayor sensibilidad hacia otras lenguas, lo que explica el desarrollo de mitos como el del «políglota», basado en Mitridates, rey del Ponto (120-63 a.J.C.) quien, según Aulo Gelio en sus *Noches Aticas,* libro de considerable influencia en el Renacimiento, hablaba veinte lenguas, todas las de su reino. El mito se repite en el *Mithridates* de C. Gessner (1555) y llega hasta 1806 y 1817, con la obra del mismo título de Adelung.

El tratado *De lingua latina* de Varrón (116-27 a.J.C.), la primera muestra de la gramática latina, recoge influencias helenísticas, aunque no el influjo, al menos destacable, de su casi coetáneo Dionisio el Tracio. Para encontrar una versión completa adaptada al latín de la obra de éste habrá que esperar al siglo I d.J.C., con la obra también perdida, pero conocida, de Remmio Palemón.

De los veinticinco libros del tratado de Varrón se nos conservan seis (5-10), suficientes para hacer lamentar la pérdida de los restantes, no sólo por su relativa, aunque interesante, originalidad, sino por las muchas noticias de otros gramáticos que, gracias a él, se nos conservan. Sabemos que dividió su obra en Etimología, Analogía y Sintaxis, aunque la última no se nos ha conservado.

En la discusión entre origen natural y convencional, analogía y anomalía, se muestra convencional y moderadamente analogista. Las lenguas adecuan lo que existe en la naturaleza con el uso que de ello hace el hombre; pero el tiempo corrompe también las denominaciones primitivas y sus contenidos.

En lo que concierne a las *partes de la oración,* Varrón muestra su originalidad. Las divide, con un criterio morfológico que Jespersen, muchos siglos después, encontrará ingenioso, en cuatro grupos, según la inflexión de caso y tiempo:

a) Palabras con caso (nombres), categoría a la que corresponden el sustantivo, el pronombre y el adjetivo.

b) Palabras con tiempo (verbos).
c) Palabras con caso y tiempo (participios).
d) Palabras sin caso ni tiempo (adverbios y partículas).

Esta originalidad se extiende también a la terminología. Así, por ejemplo, para resolver la incomodidad del uso polisémico de VERBUM, que en latín significa tanto «palabra» como «verbo», acuñará el término VERBUM TEMPORALE, que hará fortuna, como muestra el alemán *Zeitwort,* que es su transposición exacta.

Aunque los retóricos, como Quintiliano (I d.J.C.) y los padres de la Iglesia, posteriormente, como San Gregorio Niceno o San Agustín, se ocupan de cuestiones gramaticales, su importancia en este terreno es mucho menor que la de las dos grandes figuras que constituyen la transición de la Edad Antigua a la Media, Aelio Donato (IV d.J.C.) y el bizantino Prisciano (VI d.J.C.), en los que se realiza también la síntesis de la gramática greco-latina.

La *Ars Grammatica* de Donato se convirtió en el manual elemental durante los siglos en los que, no lo olvidemos, aprender a leer era aprender a leer en latín y por tanto, cuando éste ya no era la lengua hablada, significaba «aprender latín». Cuando se habla del *Donato* se quiere significar, generalmente, la versión abreviada, la *Ars minor,* donde se ocupa de las ocho partes de la oración, con sus paradigmas, en forma de preguntas y respuestas, frente a la *Ars maior* o versión completa, menos reproducida. «Versión completa» no significa que mejorara los planteamientos de la versión menor (en la que se declina según los géneros y no según lo que entendemos por declinaciones clásicas, por poner un ejemplo), sino que se tratan también otros aspectos. La primera parte se dedica a *vox, littera, syllaba, pedes, toni, positurae,* es decir, a la noción de palabra y las bases prosódicas necesarias para la métrica. En la segunda se tratan las clases de palabras (nombre, pronombre, verbo, adverbio, participio, conjunción, preposición, interjección); pero se suprimen los paradigmas y se amplía la discusión de problemas teóricos, bien sobre clasificaciones, o sobre cuestiones formales, como los comparativos irregulares. La tercera parte es una retórica y se dedica a barbarismos y solecismos, así como a tropos y otras figuras. Como incluye citas para ejemplificar cada punto estudiado se convirtió en un resumen de autoridades.

El gran modelo, a partir del siglo VI y hasta las *Institutiones Latinae* de Elio Antonio de Nebrija (nótese el nombre latino inicial igual a Donato), serían las *Institutiones rerum grammaticarum* de Prisciano, cuyos dieciséis primeros libros forman el *Priscianus maior* y los dos últimos, dedicados a la *constructio,* se llaman *Priscianus minor* y se reprodujeron con frecuencia independientemente, como tratados de

Sintaxis. Inicialmente tuvo más relevancia otra obra, la *Institutio de nomine et pronomine et verbo,* porque, entre otros méritos, clasifica con claridad las declinaciones, abandonando el complejo y oscuro sistema de géneros de Donato. Law (1982, 21) ha señalado cómo esta obra, junto al Donato y el primer libro de las *Etymologiae* de San Isidoro de Sevilla, eran los manuales gramaticales básicos en cualquier biblioteca y ha insistido en su influencia en los gramáticos insulares británicos, quienes tanta relevancia tendrían posteriormente en el desarrollo de los estudios latinos en la Europa continental, a partir de Carlomagno, desde finales del siglo VIII.

Los romanos mantienen la división de la Gramática heredada de los griegos: Prosodia, Etimología, Analogía y Sintaxis. El criterio básico es el apoyo en el texto escrito, por lo que la *palabra* sigue siendo la unidad central. También queda fijo el número de ocho partes de la oración. Para resolver la ausencia de *artículo* en latín se utilizaron dos procedimientos, o bien se sustituyó directamente por la interjección, o bien se utilizó, aunque imprecisamente, otro sistema: para traducir el término *árthron* del griego se usó *articulus.* Los gramáticos admiten un artículo *protáctico,* que va delante del nombre, se identifica con las formas *hic-haec-hoc,* demostrativos y deícticos de presencia, y es *nota generum,* indicador del género del sustantivo. Frente a él está el artículo *hipotáctico,* pospuesto, con función articuladora y que correspondería a nuestro pronombre. Si tenemos en cuenta que del *ille* de *homus ille* procede el artículo en la mayoría de las lenguas románicas y que no cabe descartar que su colocación inicial fuera la pospuesta (Marcos: 1985) no resulta ya tan absurda la propuesta latina.

En cuanto al *verbo,* su análisis es más complejo, aunque confunden, por ejemplo, *voces* y *clases* de verbos. Distinguen verbos del género activo y pasivo (*dinámicos*) de verbos *neutros,* entre los que se sitúan los *estáticos* o de estado. El concepto de verbo activo, entendido en el sentido de activo que puede ponerse en pasiva, es decir, como equivalente de verbo transitivo, cuya acción rebasa los límites del verbo y se transfiere a otro objeto, se ha conservado hasta hoy.

1.9. Cómo se hace una gramática

Ya que nuestra preocupación historicista está enfocada a la explicación de los modelos, iremos señalando, en diferentes lugares, la relación de ese modelo con su plasmación concreta en una gramática. Aquí, por tanto, veremos cómo se construían éstas dentro del marco que acabamos de exponer.

Una de las consecuencias metodológicas más interesantes que se pueden extraer de los gramáticos clásicos, especialmente los latinos, para la enseñanza de la Lingüística, es precisamente lo que podríamos titular, según venimos de hacer, «cómo se hace una gramática».

- Es imprescindible la Introducción, en la que se plantea la cuestión de si el lenguaje se origina por naturaleza, convención, analogía o anomalía y se discuten las interpretaciones, en general bastante inexactas, por inadecuado conocimiento de las fuentes, de Platón y Aristóteles. La línea propiamente tradicional es aristotélica, convencionalista, y se mueve entre un analogismo mitigado y el anomalismo.

- La Gramática se divide en sus partes tradicionales: Prosodia, Etimología, Analogía y Sintaxis. Los gramáticos anomalistas, más tarde, construyen una Etimología de tipo morfológico y lexicológico, que pierde sus aspectos analógicos de justificación semántica y engloba a la antigua Analogía. Lo esencial del tratamiento de esta parte, que pasará a llamarse Morfología, es el tratamiento de las ocho partes de la oración: *nomen, verbum, participium, pronomen, adverbium, praepositio, interiectio, coniunctio*. El adjetivo sustituirá al participio, o convivirá con él y lo mismo ocurrirá entre interjección y artículo. De este modo, el número de partes de la oración oscilará entre ocho y diez durante unos dieciséis siglos.

  Las partes de la oración son básicas en toda gramática no sólo para la Morfología, sino también para la Sintaxis. En el análisis morfológico se tienen en cuenta:

  a) La categoría.

  b) Sus consecuencias y accidentes, en las clases de **nombre** y **verbo**

  nombre: género, número, caso, especie (para la clasificación de *primitivos* y *derivados)* y figura (para la división en *simples* o *compuestos).*

  verbo: modo, tiempo, número, persona, género, especie y figura.

- La Sintaxis sigue una concepción sintagmática, de unión de un vocablo con el antecedente o el siguiente. Las nociones fundamentales son las de *régimen,* que desarrollará Alexander de Villa Dei, en 1199, y *concordancia.*

- La importancia de la Retórica impone un apéndice en el que, según el modelo de Donato, se habla de barbarismo, solecismo, metaplasmo, esquemas oracionales y tropos. Su finalidad es prioritariamente normativa, más que estética.

2.

El modelo árabe
y el grecolatino
en la Edad Media

2.1. Gramática, texto y diccionario en el mundo islámico

La transición de la Edad Antigua a la Media no podría estar completa sin referirnos a un modelo lingüístico que convivió con el grecolatino durante estos siglos y que, en buena medida, es una variante de éste, aunque con diferencias debidas a haber bebido en fuentes a veces desconocidas de Occidente y aplicarse a una lengua no indoeuropea que convive con otra indoeuropea que le proporciona buen número de tratadistas. Nos referimos, como es fácil adivinar, al árabe y al persa, respectivamente.

Un dicho árabe tardío, que adaptamos ligeramente, dice lo que sigue: «La Sabiduría brilla en el cerebro de los europeos, las manos de los chinos y la lengua de los árabes.»

El foco del Islam, ha señalado Hitti (1970/1973), es un libro, el *Alcorán,* o sea, «la lectura»: es lo que Dios, por medio de Gabriel, lee al Profeta Muhammad de *la madre del Libro,* es decir, del arquetipo celestial, que fue dictado, según los musulmanes, palabra por palabra. Así se dice taxativamente:

> Él se encuentra en la Madre del Libro, cerca de Nos, es sublime, sabio (43: 3/4).

El término árabe correspondiente a nuestra *ciencia* es ᶜ*ilm;* pero
ᶜ*ilm* sólo significa «conocimiento o aprendizaje». El verbo ᶜ*alama* significa «saber, conocer». La Lingüística sería así ᶜ*ilm al-luga,* el «conocimiento de la lengua;» pero este término designa, sobre todo, a la
Lexicografía, mientras que la Filología es *fiqh al-luga,* la «inteligencia
de la lengua».

La preocupación por el idioma está unida, en los árabes, tradicionalmente, a dos cuestiones: la lectura correcta del Alcorán y la interpretación de la poesía, especialmente las casidas, que iluminan los
«tiempos de ignorancia», o sea, la poesía preislámica, de extraordinario interés e influjo básico en toda su literatura (Corriente: 1974).

El árabe escrito no es una codificación de una variedad oral concreta y determinada, sino resultado de un compromiso entre dialectos.
Pertenece al grupo semítico y está emparentado, por tanto, con el
hebreo, el siriaco, y varias lenguas etiópicas, como el amhárico.

El P. Pareja, en su *Islamología* (1952-54, 780-81), resume los aspectos
fundamentales de la gramática árabe:

> El sistema gramatical sintáctico, aplicado por los filólogos ára-
> bes a su lengua, es de alto interés, sea por sus orígenes, todavía no
> del todo claros (ciertamente entran como ingredientes la lógica
> aristotélica y los sistemas gramaticales indios), sea por el modo
> exacto y admirablemente consecuente, aunque puramente exterior
> y falto del sentido de la dinámica lingüística, con el cual se
> ordena[n] los factores gramaticales y sintácticos, sea en fin por el
> motivo específicamente religioso, que dio lugar a los estudios de
> los primeros gramáticos: dado el sistema gráfico árabe, falto de
> vocales y, en el período más antiguo, desprovisto también de pun-
> tos diacríticos, los equívocos en la lectura del Corán eran frecuentí-
> simos e inevitables.

En el capítulo dedicado a la escritura tuvimos ocasión de apuntar
algunos de los problemas relacionados con la evolución del silabario
árabe, por lo que hemos de remitirnos a esas páginas; pasaremos,
pues, a los aspectos propiamente gramaticales.

En la época Omeya (ss. VII-IX) y en Basora se inician los estudios
gramaticales árabes. Abū-l-Aswad al-Du'lī. decía de esta escuela que
era consecuencia de las enseñanzas del cuarto califa, ᶜAlī, lo que contri-
buiría a darle un título de carácter opositor y revolucionario. El padre
Pareja lo hace fundador de esta escuela de Basora, en la que muy
pronto destacaron autores fundamentales.

El primer vocabulario árabe en esta lengua, el *Kitāb al-ᶜayn,* se
debe a Jalīl b. Ahmad (m. 791/175), a quien también se atribuye la
fijación de las reglas prosódicas árabes. Le cabe también el honor de

haber tenido como discípulo al que sigue siendo considerado el gramático árabe mayor de todos los tiempos, el persa de origen Sībawayh (m. 796/180), cuyo libro, que recibe el título por antonomasia de «El Libro», *al-kitāb*, ha servido como base para construir después todos los tratados árabes de gramática. Más adelante nos ocuparemos de su obra; señalemos ahora, como parte del panorama histórico en el que situar la evolución de nuestra ciencia, que, aunque antes de este libro no tengamos textos de gramática, el *Kitāb* cita buen número de fuentes, recoge multitud de datos y testimonia, con su criterio sólido de organización de los materiales, que ya había una ciencia desarrollada en la que es necesario citar como primer representante a Ibn Isḥāq (m. 735-6/ 117).

Otros muchos nombres ilustres enriquecen la escuela de Basora, como el retórico y recolector de proverbios Abū ᶜUbayda (m. 837/222), al-Mubarrad (m. 824/209), el filólogo al-Aṣmaᶜī (m. 828/213) y el lexicógrafo Ibn Durayd (m. 934/322).

La escuela competidora es la de Cufa, menos cohesionada y adscrita a tendencias platónicas, aunque también anomalista en sus planteamientos sobre el origen del lenguaje. Los árabes conocieron a Platón en su forma helenística, neoplatónica, por traducciones del griego o por medio del siriaco. *La República* de Platón es el modelo remoto de libros que muestran su reflejo ya en la página de título, como la *Risala fī Arà Ahl al-Madina al-Faḍīla* de al-Farabî (m. 950), es decir, «Epístola sobre las opiniones del pueblo de la ciudad superior». Esta visión de Platón a través de los neoplatónicos es la que caracteriza también el conocimiento del filósofo que tenía Ibn Sinà, el autor llamado en Occidente Avicena (980-1037).

Aunque no se trate más que de recoger sus nombres, dada la escasez de estudios sobre esta gramática que caracteriza a la historiografía lingüística occidental, citemos como representantes ilustres de la escuela de Cufa al estudioso de origen persa al-Kisā'ī (m. 804/ 189), al-Farrā' (m. 821/ 206), Ibn Sikkit (m. 857/ 243), Taᶜlab (m. 904/ 291) y, entre otros, al-Anbārī (m. 939/327). Son grandes recolectores de materiales lingüísticos.

En Oriente, junto a las escuelas de Basora y Cufa, se considera que el gran polígrafo Ibn Qutayba (m. 889/ 276) fundó la escuela de Bagdad, cuyas posturas habríamos de situar entre las dos antes citadas. Así, por un lado se continúa la escolástica basrí, a partir de la obra de Sībawayh, en busca de una exposición clara y con fines didácticos, mientras que por otro nos encontramos con los investigadores que buscan en el dato concreto las excepciones a las reglas y desconfían de la ley, que debe flexibilizarse. Nacen, de ahí, una tendencia *analógica* y otra *analítica*. En el siglo IX los gramáticos árabes están ya en disposición de buscar los fundamentos de la gramática, del mismo modo que los filósofos buscan la fundamentación de la inteligencia. A ello se debe que la palabra árabe *fiqh* se emplee para ambas cosas.

Al-Andalus, en esto como en todo lo demás, recibió pronto las corrientes gramaticales de oriente. El armenio Abū ᶜAlī al-Qālī (m. 957/ 346) y su discípulo al-Zubaydī (m. 989/ 380) son figuras señeras de la gramática árabe andalusí, en la que también cabe destacar la existencia, no exclusiva, de tratados sobre «defectos del lenguaje vulgar», como el *Kitāb fī lahn al-ᶜāmma* de Ibn Hišām al-Lajmī (m. 1174/ 570, o tal vez en 1181/ 577), estudiado por Amador Díaz García como tesis de la Universidad de Granada. Estos libros, al criticar las formas vulgares, nos proporcionan, sin pretenderlo, una interesante descripción de lo que realmente se hablaba y de cómo eran, incluso, los dialectos que pretenden corregir.

Abdelkader Mehiri (1973) resumió los problemas fundamentales que ya en el siglo VIII trataba esta gramática, caracterizada en principio por la falta de una división clara entre Morfología y Sintaxis. A la segunda corresponde de modo predominante el estudio de las flexiones casuales, porque éstas son las que sirven de criterio para dividir y clasificar los enfoques concretos. En cambio, la recensión de los distintos esquemas o paradigmas se hace en la Morfología, en la que también se codifican sus transformaciones, para explicar las categorías gramaticales. Estas transformaciones se explican con ayuda de la Fonética, cuya finalidad se detiene ahí.

La escuela de Basora, que desarrolla, por lo que sabemos, las tesis de Sībawayh (sin negar con ello lo que éste deba a sus predecesores), busca fundamentar su doctrina en la reducción de los fenómenos a datos y principios que justifiquen las reglas. Estos gramáticos emplean para ello el método analógico conocido como *qiyās,* en uso para las actividades científicas en general, incluso para la Teología. Los hechos que se consideran se clasifican en dos grupos, según pertenezcan, bien a los hechos fundamentales (*aṣl*), bien a los hechos secundarios (*farᶜ*). Los primeros, por el valor activo de *aṣl* en árabe, son también los «fundamentantes», los segundos son consecuencias o derivaciones de los primeros.

La Gramática incluye una Morfología, una Sintaxis y una Fonética. La última es rudimentaria y descriptiva, lo que no le impide estar distorsionada por la constante interferencia de la normativa, la cual, en su deseo de precisar las pronunciaciones recomendables, altera los datos reales.

La Morfología es paradigmática, a partir del hecho, característico de la estructura de la lengua árabe, del triconsonantismo de la raíz: la mayoría de los radicales o bases léxicas constan de tres consonantes. Se establecen los paradigmas fundamentales y de ellos se obtienen, analógicamente, las relaciones con todas las formas que se separan de ellos. En la aplicación del método analógico se recurre a la suposición de los hechos, *taqdīr*, todas las veces necesarias, tanto cuando se trata de hechos implícitos como cuando son imaginarios. Las partes de la oración se dividen en *mu^crab*, es decir, que llevan el *^cirāb*, o sea, que tienen flexión y son por ello variables y *mabnī*, «que participan en la construcción» y son invariables.

La Sintaxis de estas gramáticas resulta muy atractiva y en ella podemos ver una serie de consideraciones relacionables con las tesis funcionales que aparecerán en el Brocense, por ejemplo. Así nos encontramos con que distinguen un *atributo, musnad*, del *atribuido, musnad ilayh* y los elementos que los relacionan y que corresponden a los que en la Morfología se caracterizan como constructores o participantes en la construcción.

Existe también la noción de *rección,* así como la de jerarquización de las recciones; parece igualmente haber un principio de distinción de las clases morfológicas y las funciones sintácticas.

Desde el punto de vista metodológico podemos intentar caracterizar la evolución de esta gramática como respuesta a una disyuntiva, entre la metodología analógica y el «uso» *(samā^c).* Así Mehiri (1973, 404) destaca la importancia que el uso tiene para Ibn Ğinnī. (a. 941/ 330, posiblemente h. 930-1005/ 392) y cómo, pese a ello, éste ni abandona ni desprecia la analogía.

Podemos señalarlo con algún ejemplo, tomado de este último autor. Ibn Ğinnī establece principios generales, leyes que se aplican con criterio normativo:

- El regido debe seguir al regente.
- Si entre dos elementos de la frase existe una relación, cuanto más fuerte sea ésta menos se podrá separarlos.
- El pronombre debe referirse a un nombre anterior.

Estas leyes se alteran por dos razones (Mehiri: 1973, 384):

1. Por el *qiyās,* la analogía.
2. Por la necesidad, en este caso la poesía las tolera menos que la prosa.

Así, aunque el grupo verbo-agente (regente-regido) tiene una gran cohesión y el agente no puede preceder al verbo, cabe la posibilidad de intercalar entre ellos diverso tipo de elementos, no sólo un complemento de objeto, sino incluso un circunstancial, mientras que entre dos nombres conexos (sustantivo-adjetivo) no se puede intercalar ningún elemento.

De lo dicho se obtiene, como pequeña conclusión, que la gramática árabe, sin llegar a ser una ciencia modélica ni haber ejercido un influjo evidente en otras gramáticas, no carece de originalidad y de aciertos. No es simple copia o continuación de lo que la había precedido, que no era demasiado, probablemente por las notables diferencias de estructura lingüística, sino que plantea y resuelve —con más o menos acierto— problemas generales y peculiares, alguno de los cuales, como el reflejo morfológico (en las desinencias) de las funciones sintácticas, por no citar sino un ejemplo, sigue siendo de interés hoy.

Las disciplinas gramaticales de las que nos hemos ocupado constituyen, sin duda, el núcleo tradicional de esta materia. Sin embargo, junto a ellas es preciso que nos ocupemos de otras, especialmente de la Lexicografía, la técnica de componer diccionarios, que en el mundo árabe adquirió una especial relevancia.

La palabra árabe *qāmūs*, «diccionario», nos informa Haywood en el artículo correspondiente de la nueva edición de la *Encyclopédie de l'Islam*, procede del griego *ōkeanós*, lengua en la que se usaba para designar lo profundo del mar, lo que ya da una idea de la pretensión dominante de estas recopilaciones, aunque hasta el siglo XIV no fue usada en el título de uno de los más célebres, el de Fīrūzābādī, otro gramático de origen persa. Los diccionarios árabes que conocemos aparecieron ya en el segundo siglo del Islam, nuestro siglo VIII, y constituyen una parte fundamental de la aportación árabe a nuestra ciencia.

Los diccionarios árabes medievales se clasifican, según su estructura interna, en tres grupos:

1. Sistema empleado por primera vez por al-Jalīl b. Aḥmad (m. 791/ 175). Clasificación no gramatical de las raíces. Se trata de colocar bajo la misma rúbrica o *lema* a todas las formas que contienen un grupo de «letras» radicales, independientemente de sus permutaciones. Se distinguen las raíces bilíteras, trilíteras, etc. y se sigue un orden que recuerda el del sistema sánscrito de escritura, basado en principios fonéticos y empezando por las guturales.

2. Sistema de al-Ǧawharī, cuya obra titulada *Ṣaḥāḥ* es la primera importante que lo utiliza. Las raíces se clasifican según la rima, es decir, a partir de la última consonante del radical, seguida de la primera y luego la o las intermedias. *Kataba,* por ejemplo, se busca por B-K-T. Éste es el sistema predominante hasta el siglo XIX, siglo en el que empezó a discutirse como consecuencia del conocimiento del sistema alfabético europeo.

3. Método cufí. El ejemplo más antiguo se conserva en una obra de la que hay un ejemplar en la biblioteca escurialense, ms. árabe

572, el *Kitāb al-Ǧīm* de Abū ᶜAmr al-Šaybānī (s.VII/ II). Se trata de agrupar los vocablos según el orden de su consonante radical inicial: en un mismo capítulo se agrupan todas las palabras cuya raíz comienza por la misma consonante; pero no se sigue un orden visible en el interior de ese mismo capítulo. El perfeccionamiento de este sistema para dar lugar al orden moderno, en el que las palabras se ordenan por raíces, a partir de la primera consonante radical, remonta al menos a Ibn Fāris (s. X/ IV); pero su mayor éxito ha radicado en los léxicos especializados, el alcoránico y el de la tradición, o hadices. Entre las obras más antiguas que siguen este orden muy de cerca podemos citar el *Asās al-balāga* de al-Zamajšarī (s. XII/ VI).

Aunque nos parezca muy sencillo y evidente el orden alfabético de los diccionarios occidentales, no perdamos la perspectiva. En lo que concierne a la Lexicografía española, que es una de las destacables, todavía el *Tesoro Lexicográfico* de Sebastián de Covarrubias, en 1611, es incapaz de mantener un orden estricto dentro de la misma letra inicial. Habrá que esperar al *Diccionario de Autoridades,* el primer diccionario de la Real Academia Española (1726-39), para encontrarnos con un diccionario concebido científicamente, que precisa expresar en sus prólogos su metodología y sus intenciones de reforma.

Reducir el papel de los árabes, en éste como en otros campos, al de meros transmisores de una cultura importada supone una grave falta de perspectiva y un eurocentrismo injustificado. Fueron también depuradores, decantadores y buscadores de su propia teoría, la cual defendieron por todo el mundo que ellos conocían, un mundo que, en buena parte, los europeos no conocieron hasta mucho después.

2.2. Panorama de la gramática en la Edad Media Occidental

Si tuviéramos que establecer unas líneas básicas de la gramática medieval en el mundo europeo cristianizado tendríamos que fijarnos en tres aspectos:

- La Gramática todavía sigue siendo «arte», en ese sentido de «técnica» que domina todavía la semántica de esta palabra. Por ello es una época de producción de gramáticas siguiendo las líneas generales perfectamente establecidas por el modelo grecolatino.
- El desarrollo de la Filosofía y, sobre todo, de la Teología, propicia una serie de discusiones sobre el signo y la relación entre expresión y contenido, caracterizadas por la preocupación por los «modos de significar». Esta corriente constituye una línea teórica especulativa, con originalidad en muchos aspectos.

- El desarrollo de las lenguas vernáculas, con la fragmentación del latín en las lenguas románicas, por un lado, y la alfabetización de las lenguas germánicas, celtas, bálticas y eslavas, por otro, provoca una actuación que podemos considerar dentro del ámbito de la planificación lingüística en el apartado de la «reforma» de las lenguas.

El adjetivo «oscura», que con tanta facilidad se aplica a esta época, a la que correspondería mejor el de «difícil», es injusto, pues no refleja una característica interna de ella, sino un rasgo de nuestro (des)conocimiento, del que vamos saliendo, afortunadamente, para tener una mejor consideración de detalle y de conjunto (Robins: 1951; Bursill-Hall: 1971, 1975, 1981; Jakobson: 1980 [artículo de 1975]; Díaz y Díaz: 1978; Law: 1982; López García: 1989.)

Sin que ello implique desconocimiento o disminución del valor intrínseco de la gramática árabe (y su reflejo hebreo), ni tampoco del conocimiento que los árabes llegaron a tener de la lógica aristotélica, hay que reconocer que Europa, en excelente situación para conocer estos desarrollos del pensamiento árabe, tarda en aprovechar esta posibilidad. Hasta el siglo XIV, momento en el que quisiéramos cerrar este capítulo, el latín, como lengua, y los autores grecolatinos constituyen, respectivamente, su dominio de investigación y sus fuentes primarias.

Esta observación no pierde valor, a nuestro juicio, porque vayan apareciendo gramáticas, muy rudimentarias, de lenguas no latinas. En el siglo VII se escribió ya el *Auraicept,* sobre el irlandés (editado por George Calder en Edimburgo en 1917, Kukenheim: 1962, 16, n. 1). En el siglo X Aelfric comentó en inglés una gramática latina y en el XII contamos con una gramática islandesa (Haugen: 1950, Arens: 1975, 974, n.18).

Ya hemos tenido ocasión de decir que el estudio de la gramática era el estudio del latín según el modelo de los clásicos: «latín clásico» y «gramática» eran todavía sinónimos para Dante. Esta gramática se estudia además con las de los autores latinos, como Aelio Donato y Prisciano, además de las que se van escribiendo, que son las que aquí nos conciernen especialmente.

Los gramáticos medievales utilizan su ciencia en función de la Lógica y esta última como fundamento de su Metafísica, encaminada a su vez hacia la Teología. Gramática, Lógica o Dialéctica y Retórica constituyen el *Triuium,* primer grado de la enseñanza. La jerarquía era tan rígida que un teólogo del XV (Fortgens: 1956, en Kukenheim: 1962, 15, n.3) todavía podía decir: «Cuanto mejor gramático seas, tanto peor dialéctico y teólogo», como si las horas dedicadas al estudio de la gramática fueran en detrimento de las otras dos ciencias.

Esta ciencia gramatical, que para griegos y romanos había sido un arte humanística, pasa a convertirse en fundamento de la Teología, en un mundo cuyo esquema de conocimiento enciclopédico coloca a Dios en el inicio de todo, hasta de los diccionarios: las verdades gramaticales se pondrán en relación con los misterios teológicos y se llegará a parangonar las tres personas del verbo con las Tres Divinas Personas, en un ms. anónimo del s. IX, o a hablar de las ocho partes de la oración en relación probablemente con las ocho órdenes (ostiario, lector, exorcista, acólito, subdiácono, diácono, presbítero, obispo) en la obra del abad de Verdún Esmaragdo (805-824) (Arens: 1975, 57), aunque el mismo autor no se muestra totalmente convencido y se remite al carácter sagrado del número 8 en los libros sagrados.

Junto a estos aspectos tan pintorescos para nuestra mentalidad, no cabe olvidar que, como ha señalado Jakobson (1980, 39-60):

> El alegato todavía corriente en los manuales de lingüística de que la ciencia del lenguaje no avanzó en la Edad Media es una simple repetición sin pruebas de las investigaciones humanistas *contra modos significandi.* (...) Todo a lo largo del Medioevo el análisis lingüístico estuvo en el punto focal de la aguzada atención de los estudiosos y, especialmente, los estudios de los llamados *modistae* y sus precursores sufrieron un desarrollo llamativo y variado en el período que abarca desde fines del siglo XII hasta principios del XIV.

Por esta razón nos ha parecido conveniente presentar un panorama que se refiera a los distintos aspectos de esta preocupación medieval por el lenguaje, tanto en lo que tiene de continuidad como en lo que tenga de superado (como lo correspondiente a la etimología), o en lo que ofrece un interés para la lingüística posgenerativa, limitándonos, eso sí, a unas referencias a las partes de la oración, a los *modi,* a la teoría de la *suposición* y a la reforma de las lenguas a partir del ejemplo concreto del español.

En relación con el primero de estos puntos, tal vez el que menos nos dice hoy, se debe señalar, para los primeros siglos sobre todo, la presencia de una gramática medieval de abolengo latino, frecuentemente versificada, junto a la corriente lógico-dialéctica. Así lo testimonian la obra de Remigio de Auxerre, en el siglo X o, en el XII, el *Doctrinale,* gramática rimada de Alexander de Villa Dei, o Villedieu, y el *Graecismus* de Eberardo de Béthune, también en verso, que llegó hasta el siglo XV y fue estudiado por el Erasmo joven de Davenrer (Reichling: 1893; Wrobel: 1887).

Hasta el *Doctrinale,* en lo que respecta a la división de la Gramática (también en el Imperio Bizantino), seguía en vigor la distinción de

Prosodia, Etimología, Analogía y Sintaxis, establecida en el siglo II a. de J.C. en la Gramática de Dionisio de Tracia. Con la sustitución de la Etimología por la Ortografía y la consideración crecientemente morfológica de la Analogía, dicha división ha llegado hasta el siglo XX.

La obra de Alexander de Villa Dei (1199) supone ya un cambio en este sentido, con su división en Orthographia, Etymologia, Dyasistastica y Prosodia, en la cual la Etymologia era el estudio formal de las partes de la oración, la flexión y la formación de palabras, mientras que la Dyasintastica era una proto-Sintaxis, es decir, un análisis sintagmático o del discurso, en el que se incluían las partes de la oración en conjunto.

Todas estas gramáticas se hacen acreedoras de un reproche común, el de que el estudio del *uso,* entendido como uso correcto, predomina sobre la concepción especulativa y la investigación, ante todo, de las causas: lo normativo se impone a lo especulativo y etiológico.

Antes de pasar a ocuparnos de las importantes gramáticas filosóficas de la Edad Media y su lugar en la teoría general de las lenguas, dedicaremos unos párrafos a la etimología y la lexicografía. En el primer caso, porque la época verá el fin de su concepción antigua, aunque hasta el siglo XVIII se abra un período de transición. A la segunda porque conviene situarla en relación con los testimonios de otras lenguas distintas del latín, románicas o no, y considerar sus planteamientos como hicimos a propósito de la lexicografía árabe.

El valor antiguo de la etimología se ejemplifica en la magna obra del hispano-godo Isidoro de Sevilla (m. 636 y santo de la Iglesia cristiana), conocida como *Isidori Hispalensis episcopi etymologiarum siue originum libri XX,* ampliamente difundida a partir del año 636. Todavía es estudio del origen de las palabras, vinculado al del origen del lenguaje, antes de pasar a estudio morfológico, de las formas de las palabras, en las gramáticas relacionadas con la filosofía escolástica. La etimología así concebida, de escaso o nulo valor científico, según nuestros conocimientos, sirve para transmitirnos un mundo cultural, el de la lejana Edad Media, y sirvió también para hacer llegar a su época parte, inevitablemente deturpada, de la cultura clásica. Además, las *Etimologías* son aún buena muestra de la interpretación del origen del lenguaje por razones naturales, no convencionales y de la tendencia analogista en la formación de las palabras, revitalizada por el neoplatonismo agustiniano, pues buscan algún tipo de motivación en la relación *nombre-cosa.* Veamos una, a partir de la relación de la *lechuga* con la *leche,* llamada por la semejanza formal:

> 17.10.11. lactura dicta est quod abundantia lactis exuberet, seu quia lacte nutrientes feminas implet ... lactuca agrestis est quam sarraliam nominamus, quod dorsus eius in modum serrae est.

«se llama lechuga porque está colmada por la abundancia de leche, o porque llena de leche a las nodrizas ... la lechuga silvestre es la que denominamos sarraja, porque su dorso tiene forma de sierra».

El libro primero contiene un sumario de gramática latina, muy breve y dedicado sobre todo a la discusión de problemas terminológicos. Su brevedad y la rapidez con la que circuló convirtieron este compendio en una obra sumamente citada, junto con las *Artes* de Donato y la *Institutio de nomine* de Prisciano. Las *Etimologías* son también, en buena medida, ejemplo de *glosario*. Los glosarios son las manifestaciones lexicográficas características del mundo latino medieval y tienen, incluso, importancia notable en la Península Ibérica, como ha puesto de manifiesto Díaz y Díaz (1978), a quien seguimos.

Quintiliano (*Inst.*1,1,35) había definido las glosas como «interpretaciones de una expresión algo enrevesada», y también «explicación de voces poco usadas». Se trata de una labor de filólogo, por tanto, y corresponde a esa continuidad de la corriente de depuración de textos, comprensión y fijación de modelos con los que incrementar las autoridades del idioma. La nómina de glosadores es amplia y va de Elio Estilón, Ateyo Filólogo y Varrón a Verrio Flaco, en el siglo I d.J.C. y Nonio Marcelo para alcanzar una cima sobresaliente en los siglos IV-VI con las glosas de Plácido Gramático o los *Synonima Ciceronis,* cuya influencia en San Isidoro está bien comprobada.

Después de la obra isidoriana, en el sur de Francia o norte de Italia, en el siglo VIII, probablemente, se compiló el *Liber Glossarum* o Glosario de Ansileubo. Este libro refleja la huella de San Isidoro e incluso permite rastrear la existencia de obras isidorianas perdidas, como un *Liber Artium, Safficum* o *Saffica,* cuyas referencias lo acercan a las *Etimologías,* y un libro sin nombre del que se rastrean huellas en otras gramáticas medievales (Anspach: 1936). También debemos citar la obra de Paulo Diácono, autor del siglo VIII perteneciente al monasterio de Monte Cassino y, en el siglo XI, el *Elementarium* del erudito lombardo Papías, para llegar, en 1286, al *Catholicon* de Johannes Balbi de Janua (genovés).

En la Península Ibérica son célebres las *Glosas Emilianenses* y las *Glosas Silenses,* compiladas respectivamente en los monasterios riojano-burgaleses de San Millán y Santo Domingo de Silos, cuya fecha se discute entre los siglos X y XI (Menéndez Pidal: 1950; Díaz y Díaz: 1978; Alarcos: 1978). Estas glosas no son sólo latinas, sino romances, del incipiente castellano e incluso vascas. Más abundantes son las glosas latinas conservadas, como los glosarios editados por Américo Castro (1936). Lugar destacadísimo ocupan los glosarios latino árbigos, como el *La-*

tino-Arabicum de Leiden (Seybold: 1900), el *Vocabulista* atribuido a Ramón Martí, editado por Schiaparelli (1871; Corriente: 1980, 1981) y la culminación romance de todos ellos, en la obra de Pedro de Alcalá, *Arte para ligeramente saber la lengua aráuiga* con el *Vocabulista aráuigo* (1505; Lagarde: 1883; Corriente: 1988).

2.3. Los universales

Hemos aludido, hace poco, a San Agustín (s. IV), eco de las ideas neoplatónicas y uno de los padres de la Iglesia de mayor influencia en todas las épocas, incluso fuera del cristianismo. Su huella en el concepto de *realismo* y en el desarrollo de las tesis realistas es innegable; pero la riqueza y complejidad de las disquisiciones de los gramáticos medievales es tan grande, que difícilmente podemos resumir las tendencias principales. Lo primero que parece cierto, dentro de lo que llevamos visto hasta ahora, es que el cambio de contenido del concepto teórico y metodológico de *Etimología* coincide con la consideración arbitraria de la relación entre los dos elementos del signo, el elemento expresivo y el de contenido, favorecida por los escolásticos.

Por otra parte, la gramática medieval está inmersa en la gran discusión filosófica de la época, la de los *universales,* entre los dos realismos (extremo y moderado) y el nominalismo, problema planteado en el comentario de Boecio al neoplatónico Porfirio y que se tiende a ver en Lingüística de una manera excesivamente simplificada (Leroy: 1967, 7), diciendo que los realistas creen que las palabras son el reflejo de las Ideas o que, para los nominalistas los nombres se han dado arbitrariamente a las cosas.

El planteamiento de Porfirio, (h.232-304 d.J.C.), según la *Introducción a la Teoría de las Categorías de Aristóteles,* I (Farré: 1947, 19-20), citada según la versión de Patricio de Azcárate, en el primer tomo de las *Obras* de Aristóteles, es el siguiente:

> Por lo pronto, en lo que respecta a los géneros y a las especies, no me meteré a indagar si existen en sí mismos, o si sólo existen como puras nociones del espíritu: y, admitiendo que existen por sí mismos, si son corporales o incorporales; y, en fin, si están separados, o si sólo existen en las cosas sensibles de que se componen.

Kukenheim (1962: 14) simplifica también el concepto de realismo, «teoría —dice— que admitía que las "ideas" tienen una existencia real fuera de las cosas, y que éstas no son más que la exteriorización de la "idea", concepción defendida —en Francia— por las escuelas de Chartres y de Orleans».

Si se postula una congruencia entre la *palabra* y la *cosa*, partiendo de que la *idea* se hace palabra, se llega a un triángulo de motivación en el que la palabra da existencia al concepto. Este es el planteamiento básico del *realismo*.

Los *nominalistas*, en cambio, con Guillermo de Ockham (1270-1347) a la cabeza, defenderán que el conocimiento experimental es la base de la categorización y, en consecuencia, de la ciencia: sólo existen las cosas, los conceptos son productos de la mente; los términos del lenguaje humano no tienen valor fuera del mismo, son sólo términos generales o universales que usan los hablantes.

La línea convencionalista, generalmente también anomalista, podía contar con la nueva filosofía de Tomás de Aquino (1225-1274), en lo que concierne a las relaciones entre la palabra y la significación con el objeto, aunque ello no impidiera el surgimiento de matices heréticos que obligaron al *Venerabilis Inceptor*, como se conoce a Ockham, a escapar de la sede papal de Avignon (estamos en pleno Cisma de Occidente), huyendo de Juan XXII, para refugiarse en Munich, en 1329, en la corte de Luis de Baviera.

De manera esquemática, se han reducido a tres las soluciones del problema de los universales, dos de ellas son mejor recibidas por los gramáticos, desde el punto de vista de su actividad. El *realismo extremo* cree que los términos del lenguaje humano corresponden a universales reales, diferentes de los particulares. Así, para una cierta corriente de interpretación del mundo cultural islámico, existe realmente un arquetipo celestial alcoránico, la «Madre del Libro» y existe también, por ello, una forma perfecta de la lengua árabe, que es la que se encuentra en el Alcorán. En un mundo en el que la controversia religiosa era básicamente entre el Islam y el Cristianismo, nada tiene de extraño que se quisiera responder con el texto bíblico y se defendiera una interpretación literal, aunque no sea ésta la única causa.

Nos parece más interesante y gramaticalmente productiva la tesis del *realismo moderado*, según el cual los términos del lenguaje existen como propiedades o caracteres de los particulares: la Belleza se da en los objetos bellos y a través de ellos tiene existencia, no en sí. Su repercusión retórica, por ejemplo en la adjetivación, lleva a la especialización de la categoría del *epíteto*, como adjetivo que expresa la propiedad esencial en un sustantivo. El *nominalismo*, como hemos indicado, separa la realidad de las denominaciones de los objetos: poder dar un nombre no implica realidad, salvo en el interior del lenguaje.

Con estas definiciones tan simples es difícil precisar los autores que pertenecen a las distintas tendencias, si bien parece aceptable considerar a Duns Scoto (h. 1270-1308-9) en el realismo moderado que tiende hacia el realismo extremo, pero sin entrar en él; mientras que Santo

Tomás estaría en el realismo moderado que tiende hacia el nominalismo. Los realistas, por su creencia, en distintos grados, de que las ideas tienen una cierta existencia real, al menos, son también llamados «idealistas», concepto aplicado especialmente en Literatura.

La idea de una *grammatica universalis,* vinculada a un planteamiento científico y racionalista, se conecta con el interés por las reglas y propiedades generales y debe buena parte de su contenido a los tratadistas musulmanes, como señalan coincidentemente Pinborg (1967, 25) y Jakobson (1980, 46). Ya Luis Farré (1947, 28), en el prólogo a su edición de la *Gramática Especulativa* de Tomás de Erfurt, señalaba cómo éste cita al *Commentator,* es decir, a Averroes, Ibn Ruxd, y precisaba que «los nominalistas del siglo XIV renovaron muchas de las doctrinas de los filósofos árabes, como la teoría de los tres estados de Avicena, según la cual los universales son un producto del entendimiento, pues únicamente existen en los individuos». La universalidad de la gramática ha de establecerse mediante principios generales, pues ya a comienzos del XIII era sabido que *in his impermutabilis consistit grammatica regularis.* A mediados de ese siglo, Robertus Kilwardby, sobre el que llama la atención Jakobson (Thurot: 1868, 125; Jakobson: 1980, 46), afirmaba que son *apud omnes* idénticos *modi pronuntiandi substantiales elementorum ... et similiter modi significandi et consignificandi generales:* «los modos de pronunciar sustanciales de los elementos y de manera similar los modos de significar y cosignificar generales».

La preocupación por la significación y la co-significación, las referencias al objeto y al concepto, dentro de cada corriente, es algo común a los modalistas o modistas y a los nominalistas; pero la aportación de estos últimos es importante, al aparecer en ellos precedentes de la Semántica, como la interpretación significativa del concepto. No obstante, la aparición de estos valores semánticos, más o menos diferenciados, destacables porque la Semántica, como tal ciencia, no recibe un nombre y unos límites hasta fines del XIX, no está vinculada sólo al nominalismo. Los nominalistas, sin embargo, dan al concepto de *suposición,* como veremos, una interpretación y un desarrollo dentro de su doctrina. La suposición es un concepto fundamental; pero no es exclusivo de los nominalistas.

Para el desarrollo de la Gramática era necesario separarla de la Lógica. Este proceso se inicia en el siglo XII (Hunt: 1948, 99 y ss.; Jakobson: 1980, 48) con Hugo de San Víctor y se consolida en el XIII con los modistas o modalistas: se distingue un *sermo congruus,* objeto de estudio gramatical, de un *sermo uerus,* objeto de la Lógica. Lo que sea propiamente gramatical aparece ya en el gramático danés Boecius Dacus, profesor de la Sorbona en la década de 1270, en quien encontramos ya la posibilidad de distinguir el significado léxico del gramatical, cuya combinación dentro de una palabra «es una capacidad inherente y creadora del lenguaje» (Jakobson: 1980, 48; Pinborg: 1967, 78-85).

Jakobson habla de una «correspondencia sincrónica internacional», (1980, 48-49), en la que veríamos la preocupación por la capacidad creadora del lenguaje como típica de los modalistas, junto a la concepción de la lengua como *ars inueniendi,* «arte hallador» de Ramón Llull, o el estilo parabólico figurativo que domina en la Rusia de la época; el *trobar clus* de los provenzales como Raimbaut d'Aurenga y Arnaud Daniel de Ribérac; las *blümen* de la épica de Wolfram; el simbolismo y hermetismo de la poesía escáldica de fines del XII, o estas mismas tendencias en la poesía irlandesa coetánea, así como la *significatio* como habla enigmática y el *ornatus difficilis* de las artes poéticas latinas y la poesía posterior a la primera Cruzada, o las «estructuras semánticas múltiples» de la poesía bizantina (Jakobson: 1952). Y es que (Jakobson: 1980, 49): «las afinidades conspicuas entre arte verbal y teoría verbal constituyen un fenómeno estable y periódicamente resurgente».

2.4. Los modalistas

La línea que, en sentido amplio, podemos llamar realista y que, también del mismo modo, debemos entender como analogista, está representada por la *gramática especulativa,* que se distingue de la *grammatica positiva* o *practica* -es decir, la escolar o del uso correcto, prescriptiva o normativa- y es sinónima de *grammatica rationalis.* El término *speculativa* procede de *speculum* «espejo»: en el espejo de la gramática es donde vemos reflejada esa realidad que es inasequible al conocimiento directo. La versión platónica del mundo como reflejo de un arquetipo ideal se traslada a las categorías gramaticales: los gramáticos buscan los *modi significandi,* los modos de significar de las palabras, distintos de los objetos, *res,* y de los modos de ser, los *modi essendi.*

Los *modalistas* o modistas, llamados así a causa de la teoría de los modos que sostienen, arrancan de las concepciones filosóficas dominantes, como la tesis de que la gramática es parte de la Filosofía y sólo tiene interés a causa de ésta, defendida en el siglo XII por Petrus Helias, el autor de una definición duradera de la gramática como «ciencia o arte de escribir y hablar correctamente» (el latín, tendríamos que añadir, para entenderla en su contexto). Por ello aprovechan las distinciones adquiridas de la Filosofía, como la de *materia* y *forma,* que se encuentra ya en el siglo XIII en Miguel de Marbais. Robins (1969, 87) cree que la base filosófica de los modalistas está en el realismo moderado, que se puede acercar a la filosofía aristotélica, aunque, con referencia a la historia de la gramática española, se deba precisar que los tomistas modernos, como Robles Dégano, en el primer tercio del siglo XX, por ejemplo en su *Filosofía del Verbo,* se alejan marcadamente de las propuestas de Duns Scoto, aunque no tanto de las de Tomás de Erfurt, como señala L. Farré, en su prólogo a la *Gramática Especulativa* de este último. Este tratado del siglo XIV, llamado originariamente *De modis significandi seu grammatica speculativa,* fue atribuido a Scoto durante mucho tiempo, hasta el punto de que el citado Robles Dégano no creía que no fuera de éste.

En lo que concierne a la división de la Gramática, Tomás de Erfurt llama Etymologia al estudio formal de las partes de la oración y Syntaxis o Dyasintetica al estudio de las partes de la oración en el discurso. (Llorente: 1955 y 1967; F. Marcos Marín: 1975):

> 184.*Pasiones de la oración.* Después de hablar de los modos de significar de las ocho partes de la oración, en cuanto son el principio *formal* de las partes del discurso, lo que pertenece a la *etimología,* tratemos de las mismas en cuanto son el principio *eficiente intrínseco* de la construcción y de otras pasiones del discurso, lo cual pertenece a la *diasintética* (Sintaxis); y esto equivale a aplicar los modos de las *construcciones, congruencias y perfecciones,* expresando así qué modos de significar son principios de las construcciones, congruencias y perfecciones.

En el capítulo I, al ocuparse de la división y descripción del modo de significar, previamente diferenciado del modo de ser y del modo de entender, se precisa cómo el modo de significar activo es un modo de la voz, es decir, una propiedad de ésta, mientras que el pasivo lo es de la cosa «tal como es significada por la voz», a lo que se añade:

> Y puesto que significar y consignificar es en cierta manera obrar, y ser significado y consignificado es en cierta manera padecer, de ahí que el modo o propiedad de la voz, mediante la cual la voz significa activamente la propiedad de la cosa, se denomine modo de significar *activo;* mas el modo, o propiedad de la cosa, tal como es significada pasivamente, se denomine modo de significar *pasivo.*

Los *modi significandi,* como los traduce Jakobson (1980, 42), en términos de Sapir (1921, cap. V), tienen su lugar dentro de una teoría de los modos que podemos representar en el siguiente esquema:

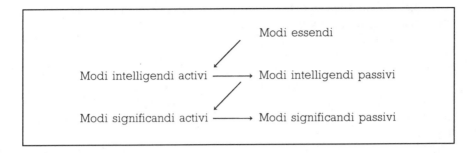

En el cuadro se diferencian los *modos de ser (modi essendi),* los *modos de entender (modi intelligendi)* y los *modos de significar (modi significandi).* Cuando aprehenden o expresan son *activos,* cuando categorizan o configuran son *pasivos.*

Así, desde el punto de vista semántico (Kukenheim: 1962, 15), *dolor* y *doleo* se diferencian, en el *modus significandi,* porque *dolor* expresa una cualidad permanente *(modus permanentis),* mientras que *doleo* expresa una cualidad temporal *modus fluxus).* El referido de *donum* y *datum* es el mismo; pero *datum* añade una cualidad temporal, la de pasado.

El punto de partida, como se aprecia en el esquema, está en los *modi essendi,* o propiedades de las cosas. Estos *modi essendi* son aprehendidos por los *modi intelligendi activi,* gracias a los cuales se configuran en el entendimiento como modos pasivos, *modi intelligendi passivi,* y se exteriorizan como *modi significandi activi,* que expresan las propiedades de las cosas por medio de las *voces,* elemento material, divididas a su vez en elementos formales, *dictiones,* y *partes orationis.*

Los *modi significandi passivi* son las propiedades de las cosas, tal como las significan las palabras *(dictiones).*

Los modos de significar son el principio formal. Los *modi significandi activi,* que son los que permiten expresar las propiedades de las cosas, tal como están configuradas en el entendimiento, como modos pasivos, pueden ser *modi significandi essentiales* o *accidentales.* Los primeros corresponden a las categorías definidoras aristotélicas, los segundos corresponden a los accidentes.

En este punto, por ejemplo, Tomás de Erfurt puede establecer una serie de diferencias entre su propio criterio y el de Donato: en el nombre (cap. XIV), la *cualidad,* propia o apelativa (que indica los modos *común* y *propio,* es decir, es lo que permite diferenciar los nombres propios de los comunes o apelativos), y la *comparación* (ambas consideradas por Donato accidentes del nombre) pasan a considerarse *modos esenciales subalternos,* distintos de los puramente accidentales, que serían *especie, género, número, figura, persona y caso.*

Guillermo de Shyreswood (Jakobson: 1980, 44; Grabmann: 1937) relaciona los sonidos, las voces, los significados naturales y los convencionales, estableciendo unos principios de distinción. No todos los sonidos pueden clasificarse como *voces.* La *vox* propiamente dicha es la que sale de la boca de los animales, mientras que hay otros sonidos que no son voces, como el ruido de los pies o el silbido del viento entre los árboles.

Entre las *voces,* debemos separar las significativas de las que no son significativas. Las primeras designan (*significat*) algo, las segundas nada, como (con sus ejemplos) *buba blictrix.*

Ya dentro de las *voces significativas,* se distinguen las que tienen un significado natural de las que lo tienen por gusto o deseo de los hablantes, es decir, por convención. Significado natural se entiende aquí, como en el caso del gemido de los enfermos y similares, porque son síntomas de algo que depende de la naturaleza del agente, mientras que su significación convencional depende exclusivamente de la decisión humana de establecer convencionalmente esa significación.

En cuanto a la distinción entre la *dicción* y la *parte de la oración,* depende de la doble cualidad que el entendimiento atribuye a la voz que impone para significar o para consignificar: si le atribuye *significación,* es decir, cualidad de significar, por la que se convierte en *signo,* bien entendido como *significante,* se trata, *formalmente,* de la *dicción.* Si la cualidad atribuida es la de *consignificar,* o sea, el modo de significar activo por el cual «la voz significante se convierte en consigno o consignificante», la voz es, *formalmente,* una *parte de la oración.*

Si el modo de entender activo es «la cualidad de concebir, por la cual el entendimiento significa, concibe o aprehende las propiedades de la cosa» (cap. III), el modo activo de significar es la propiedad de la voz para significar la propiedad de la cosa. Es, por ello, un principio de la Gramática y pertenece a ella.

Modi essendi, modi intelligendi passivi y *modi significandi passivi* tienen diferencia formal, pero igualdad material, en su relación con las propiedades de las cosas, o sea, con el referido: cómo es, cómo es aprehendido en el entendimiento y cómo es expresado.

La expresión de las propiedades de las cosas mediante el lenguaje no llevó a los modalistas a interesarse especialmente por la Prosodia; pero sí desarrollaron, en mayor o menor medida, lo que hoy corresponde a la Morfología y la Sintaxis, e incluso a la Semántica. En su estudio de las partes de la oración, *nomen, verbum, participium, pronomen,* como flexivas o declinables, y *adverbium, coniunctio, praepositio* e *interiectio,* como indeclinables o sin flexión, Tomás de Erfurt distingue sustantivo de adjetivo, como ya había hecho Petrus Helias, da una definición de preposición más exacta que las anteriores y rechaza la confusión de las preposiciones, formas libres, con los afijos, formas ligadas. En la Sintaxis hay innovaciones, puesto que el *modus significandi* es a menudo un equivalente aproximado de la *función sintáctica*. Analizan también la rección, dependencia o transitividad. En Semántica, no sólo distinguen el significado en la lengua y en la metalengua, de acuerdo con la teoría de la suposición de la que nos ocuparemos más adelante, sino que se adelantan, también, a teorías modernas, en el estudio de la necesidad de congruencia entre corrección sintáctica y coherencia semántica, con el estudio de la agramaticalidad de oraciones como *lapis amat filium,* «la piedra ama al hijo», sintácticamente bien construida pero semánticamente incongruente.

Además, y no es esto lo menos importante, su intención es que su metodología, su especulación, sea válida para todas las lenguas, como propia de una gramática de universales, *gramática universal* o general. La *substancia* de las lenguas es una y la misma, por lo que no hay más que una gramática, no obstante la variación accidental de las lenguas individuales, como afirma Roger Bacon (h. 1214- 1294) (Kukenheim: 1962, 15).

2.5. La teoría de la suposición

Desde el punto de vista semántico, sin limitarnos ya a los modalistas, se puede llegar a decir que lo especialmente interesante de los estudios de gramática en la Edad Media es la teoría de la suposición.

En Petrus Hispanus, un gramático del siglo XIII que llegó a ser Juan XXI, se encuentra ya la distinción entre la *significatio* y la *suppositio.* La *significatio* es la relación entre el signo o palabra y lo que significa, mientras que la *suppositio* es la aceptación de un concepto en lugar de un objeto o clase, por la relación significativa, o sea, como elemento del contenido. La *significatio* es anterior a la *suppositio* o, lo que es lo mismo, la segunda presupone la primera.

La *suppositio* puede ser *formal,* cuando tomamos la palabra por el término referido:

Juan es mi vecino

donde *Juan* se refiere a un objeto concreto, #Juan#, del que predico la vecindad. Puede ser también *material,* cuando tomamos la palabra por sí misma, convirtiéndola entonces en *referido,* dentro del metalenguaje utilizado, o sea, hablando de la lengua mediante la propia lengua, por ejemplo:

«Juan» es un nombre propio

donde *«Juan»* se refiere a un elemento lingüístico, no a un objeto concreto.

Nótese la innovación que suponen dos aspectos de la teoría: la distinción entre *materia* y *forma* y la diferencia entre lo que hoy designamos como *lengua* y *metalengua.*

El concepto de *suposición* adquiere importancia capital en el nominalismo de Guillermo de Ockham (de Andrés: 1969, 230 y ss.), en el cual, frente a los tratadistas anteriores, como Guillermo de Shyreswood y Petrus Hispanus, quienes consideraban la suposición como «propiedad de los términos y de los términos arbitrarios, y de éstos en una situación extraproposicional o, al menos, proposicional», Ockham defiende la suposición de modo exclusivamente proposicional al afirmar que «es propiedad que conviene al término [también y sobre todo al mental] pero nunca salvo en la proposición».

El significado, por tanto, no se considera aisladamente, sino que se habla del valor contextual que puede adquirir el empleo de un término, con su relación significativa, dentro de una oración. El arte de la lengua se convierte en puerta de las ciencias, afirmación que llegará a ser generalmente admitida en el humanismo y que encontraremos mucho más tarde formulada en autores como Cervantes.

La doble división de la suposición, *formal* y *material* que dimos anteriormente, se complica, en su inicio, en una división triple: *material, personal* y *simple.*

En la suposición *material,* como acabamos de ver, se emplea un signo lingüístico en lugar de otro signo lingüístico, pero no conceptual, sino arbitrario, es decir, sin referencia a un objeto exterior a la lengua. Se trata de la significación metalingüística de un signo, como en *homo est nomen,* que es, en realidad *«homo» est nomen.*

La suposición *personal* o *lógica* «es la plena actuación proposicional de la significación de un signo lingüístico, en cuanto que éste ocupa en la proposición el lugar de los existentes como ''cosas en sí''» (de Andrés: 1969, 294). Puesto que Ockham rechaza el concepto de «naturaleza», la referencia del signo *homo* en

omnis homo est animal

no se hace a algo común a ellos, a una «naturaleza humana», sino a «ellos-en-sí:» cada uno de los hombres y todos ellos conjuntamente admiten la predicación *animal.*

La *suposición simple* se da cuando el signo lingüístico reemplaza a otro signo lingüístico, sin posibilidad de que sea a la cosa, sino a la clase, es decir, a un signo lingüístico conceptual, como en

homo est species,

donde no se puede predicar de algún hombre que sea especie, sino sólo de la totalidad, que es la que constituye una especie, la humana. Lo mismo cuando decimos:

Colón introdujo el caballo en América,

donde es imposible tomar *caballo* para decir algo como:

Me gustaría montar el caballo que introdujo Colón en América,

ya que, en el primer ejemplo, se habla de la clase y en el segundo de un individuo de la misma (Coseriu: 1977, 149-150).

Kukenheim (1962, 15) habla también de una *suppositio singularis:*

homo mihi taedium est,

que supone la existencia de un hombre que me fastidia, y de una *suppositio distributiva:*

homo terram habitat,

con lo cual no se agota la taxonomía.

2.6. La planificación de las nuevas lenguas

El mundo latino se fragmentó política y lingüísticamente, al mismo tiempo que la cultura clásica llegó a tierras muy distantes de la influencia de Roma y hablantes de lenguas muy dispersas. La conciencia de la diferencia y de las posibilidades de representación es a veces sorprendente, como en el caso del anónimo islandés del siglo XII que emprendió una reforma del alfabeto, extremadamente minuciosa, con el objeto de representar adecuadamente el islandés (Arens: 1975, 75-82). Más cerca de nosotros, la Castilla medieval, donde en el siglo XIII especialmente se produce el gran movimiento científico y cultural de trasvase de la cultura árabe sobre todo al castellano, en vez de al latín, nos permite observar, en la figura de Alfonso X el Sabio, un proceso de reforma y modernización de la lengua. (Marcos Marín: 1979, 1983, 1984).

Todo ello no surgió de la nada, al contrario, el rey actuó dentro de una tradición que le ofrecía ya una serie de textos, especialmente traducciones, en alguno de los cuales había tenido parte decidida con anterioridad a 1252, cuando aún era infante.

Se habla también mucho de la labor alfonsí sobre el romance y con ello se da la falsa impresión de que su actitud fue negativa hacia el latín, lo cual es inexacto. No cabe duda de que, al impulsar las traducciones del árabe hacia el castellano y no hacia el latín, se convirtió en el motor de un cambio sustancial, que no culminaría hasta el siglo XVIII, por lo menos; pero, simultáneamente, sabemos cómo, preocupado por la degradación del latín, también se ocupó activamente de esta lengua.

Toledo, desde su reconquista por Alfonso VI en 1085, se había convertido en un destacado centro cultural. Allí pudo el Rey Sabio perfeccionar el sistema de estudio, traducción y trabajo, creando una auténtica escuela, a la que se debe una de las contribuciones más importantes de España a la cultura de Occidente, una vez más sirviendo a su función específica de enlace entre Oriente y Europa.

Su actitud, así como la de sus colaboradores, se plasma en textos como el de la *General Estoria* que citamos:

> El Rey faze un libro, non porquel escriua con sus manos, mas porque compone las razones del, e las enmienda e yegua [iguala] e enderça [endereza], e muestra la manera de como se deuen fazer, e desi [según esta manera] escriuelas qui el manda: pero [sin embargo] dezimos por esta razon que el faze el libro.

Las traducciones eran imprescindibles entonces como hoy y más si se tiene en cuenta que el concepto de *originalidad* medieval, muy distinto del nuestro, había de incluir el obligado tratamiento de los temas de los grandes autores, el respeto a las fuentes, para permitir el escaso margen entre la *abreviación* y la *amplificación*.

Por eso es muy importante saber cómo trabajaba el taller alfonsí y quiénes eran los encargados de las distintas misiones, mencionados con frecuencia en los prólogos, cuya lectura nos transmite una sorprendente idea de equipo. Bastarán como ejemplo los *ordenamientos* que preceden al prólogo de los *IV Libros de las Estrellas de la Ochava Esfera*:

> En nombre de Dios amen. Este es el libro de las figuras de las estrellas fixas que son en ell ochavo cielo, que mando traslatar de caldeo e de arabigo en lenguage castellano el Rey D. Alfonso, ...; et

trasladolo por su mandado Yhuda el Coheneso, su alfaquin, et Guillen Arremon d'Aspa, so clerigo.

Et despues lo endreço [corrigió] et lo mando conponer este rey sobredicho, et tollo [quitó] las razones [expresiones] que entendio eran sobejanas [sobradas] et dobladas et que non eran en castellano drecho et puso las otras que entendio que cunplian; et quanto en el lenguage, endreçolo el por sise [por sí mismo].

Et en los otros saberes hobo por ayuntadores a maestre Joan de Mesina et a maestre Joan de Cremona et a Yhuda el sobredicho et a Samuel.

El texto citado y lo que sabemos del proceso nos permite recomponerlo del modo siguiente: dos *trasladadores* hicieron una primera traducción, en 1256; el rey, luego, mandó *componerlo* e intervino junto con los *enmendadores* y, finalmente intervinieron los *ayuntadores,* de modo que se terminó el libro en 1276, veinte años después.

La intervención del rey, por su parte, tiene dos aspectos: hacer que el texto fuera inteligible, eliminando el sobrante, es decir, una labor de tipo filológico, de corrección textual y enmienda, y hacer un texto correcto, en el sentido normativo, para lo cual tenía que fijar una norma, la que se ha llamado alfonsí, que perduró hasta fines del siglo XV y, en muchos aspectos, hasta la reforma académica de principios del siglo XVIII, reforzada por los gramáticos clásicos (Lapesa: 1980).

Los historiadores del XVI y sus continuadores han querido plasmar esa diferenciación de normas en la forma de un decreto en el que el todavía infante habría dispuesto que los documentos públicos de los notarios reales se escribieran en castellano y no en latín.

Las investigaciones de F. González Ollé (1978) nos permiten considerar estas afirmaciones como legendarias: ahora bien, la ausencia de una disposición legal concreta no es óbice para que interpretemos en este sentido toda la actividad lingüística del rey, para quien la lengua de su reino, en todas las esferas, era el castellano, aunque escribiera en gallego su propia producción poética.

Las reformas del castellano emprendidas por el rey afectan a la ortografía, la morfología, la sintaxis y el léxico.

El sistema gráfico, que atiende a las diferencias entre significados que se expresan mediante variantes gráficas en la lengua medieval, como *dezir* «decir» y *deçir* «bajar», con un criterio de tipo fonemático, en suma, fue mantenido, con raras excepciones, por los gramáticos clásicos, como servidumbre a la ortografía establecida, aunque las grafías ya no tuvieran valor distintivo (como se ve en el ejemplo citado).

En el aspecto morfológico las preferencias apuntadas (conjugación palatal en -*IR* con predominio sobre -*ER*, tendencia a la distinción entre «persona» y «no persona» en el sistema pronominal, en lucha con la etimología) (Marcos Marín: 1978), configurarán una lengua coherente.

Esta coherencia se notará también en el aspecto sintáctico, donde la influencia de la prosa árabe no rompe una estructura sintáctica románica, sino que refuerza en ocasiones tendencias que en latín no se reflejaban generalmente en la prosa culta, como la tendencia a la colocación del verbo en posición inicial, o la redundancia pronominal, especialmente del objeto indirecto y en las construcciones de relativo, ligadas a la necesidad de crear una prosa científica, con unos esquemas retóricos diferentes de la poesía, con soluciones capaces de perdurar durante siglos.

En el aspecto léxico, por su parte, el interés de la escuela alfonsí, en la que el rey tenía ese destacado papel, refleja una doble actitud, la de recepción y creación. No sólo se crea introduciendo un nuevo léxico técnico y científico a partir del latín (además de lo que se recibe directamente, sobre todo del árabe), sino que se busca una cuidadosa distribución en campos conceptuales, donde se desarrollan escalas completas: *ninnez, moçedat, mançebia, omne con seso, veiedat, fallescimiento, decrepitud* (Lapesa: 1984).

Es como si, al igual que las letras de su nombre, del alfa a la omega, el rey hubiera querido abarcar del principio al fin. Esta ambición, lejana en nuestro tiempo de especialización, es muy propia de la mentalidad medieval y proseguirá durante la época siguiente, época dorada en muchas culturas europeas, empezando por la española.

3.

De las autoridades clásicas a la gramática racionalista

3.1. Los modelos gramaticales en España en los siglos XVI y XVII

Es imprescindible iniciar esta sección con unas palabras de justificación y explicación. Mientras que, hasta aquí, hemos tratado de mantener una visión general de las corrientes lingüísticas que se movían en el entorno geográfico y cultural de Europa y el Mediterráneo, ahora, súbitamente, reducimos el enfoque a un país durante un período tan amplio como complejo. Tenemos que recordar que la perspectiva histórica que utilizamos en esta primera parte de nuestro libro no es simplemente de archivo y recuento, sino de búsqueda de los rasgos que caracterizan a los distintos *modelos.* Pero, con todas las novedades que el Humanismo, el Renacimiento y el Barroco trajeron al mundo cultural latino-germánico, en el que desde ahora permaneceremos, no hay, en esta primera etapa, una alteración sustancial del modelo de gramática, con una excepción, precisamente española, aunque de mayor influencia fuera de nuestras fronteras, constituida por la figura de Sanctius, «el Brocense».

La aportación del humanismo, en el terreno gramatical, fue la extensión de la construcción de gramáticas a las lenguas vulgares. Con el mundo nuevo descubierto, esta ampliación fue mucho mayor de lo originariamente previsible. El esquema, sin embargo, comparado con lo que hemos visto de la estructura de las gramáticas medievales, poco varía. Dado que, hasta la segunda mitad del siglo XVII, la lengua española ocupa un lugar de privilegio, tanto en los tratados escritos para el conocimiento de ella como en los dedicados a la enseñanza a extranjeros, hemos decidido convertirla en una muestra de lo que sucedía, en general, en la Europa de aquel tiempo y en un espejo reflector del mundo que la circundaba. (Kukenheim: 1932).

A menudo se repite que los gramáticos renacentistas hacen las gramáticas vulgares calcando los moldes latinos. Esto es cierto sólo en parte, puesto que veremos la aparición de innovaciones en un sentido o en otro. Lo que es cierto y conviene no olvidar es que la tradición gramatical es una de las más persistentes y una de las que más favorece, con citas y glosas, la persistencia de los argumentos de autoridad.

3.1.1. Nebrija

En nuestra selección de gramáticos españoles de la primera época de los siglos de oro (fines del XV y principios del XVI) corresponde el primer lugar a Elio Antonio de Nebrija o Lebrixa, tanto por sus *Introductiones Latinae* (1480) como por su *Gramática Castellana* (1492) (Casares: 1947, Fernández Sevilla: 1974, Quilis: 1977, 1980, Rico: 1978, 1981; Ridruejo: 1977) o sus *Diccionario latino-español* (1492) o el *Vocabulario de romance en latín* (1495?) (MacDonald: 1981, Colón: 1985, Colón y Soberanas: 1979, 1987).

Nebrija, entre las dos divisiones medievales de la Gramática, se inclina por la de Analogía, Sintaxis, Prosodia y Ortografía. En cuanto a las partes de la oración, en las *Introductiones* mantiene las ocho latinas tradicionales, aunque en las glosas añade dos: *gerundia* y *supina.* En la *Gramática,* en cambio, en lugar de las ocho latinas distingue diez, a las que llega tras agrupar en una adverbio e interjección, añadir gerundio y artículo y desdoblar el participio pasivo en dos: participio variable y *nombre participial infinito,* invariable, que es la forma participial de los tiempos compuestos. Ni la diferenciación de la gramática en cuatro partes ni la diferenciación de la Sintaxis son novedad. Algunas novedades hay, por supuesto, en las teorías del gramático sevillano, como el estudio del artículo, en el que señala la distinción entre éste y el pronombre *(él, la, lo)* sintagmáticamente; la descripción de los sonidos y su relación con el latín, así como un adelanto de la teoría de la elipsis, que luego aparecerá, mucho más desarrollada, en la *Minerva* de Francisco Sánchez de las Brozas. En Nebrija, en el capítulo VII del libro IV de la *Gramática* (fol. g. iiii), donde se habla de las figuras, dice así:

> Eclipsi es defecto de alguna palabra necessaria para hinchir la
> sentencia: como diziendo buenos dias. falta el verbo que alli se

puede entender & suplir: el cual es aiais. o vos de Dios. Esso mesmo se comete eclipsi: & falta el verbo en todos los sobre escriptos delas cartas mensajeras: donde se entiende sean dadas. tan bien falta el verbo en la primera copla del laberinto de Juan de Mena que comiença. Al mui prepotente don Juan el Segundo A el las rodillas hincadas por suelo. entiende se este verbo sean. & llamase eclipsi que quiere dezir desfallecimiento.

Poco es, evidentemente, para una construcción cuya importancia no quedará plenamente de manifiesto hasta 1587.

Nebrija fue también muy consciente de la necesidad del apoyo oficial para el establecimiento de una gramática normativa, convencido de las escasas posibilidades de que el simple acuerdo de los doctos fuera bastante. Los tiempos no eran adecuados y la reforma del español en el siglo XVI se haría sin intervenciones oficiales y, por ello, en los aspectos formales, como, por ejemplo, la ortografía, no lograría establecer ningún estándar (Marcos: 1979, 101). Esta preocupación puede vincularse con la que tuvo por la lengua de la enseñanza: inicialmente partidario del latín, acaba traduciendo sus *Instituciones* al castellano, por especial empeño de la reina Católica. No debe verse en su confesión de error y en su satisfacción por dar la razón a la reina una muestra de servilismo, sino un resultado de su actitud de búsqueda de la norma y su convencimiento de que sólo por la acción de los poderes políticos pueden consolidarse las reformas. En él debe buscarse también la razón de por qué seis años más tarde de esa traducción publica la *Gramática de la Lengua Castellana.* Su insistencia en la publicación de las *Reglas de Orthographía en la Lengua Castellana,* puesta de manifiesto por Quilis (1977, 24-25), para al menos rescatar esa parte de la *Gramática* de la indiferencia, demuestra su interés como reformador. Al mismo tiempo, el hecho de que estas normas sean la primera codificación fonémico grafémica de una lengua vulgar occidental es prueba de su innegable capacidad. Paradójicamente, la suerte no le acompañó en lo que más certeramente podía haber reformado, mientras que su obra gramatical latina, por circunstancias ajenas al autor, ocupó un lugar de excesivo privilegio en la enseñanza del latín y, por ende, de la gramática en las tierras de la Corona española.

La gramática latina de Nebrija tuvo el privilegio de ser declarada de obligatoria enseñanza en las universidades, como texto único a partir de una real orden de fines del siglo XVI, la cual daba también privilegio de impresión al Hospital General. La pervivencia del *Antonio,* como fue conocido este libro, se vio favorecida por la incuria científica general y por la exclusividad concedida a la compañía de Jesús para enseñar el latín en varias universidades, como las de Zaragoza y Valencia, con los comentarios de la gramática del sevillano en obras como la del P. Álvarez, S.I., por ejemplo.

3.1.2. Sanctius

Francisco Sánchez de las Brozas ha sido, probablemente, el gramático español más perjudicado por un predecesor: un predecesor del que además se considera de algún modo sucesor, como puede leerse en el prólogo-dedicatoria: «me dejó lo que entonces no pudo terminar para que yo lo llevara a buen término». Toda su vida se vio obligado a sufrir las consecuencias académicas de la preferencia oficial por el *Antonio,* que debieron causarle innegables padecimientos morales. Debió de sumarse a su postergación su condición de converso, con la constante persecución inquisitorial que padeció. Tal vez se deba asimismo a esta circunstancia la falta de apoyo de los estudiantes salmantinos, por la que, a la muerte de León de Castro, no pudo conseguir la cátedra de prima de Salamanca. Sus reformas gramaticales, para las que contaba con el apoyo de otro gran converso, Fray Luis de León, tampoco tuvieron éxito y, por último, su fama, tras su muerte, fue muy superior en el extranjero (C. García: 1960, Liaño: 1971, Breva Claramonte: 1983, Del Estal: 1975, Riveras en Sánchez: 1976) hasta la edición de las *Opera Omnia* por Mayans (1766).

El oscurecimiento de la *Minerva,* que así se titula la gramática latina de Sanctius, por el *Antonio* o, mejor, por el favor oficial que se otorgó a éste, no debe llevarnos a falsas interpretaciones. No hubo, en primer lugar, posibilidad de contacto personal, Nebrija vivió entre 1444 y 1522, el Brocense entre 1523 y 1601, aunque sí hubo relación de conocimiento a través del padre de Sanctius, quien contó a éste las circunstancias de la muerte del lebrijano. La obra de Sánchez de las Brozas, por tanto, se puede situar en una línea que prolongara la actividad del primero, como en parte ocurre: ambos fueron reformadores de la enseñanza del latín. Nebrija renovó desde el criterio de autoridad, mientras que el Brocense hizo una investigación, a lo largo de toda su vida, sobre las causas de las construcciones gramaticales. Si del primero se ha dicho que fue el primer gramático español, del segundo se ha reiterado que fue el primer gramático general.

No nos interesa la etopeya, sino el cambio de modelo. Más en este segundo caso, porque durante algunas etapas de la lingüística contemporánea, como la generativa de la década de 1965 a 1975, Sanctius ha sido citado y discutido y también aceptado como precursor, especialmente por su teoría central, la teoría de la *elipsis.*

El libro fundamental de Francisco Sánchez de las Brozas es la *Miner-*

va sive de Causis Latinae linguae Commentarius, que vio la luz en Salamanca en 1587 en su forma definitiva (usaremos Sánchez: 1664); pero de la que hubo una edición primera, mucho más breve, en 1562.

A diferencia de Scaligero, quien había dedicado una parte interesante a la Prosodia, en 1540, al escribir sus *De causis linguae latinae libri XIII,* el Brocense no toca los aspectos fonéticos, pese a haber mantenido la división tradicional de la Gramática en cuatro partes: Ortografía, Prosodia, Etimología y Sintaxis, desde 1562 hasta 1587. La parte principal de la Gramática, a su juicio, es la Sintaxis, que comprende el estudio de las partes de la oración. Ahora bien, la Sintaxis de la *Minerva* es mucho más compleja que las anteriores, pues no se limita a ser expositiva de la *constructio,* sino que trata de ser explicativa, una de las razones por la que los gramáticos transformacionales h. 1970 lo consideraban precursor de sus estudios y su método. Su preocupación por una gramática sintáctica, o sintáctico-morfológica, pese al mantenimiento de la división cuatripartita en las obras, le llevó a eliminar dicha división desde el capítulo II de la *Minerva,* que lleva el expresivo título de «Que la Gramática no se divide en histórica y metódica, ni en ortografía, prosodia, etimología y sintaxis», y que se justifica por la anteposición de la razón al argumento de autoridad. De este modo se le puede considerar con justicia el creador (no sin precedentes) de una gramática racional, explicativa. También es formalista constructivista: «Para mí, el perfecto y consumado gramático es aquél que en los libros de Cicerón o Virgilio entienda qué vocabulario (*dictio*) es nombre, cuál verbo, y las restantes cosas que competen sólo a la gramática, incluso si no comprende el sentido de los verbos (*verborum,* ''las palabras'').»

No es de extrañar, en consecuencia, que considere que la Sintaxis no es una parte de la Gramática, sino un fin en sí misma, lo que, apoyándose en Cicerón (*Fin.* 5) le lleva a afirmar: «Otros dividen la gramática en letra, sílaba, palabra y oración, o lo que es lo mismo, en ortografía, prosodia, etimología y sintaxis. Pero la oración o sintaxis es el fin de la gramática, por tanto no es parte de ella». (Estamos citando del capítulo II según la traducción de Riveras; las observaciones entre paréntesis son nuestras).

La Gramática, finalmente, es el arte de expresarse correctamente cuyo fin es la oración bien construida, en latín *congruens,* o sea 'conforme' (a las reglas del arte gramatical). El *arte* es *disciplina,* es decir, ciencia adquirida por el discente, u objeto de estudio.

Para las partes de la oración, en principio, una vez negada la validez de las clasificaciones anteriores, arranca de las cinco partes de los estoicos, según Diógenes Laercio: *nomen, appellationem* (o sea, nombre propio y nombre común o apelativo), *verbum, coniunctionem, & articulum.* Rechaza la interjección y el pronombre, así como el participio, que se engloba con el nombre. La categoría *nombre* queda formada por las antiguas de nombre propio, apelativo, pronombre y participio y se opone a *verbo,* mientras que las partes invariables se agrupan como *partículas,* aunque se añadan precisiones muy interesantes desde el punto de vista de la rección y la modificación: así, la preposición es partícula ligada al nombre, mientras que el adverbio es partícula ligada al verbo; la conjunción tiene un valor amplio de nexo.

El esquema sanctiano anticipa los esquemas de la gramática de constituyentes, al establecer dos grandes grupos, nominal y verbal, que se relacionan con las dos estructuras oracionales básicas, *sujeto* y *predicado.* La triple división en nombre, verbo y partículas refleja la usual en las gramáticas de las lenguas semíticas, árabe y hebreo. Pudo conocer el *De Rudimentis Hebraicis* de J. Reuchlin publicado en Pforzheim en 1506, libro en el que se destaca la triple clasificación de los gramáticos hebreos, cuyas relaciones con los gramáticos árabes hace tiempo que quedaron bien planteadas (Hirschfeld: 1926, Wechter: 1964.)

Uno de los aspectos que todos los investigadores coinciden en señalar como muy interesante en el pensamiento de nuestro autor, es la teoría de la elipsis; revitalizada por el influjo de Port Royal esta tesis se mantiene hasta principios del siglo XX, para eclipsarse durante un tiempo por el predominio del estructuralismo taxonómico y volver con pujanza en las versiones transformacionales de la gramática. Las necesidades de la lingüística computacional, especialmente en el terreno de la traducción por ordenador y de las aplicaciones de lengua natural en inteligencia artificial (sistemas expertos), han vuelto a traerla a primer plano a finales de los ochenta.

En el libro cuarto de la *Minerva* se define la elipsis como «la falta de una palabra o varias en construcción correcta», donde el autor se ve en la precisión de ampliar el concepto clásico que, a partir de Prisciano, consideraba la elipsis como construcción correspondiente a la figura que los retóricos llamaban aposiopesis. La aportación del Brocense consiste en desarrollar teóricamente la construcción de oraciones faltas de un elemento de los tradicionalmente considerados necesarios, nombre o verbo y en mostrar cómo ese elemento está incluido en otro de los presentes en la oración. Cuando se dice, por ejemplo, *poenitet,* se entiende *poena poenitet.*

La doctrina culmina con tres máximas generales:

1. Los elementos de la oración son nombre y verbo. Si no aparece el verbo, está sobrentendido: es lo que luego se ha expresado como ausencia de verbo en la estructura patente o de superficie pero necesidad de él en la latente o profunda y más tarde como

necesidad de su presencia en la estructura-d para poder asignar una forma lógica a la oración.

2. Todo verbo tiene su nominativo, expreso o elíptico. Principio de rección propio de una gramática de constituyentes, que exige un constituyente nominal sujeto del núcleo de la frase verbal.
3. Si hay presente un adjetivo hay un sustantivo, expreso o elíptico, al que ese adjetivo modifica: es necesario postular un nivel lógico en el que el adjetivo exige su regente.

Su enfoque es claramente formal y funcional, con una semántica secundaria, relegada y, nos atreveríamos a decir, interpretativa. Otro de los puntos en los que su influencia es manifiesta es la aplicación de su concepción racional de la gramática a la gramática universal.

En cuanto a la influencia de nuestro autor, ya hemos indicado que fracasó en España su intención pedagógica, al no ser tomado en consideración como texto. En el resto de Europa ocupó, durante muchos años y con glosas de Gaspar Scioppius y Jacobo Perizonius, el primer lugar entre los textos de gramática latina en la enseñanza. Su influencia como gramático, sin adjetivos, sin necesidad de ir precisado como «gramático latino», ha sido mayor y llegó a los gramáticos del castellano. En la Gramática General se le considera antecedente de los italianos, hasta Vico, e incluso B. Croce, y de los franceses de Port Royal, especialmente Lancelot. En Inglaterra, ya en el siglo XVIII, ejerció una apreciable influencia a través del *Hermes* de Harris, quien conoció la *Minerva* gracias a la recomendación de su hijo y se sirvió bien de ella.

3.1.3. Algunos gramáticos del español

Las gramáticas de la lengua española florecieron en estos dos siglos, no sólo en España, sino muy principalmente en los restantes países europeos, de Italia a Inglaterra o Dinamarca. Por ello la tradición de enseñanza del español se vincula desde sus orígenes con la de la enseñanza de una segunda lengua, del mismo modo que proliferan los diccionarios bilingües e incluso trilingües (con el latín) o plurilingües. La *Biblioteca Histórica de la Filología Castellana* de don Cipriano Muñoz y Manzano, Conde de la Viñaza (Viñaza: 1893), sigue siendo todavía hoy obra de consulta imprescindible para estos estudios, aunque en los últimos veinte años el número de gramáticas clásicas españolas editadas en nuestra patria ha crecido notablemente.

Los gramáticos españoles del Siglo de Oro se sitúan en la línea de «autoridades» más que en la lógica, especulativa o analítica que representa el Brocense. En la *Gramática castellana* de Cristóbal de Villalón

(Amberes, 1558) las partes de la Gramática se reducen a Ortografía, Morfología y Sintaxis, no incluye la Prosodia, como el Brocense y basa la gramática en la norma, como Nebrija en las *Instituciones,* aunque no explica quiénes sean los sabios en cuya autoridad esta norma se basa. Pese a la división teórica, no hay una diferencia marcada entre Morfología y Sintaxis, pues en una parte se ocupa del nombre, en otra del verbo y en otra de la Sintaxis, que se sigue entendiendo como *constructio,* de lo que colegimos que su morfología se apoya en la consideración, cada vez más frecuente, del sintagma nominal y el sintagma verbal, como constituyentes inmediatos de la oración.

En cuanto a las partes de esta última, en las líneas iniciales del capítulo primero las divide en nombre, verbo y palabras indeclinables, que llama *artículos,* para más adelante emplear la clasificación tradicional y hablar de adverbios, preposiciones, conjunciones e interjecciones, aunque, pese a haber llamado «artículos» a las partículas, no se ocupa del artículo, en el sentido actual del término. En la *Ortografía,* por último, se ocupa de la descripción de algunos sonidos cuando habla de su representación, si bien de modo confuso.

La *Gramática de la Lengua Vulgar de España,* anónima (Lovaina, 1559), es un texto interesante por varios motivos: por las noticias sobre pronunciación, por los comentarios acerca del nombre de la lengua española y por el entusiasmo personal de su desconocido autor. Sobre este último poco pudieron añadir Balbín y Roldán al editarla, sólo negar su atribución a Francisco Villalobos. En el contenido distinguiremos dos partes: la primera se ocupa de las lenguas de España (vascuence, árabe, catalán y la lengua «vulgar», es decir, «común», salvando así la necesidad de usar *castellano* o *español,* lo que pudiera hacernos pensar que el autor era aragonés o catalán, indicio reforzado por la *Ortografía,* donde se presta especial atención a las sibilantes (letras «culebrinas»), dentro de la minuciosa descripción de los sonidos); la segunda parte es la propiamente gramatical.

De su división podemos deducir que clasificaba las partes de la Gramática en Ortografía, Etimología, Sintaxis y Prosodia, aunque no trata de las dos últimas, que deja «al uso común, dedo [de donde] se aprenderán mejor i mas facilmente». Al entender que la Etimología se ha de ocupar del origen de las palabras y de los elementos flexivos, sólo se ocupa de las partes flexivas de la oración: artículo, nombre, pronombre y verbo, en cuya exposición está muy cerca de Nebrija.

Poseemos una buena edición, con extenso estudio preliminar, de las *Instituciones de la Gramática Española* de Bartolomé Jiménez Patón (cuya edición primera conocida no tiene ni año ni lugar, aunque es de 1614). Junto al libro en sí, nos interesa hoy la existencia de una escuela de gramáticos manchego-jiennenses, con centro en la cátedra del maestro Jiménez Patón, en Villanueva de los Infantes, con su *Mercurius Trimegistus* como texto de Retórica y con cátedras destacables en Ciudad Real, Albacete y Jaén (Úbeda y Baeza). Las *Instituciones* no son un tratado, sino un bosquejo, reducido y conciso para que resalten sus nuevos puntos de vista. No son una gramática completa, sino sólo la exposición de una parte de ella: la Etimología, que tiene un valor terminológico de Morfología, al ocuparse del estudio paradigmático de las partes de la oración, que, para el autor, son cinco: nombre, verbo, preposición, adverbio y conjunción. Aunque el gramático pretenda separarse del Brocense y afirme que, según éste, son seis, lo cierto es que repite la clasificación en nombre, verbo y partículas, en el fondo, pues en el desarrollo de su exposición se va desvelando que la preposición se caracteriza funcionalmente por unirse al nombre, el adverbio al verbo y que las oraciones, «que constan de las quatro cosas dichas», se unen entre sí mediante la conjunción. El modelo de constituyentes, que es más claro en la *Minerva* que en ninguna otra obra de las que comentamos, es el que ahorma esta división.

Nos ocuparemos finalmente de la gramática, en sus dos versiones, del maestro Gonzalo Correas, sobre todo del que su autor llamaba *Arte Grande,* cuya edición, en 1954, gracias a Emilio Alarcos García, sirvió de modelo a las de otros gramáticos de la época. Correas no vio impreso el *Arte,* aunque sí su resumen, el *Arte Kastellana* (1627) reeditado en 1984 por Manuel Taboada y que no es más que un compendio, por lo que no nos entretendremos en aquilatar posibles matices.

Correas coincide con los gramáticos anteriores y con el espíritu de la época en el punto de partida pedagógico. La gramática es un auxiliar imprescindible, una puerta de entrada a las demás ciencias, incluyendo el latín y el griego, ya que nuestro autor es también innovador en la propuesta de que la enseñanza gramatical se inicie en la lengua castellana.

En sus obras gramaticales adopta la cuádruple división de la Gramática que ya hemos repetido: Ortografía, Prosodia, Etimología y Sintaxis. Su carácter de fonetista, casi de fonólogo, se aprecia claramente en las reformas ortográficas propuestas por él, en general muy avanzadas, que llevó a la imprenta; pero que no tuvieron éxito. De haber triunfado la reforma de la lengua española en el siglo XVI habría culminado, como la alfonsí, en una reforma ortográfica drástica.

En el resto de la doctrina, aunque presume de no aceptar el argumento de autoridad, no es un gran innovador, aunque para él tiene cierta importancia el uso, rasgo en el que coincide con Jiménez Patón, hasta el punto de inclinarse por la lengua de «la xente de mediana i menor talla» como norma lingüística, para defender el uso tradicional.

Las primeras páginas del *Arte* se dedican a una cuestión que tuvo gran incidencia en la gramática del siglo XVII y de la que sólo haremos una referencia rápida, la del origen autónomo del castellano. Se suma así, como Jiménez Patón, a la tesis del doctor Gregorio López Madera, para quien el castellano, anterior al latín, sería nada menos que una de las setenta y dos lenguas que nacieron en la torre de Babel. Esta tesis se sustentó en el descubrimiento de los plomos del Sacromonte, en Granada, donde, en castellano, se fingían textos del primer siglo de la evangelización que favorecían el sincretismo cristiano islámico, textos forjados por los moriscos Alonso del Castillo y Juan de Luna para evitar la persecución, tras la reconquista de Granada y las sublevaciones que llevaron a la expulsión de este pueblo (Godoy Alcántara: 1868; Monroe:1970, 7-16; Alarcos García: 1934).

La primera parte de su gramática es la Ortografía, tema predilecto de sus escritos y que muestra su concepción clara de una unidad que llama «letra» y que tiene rasgos próximos a nuestro concepto de «fonema». Dentro de la Ortografía se incluye el tratado de las sílabas, desde el folio 35v. al 40r. En cuanto a la Prosodia, tan relacionada con el problema silábico, nuestro autor cree (fol. 58r.) que es más parte del Arte Poética que de la Gramática. Por ello da una definición de oración que es de tipo sintáctico: «la rrazon i sentido ò habla conzertada que se haze con nonbre y verbo de un mesmo numero i persona, el nonbre en nominativo, i el verbo en cadenzia ò persona finita, no infinitivo, i se adorna con la particula si quiere i con otros casos destas partes, i con ellas mesmas rrepetidas. Las partes forzosas desta orazion son el nonbre i el verbo. La particula es azesoria» (fol. 58v.). También en él aparece, por tanto, el análisis de la oración en lo que llamaríamos sintagma nominal y verbal. La triple división de las partes de la oración coincide, en el fondo, con el Brocense y Jiménez Patón y no ha de extrañar en un catedrático de hebreo. Él mismo se encarga de aclarárnoslo (fol. 59r):

> todos los vocablos son en tres maneras, i se dividen en tres partes ò montones, i se rreduzen à estos tres xeneros dichos nonbre, verbo, i particula, como está llano i asentado en Hebreo, Caldeo i Aravigo, i en todas las lenguas Orientales i de Africa, i todas las del mundo convienen a esto; i era ansi claro i asentado antiguamente en Griego i Latin como lo rrefiere Iuan Issak en su Arte Hebrea del otro Rrabino que dize en el Libro que escrivió contra el Rrei Cosdroas, que antes en Griego, i Latin no avia mas de tres partes de orazion.

Todas las otras partes de la oración se reducen a éstas: las que tienen singular y plural, así como casos en otras lenguas, son nombres, por lo que esta categoría incluye otra vez el pronombre y el participio;

las que, además de singular y plural, tienen personas y tiempos son verbos y las invariables (adverbio, conjunción, preposición e interjección) partículas. El *artículo,* que no había aparecido hasta ahora como tal, figura, en el fol. 60v., entre los morfemas nominales. La gran novedad de este apartado, casi medio siglo antes que en los gramáticos de Port Royal, es la oposición *el/un.* A este segundo llama *indefinito* (fol. 61v.):

> si dixesemos *dame un libro, un rrei, un leon, una rraposa,* se entiende uno qualquiera sin determinazion zierta: lo mesmo si no se pusiese articulo, ni el indefinito *un, una.*

A partir del folio 131r. se ocupa, específicamente, de la Sintaxis, entendida, según costumbre, como construcción: concordancias y formación de sintagmas y oraciones. La bipartición sintagmática y por ende su adscripción a un modelo de constituyentes quedan claras en los capítulos distintos que dedica a la construcción del nombre y del verbo, a los que añade el de construcción de las partículas, muy breve, que no encaja bien en el texto y que parece reiterativo al mismo autor.

El resto del libro está dedicado a figuras, métrica y una comparación final entre el latín y el castellano, con ventaja para este último.

En estas obras se fue modificando un modelo que, aunque arrancaba de la concepción clásica, fue incorporando elementos nuevos. Efectivamente, se siguieron haciendo gramáticas como en el modelo de Donato y Prisciano; pero se fue perfilando, poco a poco, la fundamentación sintáctica, que condujo a un esquematismo basado en la reducción de la oración a sus dos constituyentes básicos, el sintagma nominal y el verbal. La Morfología fue incorporando abundantes elementos sintácticos, aunque sin llegar a cuajar la mezcla teórica de una Morfosintaxis. En este sentido, estos gramáticos nos dan una útil lección metodológica: aunque Morfología y Sintaxis tengan un límite borroso y confuso, como es natural, si tenemos en cuenta la unicidad del proceso lingüístico, es posible mantener la separación convencionalmente, como criterio científico, para proceder a un estudio más minucioso. La razón radica en la posibilidad de estudiar paradigmáticamente las relaciones de esas partes básicas de la oración con sus propios constituyentes, llamados, con terminología tradicional, lógica, *accidentes,* pero que, en algunos gramáticos, como Correas, son concebidos como auténticos morfemas gramaticales. Este estudio se sitúa frente al sintagmático o de la combinación lineal de esas partes, previamente estudiadas en su paradigma. La distinción entre Morfología y Sintaxis es, por supuesto, más metodológica que lingüística.

Una nueva etapa de la Gramática, en la que los escritos del Brocense tendrán una importancia radical, dejará de ocuparse de la discusión, entonces estéril, sobre el origen del lenguaje o de la relación con el latín, para tener una mayor preocupación por las categorías y por los procesos mentales subyacentes a las operaciones lingüísticas, dentro del pensamiento racionalista.

3.2. El pensamiento racionalista y sus consecuencias

Para la perspectiva que nos hemos impuesto en este libro, la de cómo se configuran históricamente los modelos, hasta llegar a la presentación de los actuales, nos referiremos ahora al desarrollo de la gramática racionalista, en una línea previamente desarrollada (Marcos: 1975, cap. VII).

No es curioso, sino natural, que el reflejo de los planteamientos racionalistas que Chomsky intentaba ver en su obra haya sido tan discutido y negado. Hoy, con veinte años de perspectiva, queda más patente que lo que el autor norteamericano buscaba era situar su modelo gramatical en una línea de trabajo y de pensamiento, sin reclamar una paternidad exclusiva. Ahora que el tiempo va colocando a cada uno en su lugar y que es innegable —sin necesidad de trabajar en la metodología generativa— que desde 1957 a 1965, especialmente, se produjo un cambio decisivo en la Lingüística, es de justicia reconocer que en ese planteamiento, por inexacto que pareciera a especialistas en campos bien delimitados, se recogía una ambición que sólo puede adjetivarse de positiva.

3.2.1. Port Royal

La gramática francesa, aunque de nacimiento tardío y ligada a la enseñanza del francés a extranjeros, especialmente ingleses, cuenta, desde el principio, con manifestaciones enjundiosas, que conducirán a una de las gramáticas más influyentes de todos los tiempos, la *Grammaire Générale et Raisonnée* de Lancelot y Arnauld o de Port Royal. Téngase en cuenta que Francia ha sido uno de los países románicos que más ha tardado en hacer oficial la lengua de su literatura y sus ciudadanos: hasta 1510, reinando Luis XII, no se introdujo el francés en los tribunales de justicia y hasta 1539, por la famosa disposición de Villers-Cotterets, no se convirtió, de derecho, en lengua administrativa oficial. Sin embargo, los primeros textos escritos en francés remontan al siglo IX.

La gramática de Port Royal no fue un fruto espontáneo e imprevisible, sino la culminación de una serie de obras, entre las que deben incluirse algunas no francesas, como la *Minerva* del Brocense, y el justo resultado de una etapa de inquietudes filosóficas acerca de la actividad racional. Antes de la *Grammaire* hubo, por tanto, una corriente gramatical y otra filosófica a las que es conveniente dedicar unas líneas.

Pierre de la Ramée, o Petrus Ramus, es el nombre que marca el hito entre la gramática medieval y la moderna en Francia. Fue un gramático notable; pero, sobre todo, fue un luchador de la independencia intelectual (Graves: 1912). Nacido hacia 1515, fue asesinado en la de San Bartolomé (1572). Se opuso a Aristóteles y al escolasticismo medieval aristotélico, por lo que se enfrentó con los modalistas. Basó la enseñanza gramatical en el criterio de autoridades, en su caso un criterio normativo apoyado en las grandes figuras literarias, por lo que se le puede considerar precursor del «buen gusto» del clasicismo francés y de su espíritu selectivo. Prestó atención especial a la Fonética, alteró el esquema de la Morfología, al basar el estudio de las partes de la oración en el número y no en el caso, lo que hacía de la morfología latina un modelo válido para la francesa; pero siguió siendo medieval en su Sintaxis, basada en la concordancia y la rección (Robins: 1969, c. 5).

La fundamentación filosófica de la gramática racionalista se encuentra en la obra de Renato Descartes (La Haya de Turena, 1596 - Estocolmo, 1650). Si se nos permitiera reunir en una sola idea el origen de su preocupación filosófica, diríamos que ésta parte del problema de la distinción entre verdad y falsedad. Se trata de la duda absoluta, que exige un replanteamiento desde el comienzo, con la razón como auxiliar, sin que ello implique el abandono de sus creencias cristianas. Hay en Descartes, como corresponde a un gran pensador, afirmaciones de importancia general que permiten remontar hasta él muchas corrientes de pensamiento, lingüístico o no. Aunque la concepción cartesiana de Chomsky (1966/1969), como se le ha observado, sea parcial e interesada, no podemos dudar de una coincidencia metodológica extraordinariamente importante: para la gramática generativa, la introspección permite al individuo el estudio de la lengua por su propia *competencia lingüística,* para Descartes, la introspección permite solucionar la duda inicial y sentar el primer postulado de su Filosofía del Método (*Discurso del Método,* IV, 3):

> Mientras quería pensar de este modo que todo era falso, era necesario que yo, que lo pensaba, fuese algo, y dándome cuenta de que esta verdad: *pienso, luego existo* era tan firme y tan segura que todas las más extravagantes supersticiones de los escép-

ticos no eran capaces de conmoverla, juzgué que podía recibirla sin escrúpulo como el primer principio de la filosofía que yo buscaba.

Del mismo modo que hay un Descartes matemático que puede servir de modelo ideal a los matemáticos que construyen modelos lingüísticos, Chomsky buscó un cordón umbilical que nutriera los fundamentos de la gramática generativa con nociones como la introspección o la necesidad de formalizar la lógica para que la intuición no quede en pura imaginación.

Otra concepción cartesiana básica es la de las ideas innatas, que no hay que entender, como a veces se sigue intentando, como algo distinto de la capacidad de pensar, sino como «datos de conciencia» que no se originan por el mundo exterior, por los objetos, ni por la voluntad del individuo (Piatelli-Palmarini: 1979/1980). Las ideas innatas del pensador francés llegan a nosotros por la vía de las «verdades de razón» de Leibniz, empalman con los *aprioris* y están siempre presentes en discusiones filosóficas de singular interés para los lingüistas, como las de la *forma interior* y las *formas simbólicas.*

Se trata de una concepción fundamental de la lingüística de la segunda mitad del siglo XX, como veremos, que ha buscado sus orígenes en la filosofía del XVII, por lo que conviene detenerse en ello.

Algunas ideas, como la de Dios, lo infinito, la substancia, no pueden explicarse empíricamente de modo satisfactorio, por ello la escuela racionalista supone que se trata de algo que está en la mente del hombre, como rasgo específico humano y que no puede descubrirse o analizarse por medios experimentales.

Frente a ello está el principio básico del empirismo de que nada hay en el entendimiento que no haya pasado antes por los sentidos. Los empiristas no aceptan las ideas innatas, porque no pueden aceptar ese origen del conocimiento: todo conocimiento procede de sensación y reflexión.

Descartes, aunque sólo fuera metodológicamente, separó la razón de la fe, consiguiendo, a continuación, construir un cuerpo coherente de doctrina a partir de la sola razón. Aunque no le hayan faltado precedentes desde los orígenes del pensamiento occidental, las circunstancias particulares de su época hicieron que su influencia pudiera extenderse y universalizarse.

Lo anterior, aunque sea breve, permite hacerse una idea de cómo se produjo en el XVII una línea de pensamiento innovador basado en la razón de la que la gramática de Port Royal, crítica e innovadora, no fue sino un avance más. Hay un componente de ruptura y otro de continuidad: la huella medieval en Descartes no es despreciable, mientras que la corriente racionalista, por su lado, influía en la gramática antes de la publicación del *Discurso del Método,* (1637), muy posterior al *De causis linguae latinae libri tredecim* (1540) de J. J. Escalígero y a la *Minerva* del Brocense (1587), libros cuya base racionalista influyó en gramáticos precartesianos. Incluso se puede señalar que uno de los dos autores de Port Royal, Arnauld, objetó varios puntos de la filosofía de Descartes. Teorías como la de la introspección, por otra parte, podían verse favorecidas por movimientos espirituales de la época. Vossler (1946, 34), tras hablar de restos de religiosidad medieval en las penitencias de los jansenistas de Port Royal precisa: «La significación del movimiento jansenista hay que buscarla, no obstante, menos en esa renuncia violenta a las cosas sensibles, que en el retorno a sí mismo.»

La primera edición de la *Grammaire Générale et Raisonnée* fue impresa en París, Chez Pierre Le Petit, Imprimeur et Libraire ordinaire du Roy, ruë S. Iacques, à la Croix d'Or, M.DC.LX. La segunda edición (1664) se incrementó con el capítulo de los verbos impersonales. La tercera y definitiva (1676) corrigió y modificó algunos puntos. El pensamiento y la evolución de sus dos autores son conocidos y pueden sintetizarse.

Claude Lancelot fue, además de conocido helenista, autor de métodos para la enseñanza del latín, el griego, el italiano y el español. En el terreno de su formación lingüística merece destacarse su profundo conocimiento de la obra del Brocense y la de dos de los gramáticos en quienes más se aprecia la influencia de este último, pues editaron la *Minerva* anotándola: Scioppius y Vossius, influencia que confiesa paladinamente en la quinta edición de su *Método* para aprender el latín (1656). El gramático que se menciona constantemente en otro de sus métodos, el de griego en este caso (1655), es Petrus Ramus.

El segundo de los autores, Antoine Arnauld, era lógico, autor, junto con Pierre Nicole, de una *Lógica* de gran influencia, publicada en 1662, dos años después de la *Gramática.* Pese al prefacio, en el que Lancelot le atribuye casi todas las ideas de la obra, su contribución hubo de ser menor. Su influjo, en cualquier caso, fue decisivo en la orientación del libro, marcada por la relación de pensamiento y lenguaje, fundamental para un lógico, y por la mayor preocupación por los conceptos y la relación entre conceptos y formas lingüísticas que por estas últimas.

En su teoría del signo (3.ª ed. p. 5) continúan una bifacialidad que arranca de los gramáticos estoicos y consideran dos facetas:

> La primera lo que son ellos por su naturaleza; es decir, en tanto que sonidos y caracteres.
> La segunda, su significación; es decir, la manera como los hombres se sirven de ellos para significar sus pensamientos.

Pese a otras muchas novedades en distintos lugares, la división de la gramática sigue siendo la tradicional: ortografía, prosodia, analogía (o etimología) y sintaxis. En lo que concierne a las partes de la oración, en cambio, la novedad es que estamos ante una división en dos clases, que no tienen que ver con los constituyentes oracionales, sino con el pensamiento. Nombre, artículo, pronombre, participio, preposición y adverbio pertenecen a una clase porque significan el *objeto del pensamiento,* mientras que el verbo, la conjunción y la interjección pertenecen a la segunda clase, porque significan según la *forma del pensamiento.*

El criterio de clasificación es novedoso, aunque las partes sólo tengan la pequeña variación de ser nueve, en vez de las ocho tradicionales; pero ya hemos visto en distintos gramáticos que el número de ocho es relativamente variable.

Entre las puntualizaciones concretas, podemos destacar la inclusión de *un* como artículo y la división de esta parte de la oración en *definido* e *indefinido.* Ésta es la auténtica novedad, pues ya se ha visto que, treinta y cinco años antes, Correas oponía *el* y *un* en la gramática española; en la francesa lo había hecho J. Palsgrave, en su *Esclarcissement de la Langue Françoyse* de 1530.

La oración gramatical se estudia, en la línea logicista, como proposición, expresión de un juicio lógico. Como todavía mantienen unidas las relaciones sintácticas a las partes de la oración, su sintaxis no puede ser, propiamente, una teoría de las relaciones. En cambio, en el estudio de las proposiciones complejas aparecen ya consideraciones que tendrán un claro eco en las versiones racionalistas de la gramática posterior, hasta Chomsky. Así, por ejemplo, una oración compuesta, como *Dios invisible ha creado el mundo visible,* es expresión de tres juicios:

1. *Dios es invisible.*
2. *Dios ha creado el mundo.*
3. *El mundo es visible.*

La gramática de Port Royal es, metodológicamente, un gran paso, al utilizar el método demostrativo, que supone la autocrítica de toda afirmación, para lo que dispone del recurso a la argumentación lógica.

Distingue la gramática general de la particular y ambas de la gramática del uso, que se apoya en el criterio de autoridades y conduce al criterio normativo. Por eso, al tratar de aplicar reglas de validez general en la gramática particular del francés y encontrarse con que el uso autoriza construcciones que escapan a las reglas, señala esas excepciones y advierte que no se pueden reducir todos los ejemplos a una norma.

Por otro lado, al ser una gramática preocupada por la fundamentación de la ciencia, más que por la descripción de una lengua concreta, sobrepasa los límites de ésta, estableciendo principios comunes a todas las lenguas:

1. No hay nominativo sin verbo;
2. ni verbo sin nominativo,
3. ni adjetivo sin sustantivo.
4. El genitivo es regido por el nombre, no por el verbo.
5. La determinación del régimen tras los verbos es más cuestión de uso que de relación específica.

Estas preocupaciones estaban en buena medida en la *Minerva*, como se ve en los tres principios comunes que acabamos de enunciar, para cuya explicación es preciso aplicar la teoría de la elipsis. Lo que confiere una nueva luz es la relación con el pensamiento cartesiano, en el inicio de un camino de fundamentación diferente de la ciencia lingüística, el de los principios matemáticos, en ese momento todavía muy dependientes de la Lógica, que sigue siendo la ciencia fundamental.

3.2.2. La polémica del racionalismo

La discusión entre empirismo y racionalismo puede explicarse desde la síntesis de las ideas de dos pensadores que vivieron en el siglo XVII casi toda su vida; pero que ejercieron su mayor influencia a partir del siglo de la Ilustración: John Locke y Gottfried Wilhelm Leibniz (Schmidt: 1968). También en sus vidas hay elementos comunes: ambos viajaron mucho, aunque en el caso de Locke (Wrington, Inglaterra, 1632-Oates, 1704) el alejamiento de su patria, a la que regresó, fue en parte por estudios y en parte por razones políticas. Sus escritos se concentran en temas religiosos, filosóficos y educativos. Leibniz (Leipzig, 1646-Hannover, 1716), en cambio, trabajó en campos tan diversos como el cálculo infinitesimal (que descubrió poco después que Newton, sin previa noticia de éste) y la historia. El *Essay concerning human understanding (Ensayo sobre el entendimiento humano)* de Locke fue escrito en 1687 y publicado en 1690. Los «Nuevos ensayos», *Nouveaux essais sur l'entendement humain,* de Leibniz, escritos en 1704, no fueron publicados hasta 1765.

El primero de estos dos autores representa la corriente empirista, el segundo la racionalista, lo que no significa la total ausencia de puntos comunes. Nos limitaremos a cuestiones relacionadas directamente con la Lingüística, aunque ya hemos señalado cómo nuestra disciplina ha adquirido una nueva fundamentación y está desarrollando una nueva metodología en esta época.

Podemos partir de una coincidencia relativa entre ambos autores: la relación arbitraria entre la expresión y lo designado por ella. A partir de ahí empieza una serie de innegables divergencias, que no se plantean por primera vez, sino que resultan de la necesaria síntesis del pensamiento anterior. Locke, p.ej., niega la existencia de las ideas innatas: se ha hecho famosa la comparación de la mente del niño con una tabla rasa en la que la experiencia va dejando impresiones sucesivas, en conformidad con Aristóteles. Leibniz, en quien es patente la influencia platónica, cree en estas ideas innatas, en estas impresiones de conceptos y principios que están ya en el hombre y que la experiencia despierta: para evitar los errores que en la aprehensión de la esencia de las cosas causaría la materia, tenemos esta representación innata de las esencias, como verdades primitivas de la razón. En consecuencia, la noción de «idea» varía en ambos autores. Locke es partidario de que es un resultado de la percepción, o puede ser objeto de la percepción: la *idea*, cree, precisa la previa experiencia para formarse en nuestro entendimiento, porque las ideas son representaciones sensibles.

Puede llegarse, por ello, a un concepto dualista de la relación entre lenguaje y pensamiento. En la mente las ideas funcionan atomísticamente, asociando fragmentos de la experiencia que se obtienen por medio de la abstracción. El proceso del conocimiento exige, previamente, una experiencia mediante la cual la mente configura los conceptos gracias a la aprehensión de lo perceptible. La mente elabora sobre estas ideas en el proceso cognoscitivo, estableciendo correspondencias que han de ser de *identidad, relación, coexistencia* y *existencia*. Como las ideas de nuestra mente proceden de la impresión dejada por la aprehensión de los objetos en la experiencia, existe una relación entre la realidad y el concepto. En este punto Locke se aparta del nominalismo, con el que está relacionado en otras cuestiones, como su creencia en que el lenguaje no tiene influencia constitutiva en el proceso racional.

Locke es un filósofo eminentemente moderado, tanto en su realismo como en lo que, aparentemente, sería contradictorio, su nominalismo. Esto último se puede observar en el tratamiento que hace de algunas cuestiones, como la de la sustancia, en la que no cree, mientras que el realismo moderado y crítico predomina en otros puntos, como puede ser la representación mental del mundo objetivo.

Aunque no se puede hablar, en su caso, de que el proceso racionalizador carezca de importancia, su gnoseología se apoya antes en la intuición que en la demostración. Y esta intuición es mucho menos «racional», valga la expresión, que la que podemos apreciar en Descartes.

La huella del filósofo francés es mucho mayor en el filósofo alemán que en el británico. Aunque los dos arranquen del principio de la arbitrariedad del signo, de la relación arbitraria entre sus constituyentes, hay dos diferencias esenciales entre ellos en lo que concierne a los puntos que estamos tratando aquí: Leibniz parte de la existencia de ideas innatas y cree que el lenguaje es imprescindible para el proceso racional, puesto que es elemento constitutivo del mismo, al darse una total interdependencia del pensamiento y el lenguaje.

Otra diferencia destacable radica en la valoración de la experiencia: para Locke la experiencia era la puerta de las ideas, pues sin la previa etapa empírica no podían éstas formarse en la mente. Para Leibniz, por el contrario, es posible que utilicemos los datos de la experiencia gracias a que poseemos en nuestra mente las ideas innatas que nos permiten estructurar «racionalmente» ese mundo exterior. Las ideas innatas, sin embargo, y aquí conviene precisar para no caer en un error comúnmente extendido, no son los conceptos mismos, sino una facultad activa de configuración mental de lo aprehendido. La misma posibilidad de que se produzca la relación circular entre actividad y producto caracterizará a Guillermo de Humboldt.

La crítica que Leibniz pudo hacer del empirismo puede parangonarse con la que los generativistas han podido hacer al estructuralismo taxonómico: la experiencia permite acumular gran número de datos, sin que nunca se llegue a la totalidad. La razón, en cambio, permite establecer reglas de necesidad y validez universales, superando así el particularismo empírico. En cierto modo, esto no es sino un aspecto de la lucha entre el método deductivo (racional) y el inductivo (empírico). La preferencia por el método deductivo, propia de las matemáticas y la gramática generativa, no supone la negación del inductivo, epistemológicamente válido, sino el reconocimiento de un fallo inicial de éste, defecto constitutivo enunciado así por Bertrand Rusell (1970, 65):

> El principio inductivo, no obstante, es igualmente incapaz de ser *probado* recurriendo a la experiencia. Es posible que la experiencia confirme el principio inductivo en relación con los casos que han sido ya examinados; pero en lo que se refiere a los casos no examinados, sólo el principio inductivo puede justificar una inferencia de lo que ha sido examinado a lo que no lo ha sido todavía. Todos los argumentos que, sobre la base de la experiencia, se refieren al futuro o a las partes no experimentadas del pasado o del presente suponen el principio de la inducción, de tal modo que no podemos usar jamás la experiencia para demostrar el principio inductivo sin incurrir en una petición de principio.

Las líneas de las relaciones entre pensadores no son puras ni simples, evidentemente; pero del mismo modo que el propio Chomsky ha querido mostrar cómo él aceptaba una línea que fuera desde los planteamientos de Descartes a los suyos, en cuestiones de interés común bien precisadas, podemos sacar otra línea que derive del pensamiento cartesiano, a través de la síntesis con Locke que se produce en el pensamiento de Condillac, más discípulo del primero que del segundo en las cuestiones propiamente gramaticales. Es la rama que, a través de Beauzée, empalmó con buena parte de la gramática española decimonónica (Marcos: 1975, 162-180; Gómez Asencio: 1981, 1985), como Bello en América y Salvá en España o, en los albores del siglo XX, con Eduardo Benot, para llegar, tras el influjo revitalizador de la fenomenología de Husserl, al pensamiento de Amado Alonso.

3.2.3. Gramática General y Teoría del Conocimiento

Las tesis empíricas de Locke encontraron en Inglaterra una serie de opositores entre los que destacan los «platónicos de Cambridge», con quienes se relaciona James Harris Lord Malmesbury (Gleason: 1965, cap. IV), en quien se da, además de esta formación, un influjo fundamental de Aristóteles, por lo que se le puede adscribir a un realismo moderado. Se une a los racionalistas, con quienes lo situamos, por su concepción de una gramática general y la teoría del conocimiento que la sustenta.

El *Hermes or a philosophical enquiry concerning language and universal grammar,* de 1751, nos presenta una doctrina de interés. Cree Harris, su autor, que las lenguas individuales distintas de cada comunidad de hablantes tienen peculiaridades específicas, son particulares, lo que no impide la existencia de principios comunes, que justifican la búsqueda de una gramática general. Buscando estos principios arranca de una distinción que se puede retrotraer hasta Aristóteles, la de *materia, forma.* Las unidades lingüísticas se dividirían en dos clases, según pertenecieran a la materia, como el *sonido,* que es sólo materia, o a la forma, como la *palabra,* unidad mínima, o la *oración.*

Al eliminar lo material, como algo que atañe exclusivamente al significante, corresponden a lo formal los dos tipos de significación, la gramatical, con todo lo relativo a las funciones de las palabras, y la léxica. En su definición de palabra como «sonido significativo que no se puede dividir en partes significativas por sí mismas» observamos la coincidencia de los significados, pues la definición está presidida, en Harris, por el criterio formal. Vemos claramente este aspecto funcionalista de su gramática en su división de las palabras, clases de palabras o partes de la oración, realizada con un criterio funcional que llega a ser absoluto en algunos puntos. Puesto que, en su estudio, corresponde a la forma lo que algunos gramáticos actuales llamarían *forma, función y significación*, hay que pensar, como hace Llorente (1967, 250-251), que no se justifica en él una diferencia entre Morfología y Sintaxis.

En lo que concierne a las partes de la oración, se destacan dos partes *principales, los sustantivos,* definidos lógicamente y que incluyen nombre y pronombre, y los *atributivos,* que a su vez comprenden dos órdenes. Al primer orden de atributivos corresponden verbos, participios y adjetivos (diferenciados por su condición de modificadores de los sustantivos); el segundo orden corresponde a los atributivos de otros atributivos, o sea, a los adverbios. Tras esas dos partes principales tenemos dos *accesorias:* los *definitivos,* que abarcan artículos y algunos pronombres, como los personales, son los que se construyen con una palabra (el artículo con el sustantivo, los personales con el verbo), mientras que las *conjunciones,* que sirven de nexo entre regente y regido y que abarcan tanto las conjunciones tradicionales como las preposiciones, se construyen con dos palabras.

Aunque Harris puede quedar adscrito a la corriente racionalista, nos muestra con bastante claridad cómo se pueden establecer puntos de contacto entre esta corriente y la empirista. Su creencia en las ideas innatas y su concepción de la existencia de ideas generales comunes a toda la humanidad lo sitúan entre los racionalistas, así como su uso de la distinción entre *materia* y *forma,* frente a los empiristas. No es por ello extraño que Herder alabara su obra, que puede considerarse uno de los precedentes de las teorías lingüísticas de Guillermo de Humboldt y puente entre éste y Sánchez de las Brozas, gracias al conocimiento de la *Minerva* que tuvo Harris, por intervención y afortunada idea de su hijo. Este pre-humboldtismo es bastante claro en algunos puntos del *Hermes,* como las relaciones que en él se establecen entre lenguaje e historia de los pueblos.

Otros aspectos del autor inglés no son tan claramente racionalistas y se puede apreciar en ellos cierto compromiso con un empirismo moderado. En su concepción de los universales, en su creencia en ideas generales y en la relación de las palabras, de los términos, con las ideas, dentro del realismo moderado, se une a Condillac y también a Herder. Precisamente es éste uno de los puntos en los que el vacilante sensualista francés se manifiesta seguidor de Locke, aunque, de todos modos, este último no es en ello muy empirista. Los empiristas extremos posteriores, como Berkeley y Hume, por ejemplo, sólo hablarán de palabras generales, no de ideas, se referirán a los términos sólo, no a los conceptos, con una actitud más nominalista.

A pesar de esta aproximación relativa, el distanciamiento es mayor en otros puntos, en los que Harris llega casi al extremo de la corriente analogista de la que arranca el racionalismo, como su afirmación de que existe una «cierta analogía», entre la palabra y el objeto, que lleva hasta postular que, por ello, el sol parece exigir el masculino y la luna el femenino, por ejemplo, hecho absolutamente falso (en alemán, verbigracia, es al contrario), afirmación que en él procede de un conocimiento imperfecto de realidades lingüísticas concretas, lo cual le fue reprochado duramente por los críticos.

Con todo, a partir de la difusión del *Hermes,* especialmente en la traducción francesa de 1795, cuyas primeras páginas son, tal vez, la primera historia de la gramática, la concepción racionalista y el adjetivo «general» se unen a una de las corrientes de ésta, propiciando un cambio de modelo. Su criterio formal y su clasificación funcional entran en lo que hoy llamaríamos tratamiento gramatical de los datos lingüísticos, mientras que su amplia perspectiva filosófica y su búsqueda de afirmaciones cuya validez se extienda más allá de las lenguas particulares lo sitúan en una línea de fundamentación teórica basada en la teoría del conocimiento.

3.2.4. La forma del lenguaje

Guillermo de Humboldt (1767-1835), entre varias posibilidades de definir el lenguaje nos da una, expresada de diversos modos en su obra, según la cual sería la expresión de una *forma interior* que comporta una concepción peculiar del mundo. *Forma interior* implica un sistema constante e invariable de procesos y subyace a un acto mental en el que se relaciona el pensamiento con su expresión mediante señales articuladas organizadas estructuralmente (Chomsky: 1968/71, 119). La forma interior es una forma formante de nuevas categorías, es un principio dinámico gracias al cual se configuran las palabras, que toman el lugar de los objetos. Para Humboldt el lenguaje realiza un esfuerzo formal, mediante el cual se vierte la materia del mundo fenoménico en la forma del pensamiento (Humboldt: 1822/1972, 1836/1907, 1836/1974; Alonso: 1939/1961; Valverde: 1955; Lapesa: 1968; Coseriu: 1970; Heilmann: 1976).

En el estudio de la forma interior, por tanto, atenderemos a varios aspectos: la simbolización, puesto que el símbolo une realidad y pensamiento; la actividad lingüística del individuo y de la nación; el carácter dinámico y evolutivo del lenguaje, simultáneamente realización y producto, y su valor como lengua.

En cuanto al alcance del término *forma interior,* Rafael Lapesa (1968:

139) cree oportuno modificar la definición adoptada por Amado Alonso (1939/61, 235): «principio agrupador, subordinador y opositor de formas de pensamiento» y «contenido psíquico, y no sólo lógico, de cada construcción con estructura propia», para establecer que «la *forma* interior no es el *contenido* psíquico, sino la *conformación psíquica* del contenido, correspondiente a cada construcción con estructura propia».

La lengua es para Humboldt más un medio de descubrir la realidad que de expresar lo ya conocido. En su planteamiento cognoscitivo la suma de lo cognoscible está entre todas las lenguas, en posición equidistante de ellas e independiente. La aproximación a lo cognoscible es subjetiva; pero ese subjetivismo se objetiva, cuando regresa al oído la propia creación verbalizada. Los objetos como tales no son posibles en la mente sin el lenguaje.

Es fundamental, por tanto, el papel del lenguaje en la concepción del mundo. Gracias a su forma interior, la lengua va formando las nuevas categorías, que le permiten a su vez realizar una aprehensión activa de la realidad. Por ello es evolutiva, sin dejar de mantenerse idéntica, al conservar, en esa misma forma interior, sus principios estructurales, configuradores.

El lenguaje es transitorio y permanente, o permanentemente transitorio, porque no es sólo un producto, el resultado de una actividad (*érgon*), sino también una potencia (*enérgeia*). Consiste tanto en sus producciones concretas como en su capacidad productora, de resultados innumerables.

El lenguaje aparece así como concepción del mundo en dinámica formación de nuevas categorías, gracias a esa forma interior configuradora o formante que lo mantiene en su identidad a lo largo de una dinámica en la que se manifiesta una capacidad generativa, que es la que lo caracteriza como lengua, junto al empleo individual, en lo que más tarde recibirá el nombre de actuaciones concretas o hechos de habla.

Con su base filosófica racionalista y la huella de Leibniz, no puede extrañarnos que Humboldt sea reivindicado como uno de los antecedentes de preocupaciones esenciales de la gramática generativa. Así, es central en este autor la idea de que el lenguaje es connatural al hombre, creencia que lo aparta del evolucionismo de la ciencia de su época, pues, ciertamente, el paso hasta el animal superior, dotado de la facultad de lenguaje, escapa a las posibilidades de la mera materia, desde el punto de vista humboldtiano, que es claramente idealista en este aserto. El prototipo del lenguaje se encuentra en la razón humana, donde está puesto originariamente. El lenguaje no puede explicarse como producto racional. Esta visión esencialista queda plasmada en la afirmación (1836, cap. II, Valverde: 1955, 32) de que «la producción del lenguaje es una necesidad íntima de la naturaleza humana, no sólo un comercio social para la comunicación, sino algo asentado en su misma esencia, imprescindible para el funcionamiento de sus potencias espirituales».

En la *Carta a Abel Rémusat* (1822/1972, 78-79) se expresa cómo este asentamiento en la esencia no se limita a la producción del lenguaje, sino también a aspectos de su forma:

> Las relaciones gramaticales existen en el espíritu de los hombres, cualquiera que sea la medida de sus facultades intelectuales, o, lo que es más exacto, el hombre al hablar sigue, por su instinto intelectual, las leyes generales de la expresión del pensamiento mediante la palabra, pero, ¿sólo de ahí podemos derivar la expresión de estas relaciones en la lengua hablada? La suposición de una convención expresa sería indudablemente quimérica. Pero el origen del lenguaje en general es tan misterioso, explicar de una manera mecánica el hecho de que los hombres hablen y se comprendan mutuamente comporta tal imposibilidad; en cada pueblo primitivo existe una correspondencia tan natural en el método seguido para asignar palabras a las ideas, que no me atrevería a considerar como algo imposible el que las relaciones gramaticales hubiesen también estado marcadas desde el principio en el lenguaje primitivo.

El lenguaje como creador de la concepción del mundo, como principio activo gracias a una forma interior, formante o configuradora del mismo lenguaje como producto pasivo, con la capacidad generativa que produce infinitos resultados, es decir, frases, a partir de medios finitos, es una concepción resultante del pensamiento racionalista que permanece en los fundamentos de las corrientes lingüísticas renovadoras de la segunda mitad del siglo XX. Sin embargo, junto a esas ideas y en un momento en el que las ciencias preponderantes eran las ciencias naturales, inductivas y empíricas metodológicamente, se desarrollan otras preocupaciones, las que tienen que ver con la lingüística histórica y la tipología, en las que también encontraremos aportaciones fundamentales de Humboldt, hermano, no lo olvidemos, del gran naturalista y explorador de América, Alejandro.

4.

Sincronía y Diacronía: La comparación de lenguas y la tipología

4.1. Comparatistas y neogramáticos

La fecha tópica para el inicio del comparatismo lingüístico es el año 1786, cuando sir William Jones (1746-1794) leyó su discurso presidencial ante la Asiatic Society en Calcuta y afirmó la afinidad entre el sánscrito, el griego y el latín, así como con el gótico (es decir, el germánico), el celta y el persa. Su teoría fue publicada en 1788 en la nueva revista *Asiatic Researches* y tuvo una repercusión científica definitiva, al sistematizar observaciones que, si bien parcialmente, ya habían sido hechas anteriormente por viajeros y estudiosos.

No se trataba, en sí mismo, de ninguna novedad, pues desde el contacto de los europeos con la India, a partir del siglo XVI, había observaciones aisladas e incluso estudios más completos, aunque no vieron la luz sino más tarde.

Tópicos aparte, los avances de las ciencias, especialmente las naturales, a lo largo del XVIII, el desarrollo de las teorías evolucionistas en Biología, así como el fin del ciclo natural de la discusión especulativa original en gramática, hasta que pudiera ser reavivada con nuevos datos y perspectivas, crearon unas circunstancias especiales en las que se pudo desarrollar un modelo lingüístico que podemos considerar nuevo, por la nueva metodología que desarrolló. Este modelo es la gramática histórica y comparada y se mueve originariamente en torno al estudio de dos «familias» lingüísticas: la indoeuropea y la fino-ugra.

Las similitudes entre elementos léxicos de diversas lenguas habían sido señaladas en numerosas ocasiones y no suponen ninguna novedad. La construcción de patrones más completos, como el de los numerales en las lenguas indoeuropeas, permite algún avance en una línea más prometedora:

	Lituano	Sánscrito	Griego	Alemán	Albanés	Latín	Español
1	víenas	ékas	oi(w)os	eins	një	unus	uno
2	dù	duvá	duo	zwei	dy	duo	dos
3	trỹs	tráyas	treis	drei	tre	tres	tres
4	kèturi	catvāras	tettares	vier	katër	quattuor	cuatro
5	penkì	páñca	pente	fünf	pesë	quinque	cinco
6	sešì	ṣát	hex	sechs	gjashtë	sex	seis
7	septynì	saptá	hepta	sieben	shtatë	septem	siete
8	aštuonì	aṣṭā	oktô	acht	tetë	octo	ocho
9	devynì	náva	enne(w)a	neun	nëndë	nouem	nueve
10	dêšimt	dáśa	deka	zehn	dhjetë	decem	diez

No es difícil extraer de la tabla anterior algunas reglas sencillas, como la aspiración de la /s/ inicial indoeuropea en griego, testimoniada por los numerales «6» y «7». Podríamos formular este hecho incluso en forma de regla y decir:

$$\text{s- indoeuropea} > \text{h- griega.}$$

Esta posibilidad de expresar los fenómenos mediante reglas es una de las primeras características de la gramática comparada. La evolución fonética se regula según *leyes*. El concepto de *ley fonética* como regularidad en el desarrollo de una evolución fonética en una lengua o grupo de lenguas ha sido considerado de modo diverso por los tratadistas. Inicialmente, en los *comparatistas,* como son denominados a partir de la obra de Federico von Schlegel, *Über die Sprache und Weisheit der Indier* («Sobre la lengua y la sabiduría de los indostánicos»), con nombres como Franz Bopp, Rasmus Rask, y Jakob Grimm, cuyos libros fundamentales datan de 1816, 1818 y 1819, respectivamente, se trata de tendencias a la regularidad, tan generales que han podido ser fácilmente criticadas, como hace Jespersen (1922, II, 5). Son leyes similares a las leyes naturales, que constituyen entonces el paradigma epistemológico.

El programa del comparatismo puede extraerse de la *Gramática Comparada* de Franz Bopp (Arens: I, 403), aunque no todos sus puntos fueron desarrollados por él. En primer lugar se situó la exposición detallada de los rasgos de parentesco de las lenguas indoeuropeas, un largo proceso en el que al sánscrito, iranio, latín, báltico, griego y germánico se fueron añadiendo el antiguo eslavo, el armenio, el celta (por Schleicher) y posteriormente el albanés, el ilirio, o las lenguas indoeuropeas descubiertas en el siglo XX como el hetita y el tocario. El segundo punto, la «investigación de sus leyes físicas y mecánicas», tendría su expresión en la *ley fonética.* El punto tercero, el descubrimiento del origen de las formas gramaticales, desarrollado por el propio Bopp, conduciría al preciso estudio paradigmático y a las detalladas fonética y morfología históricas que caracterizan a esta corriente científica.

Más tarde, para los *neogramáticos,* se pasa a una concepción más rigurosa, al defenderse su similitud con las leyes físicas, como hacen August Schleicher (1821-68) y August Leskien (1840-1916).

August Schleicher, aunque formado inicialmente en la filosofía hegeliana, fue atraído por las tesis evolucionistas darwinianas y, desde esta nueva perspectiva de la ciencia, propone una nueva metodología lingüística que se impone en los centros de estudio del siglo XIX europeo. Su planteamiento supondrá una crítica del sistema humboldtiano e instaurará una época de signo positivista, en la que las preocupaciones teóricas estarán bastante alejadas de los supuestos de la gramática racionalista que todavía pervivieron en Humboldt.

Las leyes fonéticas no conocen excepción, aunque esta aseveración debe explicarse: el concepto de regularidad sin excepciones (*Ausnahmslosigkeit* «unexcepcionalidad») de la ley fonética fue efectivamente expuesto por los principales neogramáticos, W. Scherer (1875), A. Leskien (1876), H. Osthoff y K. Brugmann (1878); pero requiere precisiones.

Las leyes fonéticas son leyes históricas, mientras que la excepción no es un hecho histórico, sino sincrónico, por lo que resulta contradictorio con el carácter diacrónico de la lengua. Para resolver esta contradicción es preciso considerar que la excepción aparente está también sujeta a la ley, aunque esta ley puede no ser la general, sino una segunda o tercera ley de *variación*.

Es natural que a medida que se iban abandonando los fundamentos metodológicos y epistemológicos extraídos de las ciencias naturales o físicas se fuera abandonando esta concepción de la ley fonética, que ya en autores como H. Paul se presenta como un procedimiento para dar cuenta de regularidades, no para hacer predicciones.

El método histórico-comparativo estaba bien establecido; pero los neogramáticos le dieron rigor, precisando la ley fonética y desarrollando un concepto esencial junto a ella, el de *analogía*. Antes de estudiar este segundo mecanismo podemos volver al planteamiento de la ley, para ver cómo se diferencia la formulación comparatista de la neogramática.

4.1.1. La ley fonética

El ejemplo más claro, a nuestro juicio, para entender la diferencia entre los dos criterios de «ley fonética» es la llamada *ley de Grimm,* o ley de las mutaciones consonánticas de las lenguas germánicas. Es muy conocido que Jacobo Grimm no habló de «ley», y señaló que esta *mutación,* como él la llama, no se cumple en todos los casos particulares, aunque sí en general (advertencia que debe tenerse en cuenta para matizar las observaciones que siguen.)

La mutación fonética se presenta como una tabla en la que se comparan el griego, el gótico y el antiguo altó alemán (nótese que CH es la fricativa velar «aspirada» /x/).

Griego	P	B	F	T	D	TH	K	G	CH
Gótico	F	P	B	TH	T	D	H	K	G
Antiguo alto alemán	B(V)	F	P	D	Z	T	G	CH	K

Si reconvertimos el cuadro y la explicación de Grimm a la relación entre indoeuropeo, germánico y antiguo alto alemán, el resultado será:

Indoeuropeo	p	b	bh	t	d	dh	k	g	gh
Germánico	f	p	b	þ	t	d	x	k	g
Antiguo alto alemán	B(V)	F	P	D	Z	T	G	CH	K

Las inconsistencias de esta formulación son demasiadas: gr. *poûs* got. *fotus* es en alemán *fuss* y no */bus/ ni /vus/; lo que corresponde al griego *kardía* no es */gertz/, sino *hertz*, gót. *hairto*. Estas inconsistencias no se producen sólo entre el gótico y el antiguo alto alemán o (luego) el alemán moderno, sino también en el paso del indoeuropeo al germánico: ie. *frater* > germ. *brōþar* es regular, frente a *pater* > *fadar*. Las formas modernas *Bruder, Vater* muestran resultados diferentes también.

La solución requiere un planteamiento sin excepciones, es decir, un planteamiento neogramático, que obtiene parcialmente, para el paso del indoeuropeo al germánico, con la *ley de Verner* (1877), aunque tampoco su autor habló de *ley,* sino de «una excepción de la primera mutación consonántica».

Su punto de partida (Arens: 1969/1975, I, 433) es que «debe existir [cuando los casos de mutación irregular en el interior son casi tan frecuentes como los de la mutación regular] una regla para la irregularidad; sólo hace falta descubrirla».

La regla se formula de este modo (*ibid.* 435):

> Indoeuropeo *k t p* pasan, en todo el territorio, primero a *h þ f*; las fricativas sordas así originadas, juntamente con la sorda *s* heredada del indoeuropeo, se convirtieron después, en posición interior y en la proximidad de sonoras también en sonoras, pero se mantuvieron como sordas en sonido que sigue a sílabas acentuadas.

La explicación que se da a esta regla es una causa física: en el grupo acentuado hay una presión del aire superior a la del grupo átono, por eso la sorda tras grupo tónico se ve reforzada por esa tensión y se conserva.

La libre formulación inicial de Grimm se ha convertido en una compleja regla contextual, que tiene en cuenta el tipo de acento del indoeuropeo, la posición de intervocálica o no de la consonante del germánico, así como su posición respecto del acento de la palabra. Hoy día es muy discutido que ése pudiera ser el sistema de las oclusivas del indoeuropeo y el presentarlo aquí de este modo no hace sino seguir el planteamiento de los comparatistas y neogramáticos, sin recoger la discusión actual (Hopper: 1973).

Las leyes fonéticas pueden ser válidas para una lengua o un grupo; pero no son necesariamente universales. En 1876 formuló A. Darmesteter una ley según la cual la vocal protónica interna evoluciona igual que la final, salvo interferencias analógicas. Esta ley no es válida para el español ni el portugués. En español la vocal final se reduce a los timbres [a, e, o] o se pierde [0] tras *m, n, s, d, z, x, j, l, r,* mientras que la protónica se pierde en todos los casos, excepto si se trata de una [a] o si es forma de verbo, donde se apoya en la alternancia tónica / átona: *recíbo / recibír; castígo / castigár;* aunque cambie de timbre *repíto / repetír.*

4.1.2. La analogía

Un estudio de las regularidades de la evolución de las lenguas debe, ineludiblemente, dar cuenta también de las irregularidades o *excepciones.* La intervención de factores de tipo psicológico produce asociaciones, relaciones entre formas que se interfieren en la evolución esperable según los patrones reglados.

Las dos fuerzas que actúan en la evolución de las lenguas, para los neogramáticos, son el cambio fonético y la analogía. La segunda es necesariamente un proceso sincrónico, pues se trata del restableci-miento de un sistema de relaciones o *valores* que se dirige a mantener la cohesión del sistema; por eso algunos autores, como Grammont, señalan que puede ser *gramatical,* cuando se da en un conjunto de variaciones gramaticales, como el paradigma verbal, por poner un ejemplo corriente, o *léxica,* cuando se da entre formas o unidades léxicas que pertenecen a distintas categorías gramaticales o «clases de palabras».

No es sencillo establecer los principios de la analogía, como no lo es establecer los de las leyes fonéticas. Buena prueba de ello es la discu-sión Kurylowicz (1949) Manczak (1958), de la que, dado el enfrentamien-to entre las posturas, parecería imposible extraer más conclusión que el carácter de «tendencias» que tienen los cambios analógicos, la prin-cipal de las cuales sería, naturalmente, reducir en lo posible las alter-nancias de los radicales, tanto en la analogía gramatical como en la léxica.

Dentro de la romanística, como rama de la gramática comparada en la que hay que señalar los nombres de Friedrich Diez (1794-1876), Wilhelm Meyer-Lübke (1861-1936) o Américo Castro (1885-1972) (cfr. Marcos: 1987), se sitúa la hispanística, cuyo magisterio recae histórica-mente en la figura de Ramón Menéndez Pidal (1869-1968).

El *Manual de Gramática Histórica Española* de este último es una obra que se considera en general representativa de la metodología neogramática. Si bien esta afirmación no es del todo exacta, porque ya hay en este libro componentes que proceden de la crítica de las postu-ras extremas de esta escuela, como la introducción de elementos de Historia de la Lengua, podemos aceptar aquí ese neogramatismo, porque la discusión de ese punto no es esencial para nuestro propósito actual.

Aunque un repaso al contenido de la obra deja traslucir inmediatamente que la mayor preocupación de la misma va hacia los fenómenos regulares, constantemente afloran aspectos de lo que se puede definir como analógico. Así lo advierte García de Diego (1970, 184ss.) a propósito de fenómenos como la equivalencia acústica.

Este último autor, por su parte, dedica un capítulo entero a la analogía, que, con criterio más riguroso que el citado de Grammont, divide en *fonética, morfológica* y *sintáctica.*

En el prólogo señala que «no pueden entrar los ejemplos de la analogía en el campo de la fonética, porque son dos mundos distintos»; pero ello no impide considerar esos casos de equivalencia acústica, como la fácil confusión de [f] y [θ], que explica los ejemplos de *Celipe* por *Felipe* y que, en el caso de un célebre locutor español, de origen cordobés y seseante, Matías Prats, fue el procedimiento de que tuvo que valerse para poder avanzar en su profesión, en una época en la que el seseo no estaba ni siquiera tolerado en la radio española de dimensión nacional. (Tomo la anécdota directamente del Sr. Prats.)

La *analogía morfológica* es para García de Diego analogía formal, no se trata necesariamente del mismo paradigma, ni del mismo lexema: «*Haz* de facie y de fasce atrajo a *az* de acie, aplicándole su *h* aspirada». La analogía de prefijos es de excepcional interés en la historia del léxico. *Offocare* ha evolucionado a *ahogar* por interpretación falsa del principio de la palabra como el prefijo *a-*. En *esconder* es *ex-* el que ha sustituido a *ab-* en *abscondere*. Lo mismo sucede en los sufijos. Es imprescindible en este terreno citar la obra extensísima de Yakov Malkiel.

La *analogía sintáctica* sería así la responsable de fenómenos bien conocidos, como el paso de transitivos a intransitivos y el aumento o la pérdida de pronominales, cfr. *suspendí* por *me suspendieron*. El *dequeísmo* no es más que un fenómeno de analogía sintáctica, y tantos otros.

4.2. La clasificación de las lenguas: familias y tipos

El siglo XIX se abre con la versión definitiva, en español, del *Catálogo de las lenguas* de L. Hervás y Panduro. Si, hasta entonces, los criterios para establecer las similitudes lingüísticas habían sido obtenidos mediante la comparación del léxico, a partir de Hervás y gracias al desarrollo de sus puntos de vista en la obra de Humboldt los gramáticos plantearán la clasificación lingüística con criterios gramaticales, es decir, mediante la comparación de los paradigmas. Los seis volúmenes de Hervás, todavía necesitados de un estudio adecuado a su importancia, no se originan por preocupaciones propiamente lingüísticas, sino que toman la lengua como base para la clasificación de los pueblos. Este criterio etnológico sigue vigente e introduce elementos de perturbación en los planteamientos sociolingüísticos. Así, en la República Popular de China, se produce constantemente una mezcla de conceptos entre lenguas minoritarias y poblaciones minoritarias o «minorías» y son muchas las lenguas que se designan por el pueblo que las habla, es decir, por su nombre étnico, en vez de por su denominación lingüística, por su nombre como lenguas.

La obra de Hervás no habría pasado de ser una contribución al estudio de la raza humana y su distribución si Humboldt no hubiera encontrado interesantes sus planteamientos gramaticales, que, en lo general, aparecen también en investigadores germánicos, como Johann Ch. Adelung (1732-1806). Los gramáticos fueron conscientes de algo que escapaba al planteamiento meramente naturalista: que un pueblo puede dejar de hablar una lengua y pasar a hablar otra, como ha ocurrido con mucha frecuencia, lo que debe llevar a la conclusión de que las lenguas no están sustancialmente vinculadas a los pueblos que las hablan. Desgraciadamente, la interpretación romántica de conceptos como «el espíritu de los pueblos» y su pretensión de identificarlo con las lenguas que éstos hablan se convirtió en un pretexto para los nacionalismos y el racismo, de tan tristes consecuencias en la historia europea del siglo XX.

Las técnicas de comparatistas, primero, y neogramáticos después, permitirán ir precisando al aplicarse en el establecimiento de criterios que, en un principio, en línea con el modelo de las ciencias naturales, son de tipo genético. El modelo estrictamente lingüístico, o tipológico, hará también su aparición en la obra humboldtiana, en la cual llegarán a una formulación precisa ideas que se rastrean desde Johann G. Herder (1744-1803) o, en el ámbito del inglés, con conocida repercusión en el propio Herder, en James Burnett, Lord Monboddo (1714-99), parcialmente traducido al alemán por encargo del propio Herder, quien trata ya de establecer una tipología de las lenguas indo-americanas conocidas por él (Arens: I, 179-185), o en Augusto Guillermo von Schlegel (1767-1845) y Federico von Schlegel (1772-1829).

Hoy nos resulta difícil concebir que uno de los obstáculos para la clasificación de las lengua y su comparación fuera la creencia en el hebreo como lengua primitiva del hombre. Aunque muchos gramáticos, especialmente a partir del siglo XVI, buscaron otras soluciones, apoyados en general también en la nefasta interpretación literal del texto bíblico, como la idea de que la lengua primitiva desapareció tras la confusión de Babel, lo cierto es que hasta Leibniz no se impuso el convencimiento de que el hebreo era una lengua como las otras y se podían buscar también sus parientes. Por ello vale la pena señalar que el propio Hervás, jesuita, fue el primero que presentó con bastante exactitud, en una obra general, la relación del hebreo con las otras lenguas de la familia semítica, dando unas precisiones sobre las relaciones de estas lenguas que resultan, a grandes rasgos, sumamente acertadas.

El establecimiento de familias lingüísticas se vincula en los comparatistas a la *reconstrucción* y se expone metodológicamente en forma de árboles genealógicos cuyos prototipos y estereotipos aparecen en la obra de Schleicher.

Jeffers y Lehiste (1979) presentan con claridad el problema de la reconstrucción y sus consecuencias; para el español y las lenguas románicas es muy interesante el planteamiento de Ferguson (1976). Por nuestra parte, utilizaremos un ejemplo no indoeuropeo, sino de tres lenguas fino-ugras del subgrupo balto-finés, el livonio, hablado en Letonia, el estonio y el finés. Es preciso advertir que en estonio /g/ y /d/ son consonantes lenes *sordas*. En cuanto a la notación, dos puntos tras una vocal indican que es larga. (Jeffers y Lehiste: 1979, 21-25). Las reglas correspondientes, con su notación formalizada con precisión se expondrán en la página 171, a propósito de las representaciones formales.

	Livonio	Finés	Estonio	
1.	säv	savi	savi	«arcilla»
2.	tämm	tammi	tamm	«roble»
3.	säpp	sappi	sapp	«bilis»
4.	lüm	lumi	lumi	«nieve»
5.	o:da	hauta	haud	«tumba»
6.	umal	humala	humal	«lúpulo»
7.	ja:lga	jalka	jalg	«pie»
8.	ne:l'a	neljä	neli	«cuatro»
9.	ä:rga	härkä	härg	«buey»
10.	o:r'a	harja	hari	«cepillo»

La reconstrucción (indicada con un asterisco ante la palabra) nos daría las formas siguientes:

1. *savi, en livonio la -i final se perdió tras inflexionar la vocal a > ä.
2. tammi, no requiere otra explicación para el livonio; pero para el estonio es preciso tener en cuenta que de toda la lista sólo se conserva la vocal final en estonio en 1 y 4. Se pierde tras doble consonante (consonante larga), en 2, 3; tras grupo consonántico (7, 8, 9, 10); tras dos sílabas (6) o tras una sílaba cuya vocal no es corta, p. ej. el diptongo de 5.
3. *sappi obedece a la regla anterior.
4. *lumi como 1.
5. *hauta, se reconstruye a partir de la dental sorda del finés y el estonio (en éste escrita d). El livonio sonoriza, como en 7, la oclusiva sorda (t, k, respectivamente). h- inicial se pierde en livonio, cfr. tb. 6, 9, 10. Suponemos que el livonio monoptonga au en o:, aunque la evidencia de estos ejemplos no es concluyente.
6. *humala está aclarado por reglas de 2 y 5.
7. *jalka, con explicación para el livonio, como en 8 y 9, de alargamiento de vocal ante líquida (l, r).
8. *nelja exige para el finés una asimilación vocálica progresiva, que palataliza la -a en -ä, mientras que en estonio la -j vocaliza al quedar en posición final como consecuencia de la pérdida de -i. Lo mismo sucede en 10. En livonio la j detrás de líquida se pierde después de palatalizarla, como también ocurre en 10.
9. *hrka, con fenómenos de pérdida de vocal final, sonoricación y pérdida de h inicial ya conocidos.
10. *harja plantea problemas en livonio, nos obliga a postular una regla que diga que a evoluciona a o: en sílaba libre.

El desarrollo de la fonología, especialmente de los universales fonológicos, nos permite hoy ser mucho más rigurosos en la reconstrucción; pero con la metodología comparatista se alcanzaron resultados notables.

Nuestro contexto cultural nos lleva a elegir el árbol genealógico del indoeuropeo como ejemplo de este tipo de representaciones. Para conseguir una mayor claridad iremos distribuyendo las ramificaciones por estratos, aunque así se pierde una cierta visión de conjunto, nada difícil de obtener consultando cualquier obra introductoria o enciclopédica. No incluimos el ilirio, sobre cuya caracterización hay mucha controversia.

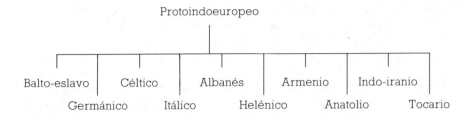

El grupo tocario se divide en dos ramas, llamadas simplemente *A* y *B*, mientras que el indo-iranio comprende al *índico* (al que pertenecen, entre otras, la lengua llamada en Pakistán *urdú* y en India *hindi*, el *romaní* o lengua original de los gitanos, y el *bengalí* de Bangla Desh) y al *iranio*, (que comprende al *tayik* del Tayijistán soviético y parte de China, al *pashto* de Afganistán, al *kurdo* del Kurdistán, zona fronteriza entre Turquía, Irán e Iraq, al *avéstico* de los antiguos textos zoroastrianos y al *persa*.) Al grupo anatolio, extinguido, perteneció el *hetita* o *hitita*, al helénico el *griego;* al armenio el *armenio,* con numerosa población dispersa por el mundo, además de en la república soviética de Armenia y zonas caucásicas entre Armenia, Turquía y el Azerbayán. También el *albanés* es el único representante de la rama albanesa del proto-indo-europeo.

Naturalmente, esta síntesis reduce a la nada las variaciones de las lenguas diatópica o diastráticamente, es decir, los dialectos geográficos y sociales, así como diacrónicamente, o sea, las variantes que una lengua ha podido tener, como el griego clásico, el bizantino y el moderno. La consideración de estos puntos obligaría a trazar un complejísimo esquema genealógico, totalmente inadecuado para esta obra.

Para establecer la relación con las lenguas románicas, nos detendremos en el árbol genealógico del grupo itálico.

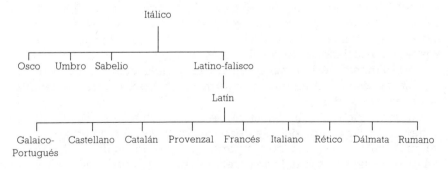

En el conjunto de las *lenguas románicas* caben dos consideraciones generales: el *dálmata* está extinguido, por un lado; por otro, habría que incluir los dialectos románicos, como el asturleonés, el aragonés, el franco-provenzal, las variantes réticas, italianas o rumanas.

Más complejas son las ramificaciones, que obviamos, de las lenguas célticas, germánicas o balto-eslavas, éstas con sus dos grandes grupos, las lenguas bálticas, por un lado y las eslavas, por otro, subdivididas a su vez en occidentales, del sur y del este (donde se sitúa el ruso).

Las posibilidades de reconstrucción no se agotan en el siglo XIX, ni tampoco la vitalidad de la gramática comparada, aunque, por supuesto, ésta se beneficia de los nuevos desarrollos metodológicos que iremos estudiando y de otros planteamientos, menos restrictivos. Greenberg presenta (1987, 332-333) en esta línea sus conclusiones sobre la reconstrucción de una familia *euroasiática,* integrada por nueve grupos lingüísticos, alguno de ellos está formado por varias lenguas, con relaciones bien establecidas, otros, en cambio, sólo por una: indoeuropeo; uralo-yukaguir; altaico (es decir, túrcico, mongólico y manchú-tungús); coreano; japonés; ainu; guiliak; chukotiano y esquimo-aleutiano. Esta clasificación supone sumarse a la separación de las lenguas altaicas y las urálicas y de éstas últimas y el coreano, que formaría probablemente un subgrupo con el japonés y el ainu. El planteamiento no supone que haya existido alguna vez una lengua llamada «altaica», en el sentido que habitualmente entendemos por «lengua».

En 1872 Johannes Schmidt (1843-1901) propuso un nuevo modelo de reconstrucción, que no tiene por qué ser excluyente del anterior y que, de hecho, tampoco supone la aportación fundamental de su autor a la lingüística histórica. Nos referimos a la *teoría de las ondas,* en busca de la explicación de fenómenos compartidos por lenguas vecinas, que no se deben a un antecesor común. La propagación de un fenómeno en una lengua, al avanzar, más que como una onda, como en un plano inclinado (concepto que recuerda inmediatamente lo que, h. 1920, constituirá la *deriva, drift* de Sapir), se extiende a lenguas y dialectos vecinos, donde no se pueden explicar por evoluciones propias de su antecesor. El fenómeno más característico, según esta teoría, sería el *umlaut:* la inflexión y palatalización de las vocales alemanas, que no aparece en la lengua germánica más antigua atestiguada, el gótico, único testimonio de la rama oriental del germánico. Se trataría de un cambio originado en lenguas norgermánicas o germánicas occidentales y extendido desde allí.

La consecuencia más llamativa, pero no la más importante, fue la negación de la posibilidad de reconstruir un estadio anterior de una lengua, como el indoeuropeo, a partir de las lenguas derivadas de él, sin otros testimonios. Las formas reconstruidas (es decir, las marcadas con asterisco) serían simples suposiciones, sin posibilidad alguna de comprobación. El conjunto de caracteres de cualquier lengua es incomprensible a partir de los supuestos metodológicos de la teoría del árbol genealógico, si no se amplía con otros.

Otro concepto que se resquebraja, en este caso, creemos, por las limitaciones de la notación, en buena parte, es el de ley fonética. Hermann Paul (1846-1921), a quien Arens (I, 460) presenta como el «sistemático oficial de la escuela neogramática», es en realidad mucho más que eso. En el capítulo 3, párrafo 46 de sus *Prinzipien der Sprachgeschichte* (1880/1970, 74) afirma:

> La noción de «ley fonética» no debe comprenderse en el sentido que damos a ley en física o en química, o sea, en el sentido que tuve presente cuando opuse las ciencias exactas a las ciencias históricas. La ley fonética no afirma lo que debe repetirse siempre bajo determinadas condiciones generales, sino que verifica solamente la regularidad dentro de un grupo de determinados fenómenos históricos.

La ley es, por tanto, la verificación de una regularidad. El problema de saber hasta qué punto las leyes fonéticas deben ser consideradas sin excepción no se puede resolver directamente (§ 49), porque en la lengua se pueden obtener los mismos resultados por alteraciones que son totalmente diferentes de la fonética.

El mecanismo arranca del empleo individual, que se torna usual poco a poco, al extenderse dentro de la comunidad de hablantes. Nunca ocurre que varios individuos creen nada en conjunto, en el terreno lingüístico, a diferencia de lo que ocurre en el plano político o económico, la creación lingüística es siempre individual, aunque varios individuos creen lo mismo. Esta comunidad no tiene nada que ver con conceptos como «psicología de los pueblos» y otras nociones igualmente vagas, que son explícitamente rechazadas. Se opone así a Moritz Lazarus y Heyman (Hajim) Steinthal y a su *Zeitschrift für Völkerpsychologie und Sprachwissenschaft*, «Revista de Psicología de los Pueblos y Lingüística», en la que se puede ver una de las posibles ramas derivadas de ideas de G. de Humboldt, aun con su parte crítica, que es precisamente la que hoy puede interesarnos menos, al tratar de buscar explicaciones en la línea de las percepciones y no de la forma interior, sobre todo en el Steinthal de la segunda época.

4.3. La tipología lingüística: clasificación y estudio de las lenguas por sus tipos

La unión de la especulación filosófica sobre el lenguaje y los datos objetivos proporcionados por el comparatismo había tenido su gran exponente en Humboldt, en quien se vincula necesariamente con la búsqueda de un criterio diferente de estudio y clasificación de las lenguas, un criterio basado en la estructura de éstas. La confusión de lo etnográfico y lo lingüístico, todavía presente en Hervás, se difumina en Humboldt, sobre todo en las partes más puramente científicas de su obra, en las que deja de lado la terminología romántica. Paolo Ramat (en Heilmann: 1976, 43-65) ha advertido claramente que la necesidad de clasificar las lenguas por el tipo estaba presente ya en los hermanos Schlegel así como del riesgo implícito en considerar que Humboldt es una especie de pre-estructuralista, cuando en realidad él utiliza un término que corresponde mejor a «organismo». Es cierto que Humboldt usó la palabra *Sprachtypus* en la introducción inconclusa a lo que hubiera sido su tratado sobre las lenguas americanas; pero luego lo sustituyó por *Sprachbau,* «construcción lingüística», y después por *forma.* Coseriu, en 1972 (1977, VIII), advirtió reiteradamente que Humboldt se opone, en varias partes de su obra, a la posibilidad de clasificar las lenguas y que, lo más que podemos extraer de la lectura de sus escritos es un acercamiento parcial a ciertos criterios de clasificación.

El método tipológico es dependiente e independiente del desarrollo de la lingüística comparada e histórica. Esta aparente paradoja se explica porque el desarrollo de esta lingüística ha llevado consigo el de los estudios tipológicos; pero éstos no enfocan la lengua a partir de sus distintos estados en el eje diacrónico, ni tampoco las lenguas porque remonten a un origen común. Esto no debe tomarse en el sentido de negar la posibilidad de una tipología diacrónica, sino estrictamente en el de no confundir, por ejemplo, la orientación tipológica derivada de Humboldt con las corrientes comparatistas y reconstructivistas alemanas. Así, uno de los mayores atractivos del modelo tipológico es que permite determinar una serie de constantes y de implicaciones de esas constantes que se cumplen en lenguas que, genéticamente, no tienen nada en común. El hecho de que, no sólo morfológicamente, sino también sintagmáticamente, el vasco, el japonés y el turco se caractericen porque los *morfemas* gramaticales, las unidades mínimas con contenido, estén formalmente diferenciados y se expresen mediante *morfos,* formas morfológicas concretas, que se van uniendo al elemento léxico central, no significa que esas tres lenguas estén emparentadas, que procedan de una lengua común, puesto que sabemos con certeza que ese no es el caso. El que un morfo sólo exprese un morfema caracteriza a un *tipo* morfológico de lenguas, el *aglutinante.*

El estudio tipológico de las lenguas está conectado, sin tampoco depender de él, con el de los *universales lingüísticos,* al que puede añadir matices muy interesantes. P. Ramat (1987, 41) ha señalado que, en la práctica, se asocian con mucha frecuencia la investigación tipológica y la de universales, a pesar de ser diametralmente opuestas en principio (Comrie: 1981). El concepto de universal se matiza y se señala que hay, efectivamente, rasgos comunes a todas las lenguas (que todas, a fin de cuentas, son intertraducibles); pero también hay algunos que sólo son estadísticamente universales, un porcentaje de lenguas los registra y carecemos de datos en contra. Por último, también es preciso tener en cuenta las *implicaciones:* de la presencia de una categoría puede deducirse la existencia de otra, con valor universal, como los trabajos de Jakobson aclararon. El fin de la tipología, sin embargo, y esto debe quedar muy claro, no es determinar ni estudiar los universales, sino clasificar y agrupar las lenguas en *tipos,* por rasgos propiamente internos. El modelo tipológico es inmanente, es decir, no depende de consideraciones o teorías propias de otras ciencias, todos los rasgos que en él se consideran son lingüísticos.

P. Sgall (1974) ha caracterizado la evolución de la investigación tipológica en tres etapas, que van completando el modelo.

El punto de partida se remonta al siglo XVIII, con los hermanos Schlegel y Guillermo de Humboldt, continúa con von Gabelentz y llega hasta principios del siglo XX, con el lingüista danés, más conocido por sus estudios gramaticales del inglés, Otto Jespersen. Se trata simplemente de ordenar las lenguas existentes, no por sus relaciones de parentesco o derivación de una antepasada común, sino por sus características gramaticales. Así surge, por ejemplo, la duradera clasificación, válida en Morfología, de lenguas *flexivas,* como el latín o el sánscrito; *aglutinantes,* como el turco o el vasco; *aislantes,* como el chino clásico, e *incorporantes* (término peligroso, confundido a veces con «aglutinante») o *polisintéticas,* como el esquimal.

Uno de los aspectos más interesantes de la herencia humboldtiana es la necesidad de considerar complementarias la tipología morfológica y la sintáctica, es decir, evitar la fácil e inútil clasificación y caracterización de una lengua por rasgos sólo de un tipo. Este concepto de *tipo,* punto de partida de esta corriente de investigación, había sido presentado por los precursores de la tipología como presencia o ausencia de un rasgo específico, por ejemplo la *inflexión.* Así, los hermanos Federico (en 1808) y Augusto Guillermo (en 1818) von Schlegel establecían para las lenguas indoeuropeas un tipo *flexivo,* por la presencia de la inflexión, frente a las lenguas no-flexivas, caracterizadas negativamente, por la ausencia de ese rasgo específico.

Coseriu (1977, n. 6) ha señalado como, aunque A. G. von Schlegel atribuye a su hermano Federico la clasificación de las lenguas en tres clases: las que carecen de estructura gramatical, las que emplean afijos y las que tienen inflexión (*aislantes, aglutinantes, flexivas,* en la terminología posterior), en los escritos de Federico von Schlegel no le ha sido posible encontrar esto, sino sólo la división bipartita en «lenguas por afijos / lenguas por flexión». Hemos de suponer, para respetar la atribución de Augusto Guillermo a su hermano, que se trataría de un criterio discutido entre ellos, aunque sólo publicado por el mayor.

Este planteamiento excesivamente morfológico fue corregido por Guillermo de Humboldt (en escritos entre 1820 y 1835). Hay que insistir con Coseriu (Sgall simplifica tal vez en exceso) que en von Humboldt no se encuentra una propuesta concreta de clasificación de las lenguas, sino una reiterada negativa a la posibilidad de clasificaciones en el estado de la lingüística de su época, así como unos ciertos criterios de carácter formal para ir preparando el camino de la clasificación en el futuro. La propuesta humboldtiana tuvo en cuenta no sólo las características morfológicas, la conmutación o selección de los morfemas y sus morfos en el eje de las simultaneidades o paradigmático, sino también la integración de los elementos en la cadena, es decir, el eje sintagmático.

Humboldt habla de *posibles formas,* la flexiva, la aglutinante y la incorporante (es decir, la *polisintética.*) Se trata de formas abstractas, cuya combinación en las lenguas es posible en proporción variable, como Coseriu (1977, 165) nos recuerda.

Es también la de von Humboldt una propuesta más flexible, que lleva a la construcción de una escala de grados, entre dos extremos definidos. Las distintas lenguas se van distribuyendo gradualmente, de manera que su tipo queda definido por su posición en la escala. Por ejemplo, en los grados que van de la inflexión a la ausencia de este rasgo, el español tiene un grado de inflexión mayor que el inglés, lengua que, sin embargo, presenta aún este rasgo en grado suficiente como para seguirse considerando dentro del tipo flexivo, frente a lenguas como el chino clásico, carente de inflexión y perteneciente a un tipo distinto, el aislante.

Lo que se considera la clasificación de Humboldt es una reconstrucción de Steinthal, a partir de su interpretación de la introducción de von Humboldt a la obra sobre el kawi (Humboldt: 1836/1974; Arens: I, 327-328; Coseriu: 1977, 180):

A) Lenguas más imperfectas:
     a) lenguas de partículas, con verbo carente de expresión caracterizada (malayo-polinesio o austronesio, birmano, etc.);
     b) lenguas pronominales, que marcan el verbo mediante pronombres aglutinados (las lenguas americanas).

B) Lenguas más perfectas:
     a) aislantes (el chino [clásico]);

b) flexivas:
1. el semítico,
2. el indoeuropeo.

El segundo momento crucial en la evolución de la investigación tipológica es consecuencia de la aportación del lingüista norteamericano Edward Sapir, entre 1907 y 1921, y consiste en el estudio de las combinaciones posibles de las propiedades de las lenguas, para determinar el tipo al que cada una pertenece.

Las clases no se definen ya, según Sapir, en una escala de varios grados, sino gracias a la combinación de varios rasgos, que van desde el tipo más simple, de relaciones puras, aislante, analítico, ejemplificado por el chino clásico o el annamita, hasta el otro extremo, el complejo, de relaciones mixtas, aglutinante, fusional, con mayor o menor índice simbólico (es decir, facilidad de cambiar el elemento radical mediante transformaciones internas), que ejemplifican las lenguas semíticas). «Aglutinante», advirtamos de paso, es usado por Sapir en un sentido diferente del general: no se opone a *flexivo,* sino que simplemente describe que los morfemas gramaticales se unen en un conglomerado con el lexema o morfema léxico.

Como ejemplo de combinación de varios rasgos podemos señalar el paso de la expresión de la activa a la pasiva en algunas lenguas.

El árabe, como representante del tipo de relaciones mixtas, nos ofrece la forma *faᶜala,* que integra «hacer, pasado, perfectivo, tercera persona, singular, masculino, activa», los mismos rasgos, salvo el último, sustituido por «pasiva», que caracterizan a la forma *fuᶜila.*

El latín, por su parte, introduce reglas analíticas en la diferencia entre:

fecit	*factus est/fuit*
Tercera persona	=
Perfecto	=
Pasado	=
Singular	=
Activa	Pasiva

El índice simbólico, es decir, la posibilidad de cambiar el significado del elemento radical por medio de transformaciones internas, sigue siendo grande en latín, como se ve por la alternancia *e/a* en perfecto/participio. El número y la persona se expresan conjuntamente: *-t,* al menos en parte, pues la forma pasiva incluye también la variación *factus,-a,-um | facti,-ae,-a.*

Escala de combinaciones tipológicas según Sapir: 1921, 164-165

Tipo fundamental	II	III	IV	Técnica	Síntesis	Ejemplos
A (simple, de relaciones puras)	—	—	a	aislante	analítica	chino; annamita
	(d)	—	a, b	aislante (ligeramente aglutinante)	analítica	ewe (costa de Guinea)
	(b)	—	a, b, c	aglutinante (ligeramente aglutinante-fusional)	analítica	tibetano moderno
B (complejo, de relaciones puras)	b, (d)	—	a	aglutinante-aislante	analítica	polinesio
	b	—	a, (b)	aglutinante-aislante	polisintética	haida
	c	—	a	fusional-aislante	analítica	cambodgiano
	b	—	b	aglutinante	sintética	turco
	b, d	(b)	b	aglutinante (levemente simbólica)	polisintética	yana (Norte de California)
	c, d, (b)	—	a, b	fusional-aglutinante (levemente simbólica)	sintética (levemente)	tibetano clásico
	b	—	c	aglutinante-fusional	sintética (levemente polisintética)	sioux
	c	—	c	fusional	sintética	salinano (sudoeste de California)
	d, c	(d)	d, c, a	simbólica	analítica	shilluk (Alto Nilo)

Escala de combinaciones tipológicas según Sapir: 1921, 164-165. (Continuación)

Tipo fundamental	II	III	IV	Técnica	Síntesis	Ejemplos
C (simple, de relaciones mixtas)	(b)	b	—	aglutinante	sintética	bantú
	(c)	c, (d)	a	fusional	analítica (levemente sintética)	francés*
D (complejo, de relaciones mixtas)	b, c	b	b	aglutinante (levemente simbólica)	polisintética	nootka (isla de Vancouver)†
	d					
	c, (d)	b	—	fusional-aglutinante	polisintética	chinook (Columbia inferior)
	c, (d)	c, (d), (b)	—	fusional	(levemente polisintética)	algonquin
	c	c, d	a	fusional	analítica	inglés
	c, d	c, d	—	fusional (levemente simbólica)	sintética	latín, griego, sánscrito
	c, b	c, d	(a)	fusional (fuertemente simbólica)	sintética	takelma (Sudoeste de Oregón)
	d, c	c, d	(a)	simbólico-fusional	sintética	lenguas semíticas (árabe, hebreo)

* Casi con el mismo derecho se le podía considerar en D.
† Pertenece casi al tipo complejo de relaciones puras.
NOTA: Los paréntesis indican un débil desarrollo del procedimiento en cuestión.

El tipo más simple, que corresponde al chino, nos muestra el grado mayor de análisis, sin aglutinación ni fusión, ni simbolismo.

En la forma activa nos encontraríamos con

tā zuò le

El primer elemento, *tā*, expresa 3.ª persona singular. La lengua escrita diferencia el masculino del femenino en la tercera persona usando caracteres distintos; pero oralmente son homófonos. *zuò* corresponde al contenido semántico «hacer», mientras que *le* expresa el aspecto perfectivo, con cambio de no ser a ser. En activa podría usarse el resultativo *guo*, en vez de *le*, pues este último no expresa necesariamente pasado. La pasiva, sólo posible con sujeto personal, *tā bèi zuò le*, sin posibilidad de uso de *guo* en el ejemplo, añade la forma específica *bèi* para indicar el carácter paciente, no agente, del sujeto, es decir, el paso a pasiva.

Este conjunto de rasgos y combinaciones permite la construcción del conocido cuadro, en el que *técnica* se refiere a los procedimientos morfológicos, *síntesis* a los parámetros de síntesis y análisis, las minúsculas *a, b, c, d* se usan para expresar los procedimientos de aislamiento (colocación dentro de la frase), «aglutinación», fusión y simbolismo a los que nos hemos referido antes, mientras que las columnas II, III y IV corresponden, respectivamente, a los conceptos derivativos (incrementan el elemento radical, se expresan mediante afijos o modificaciones internas del radical), conceptos concretos de relación (incrementos de significación que transcienden los límites de la palabra a la que se adhieren, expresados por afijación de un elemento no radical) y conceptos puros de relación (los conformadores de la forma sintáctica, expresados por afijación, modificación interna o palabras independientes), de los cuales sólo el IV es indispensable para el lenguaje (Sapir: 1921/54: 120 y ss.). Así, el chino [clásico] es una lengua analítica (no sintética), aislante en lo que se refiere a la técnica morfemática, también aislante (a) en lo que se refiere a IV, la colocación dentro de la frase o la formación de la estructura sintáctica patente, es decir, en lo que concierne a los conceptos puros de relación, lo que origina su pertenencia al tipo A, simple, de relaciones puras. En el otro extremo de la escala, el árabe es una lengua sintética, simbólico-fusional en lo que se refiere a la técnica morfémica, ya que las variaciones morfológicas pueden expresarse por afijos o por modificaciones internas de la palabra, aislante en lo que se refiere a la expresión de las relaciones sintácticas, a la conformación superficial de la frase, con predominio fusional sobre lo simbólico en los conceptos concretos de relación y de lo simbólico sobre lo fusional en los conceptos derivativos.

El tercer gran avance de la formulación tipológica se encuentra en el concepto de *implicación,* propuesto por Jakobson, como hemos dicho, y desarrollado por Greenberg. Gracias a la implicación es posible la búsqueda y determinación de los llamados *universales implicativos,* que corresponden a la fórmula *si A → B.* Estos universales, a su vez, pueden estar vinculados a condiciones empíricas, como los estadísticos, de modo que su determinación puede ser también estadística. Por ejemplo: no se conoce ninguna lengua en la cual exista el dual o número de pareja, pero no exista el plural. Podemos formular así el universal implicativo: «todas las lenguas que poseen dual poseen también plural». Esta formulación es dependiente de nuestro conocimiento concreto de las manifestaciones del morfema *número* en las lenguas. Si se descubriera alguna lengua en la cual hubiera dual y no plural, la formulación tendría que adaptarse y convertirse en algo como «la mayoría de las lenguas que poseen dual poseen también plural».

4.3.1. Concepto tipológico de «universal»

Los ejemplos anteriores se refieren a un concepto de *universal* que se ha ido alejando de los universales de los gramáticos especulativos medievales y que requiere algunas precisiones teóricas, a partir de E. Coseriu (1978), a quien también remite Ramat (1987).

De acuerdo con su sentido lógico, se distinguen tres tipos de universales primarios y dos secundarios. Los primarios son los de *universalidad conceptual, universalidad esencial* y *generalidad histórica,* llamados, respectivamente, *universales posibles, esenciales* y *empíricos.* Los universales secundarios son *selectivos* e *implicaciones.*

Todas las categorías lingüísticas serían *universales posibles,* como «posibilidades universales del lenguaje». Así, son posibles las funciones gramaticales, como sujeto, objeto, aunque no se den en todas las lenguas, porque al darse en algunas podrían darse en otras en el futuro. Son independientes de las lenguas particulares.

Toda propiedad perteneciente o deducible de los conceptos de lengua o lenguaje es universal y constituye un universal *esencial.* Algunos de ellos son muy generales, como el que el lenguaje sólo pueda presentarse en forma de lengua, que las lenguas tienen expresión y contenido, implican organización gramatical y cambian a lo largo de su historia. Otros son más específicos, como que la palabra es unidad léxica, pero no nivel necesario de estructuración gramatical, que las lenguas deben distinguir las personas del coloquio y la no-persona (de qué se habla) o, según Coseriu (1978, 157) la *función sustantiva* y la *función verbal.*

Las propiedades que se comprueban en las lenguas conocidas y se inducen para las que no se conocen todavía son universales *empíricos,* que, de una manera absoluta, tienen validez para las lenguas donde están comprobados y son meras posibilidades en las restantes. Se trata de una generalidad «extrínseca». Todas las lenguas tienen sílabas abiertas; pero no sería intrínsecamente imposible que hubiera alguna lengua sin ellas.

La combinación de posibilidad y generalidad (es decir, la selección en cada lengua dentro de una clase fija de posibilidades) originaría universales *selectivos.* Esta selección puede entenderse también en el sentido de generalidad, si ciertos elementos, dentro de esa clase fija, se encontraran en todas las lenguas. La aplicación más clara se encuentra en la teoría de los rasgos fonológicos a partir del estructuralismo praguense, desde 1927, desarrollada por Jakobson y tomada luego por sus discípulos norteamericanos, como Halle y Chomsky: el conjunto de los rasgos fonológicos no se da en una sola lengua; pero en ninguna están presentes rasgos que no estén en el conjunto.

La combinación de posibilidad y necesidad, por último, daría lugar a *implicaciones,* término que preferimos a *implicativos,* porque este último ha tomado un sentido restringido técnicamente. Hay implicaciones *teóricas,* conceptuales («el término neutro de una oposición semántica binaria tiene dos significados en lengua») y otras comprobadas, *empíricas* («Si una lengua tiene flexión tiene también derivación», Coseriu: 1978, 163-4).

Los universales del lenguaje y los de la lingüística deben distinguirse rigurosamente (Coseriu: 1978, 171), distinción llamada por la de nociones reales y nociones formales, que son las referidas al objeto y a los métodos de una ciencia, respectivamente. La noción de *fonema,* por ejemplo, es real porque se supone que está correlacionada con la realidad lingüística; pero no lo es la de *juntura,* como «segmento fonemático», porque ésta concierne a la descripción de la lengua, no a la lengua misma.

Esta postura es distinta de la que sostienen teóricos generativistas de distintas tendencias, como Katz, Postal, o Chomsky, y no es conciliable, por lo que es preciso atender esa distinción a la hora de entender lo que cada uno quiere decir (y por supuesto, a la hora de decidir cuál es la que personalmente nos convence y nos obliga a tomarla en cuenta para nuestra comprensión de los universales y su inclusión o no en una teoría tipológica). Coseriu defiende la necesidad de buscar los universales en el lenguaje, no en la lingüística, y distingue, en toda su obra, entre la realidad designada, con sus propiedades, y las manifestaciones mismas del lenguaje. En éstas deben buscarse los universales, no en la realidad ni en las determinaciones externas del lenguaje.

Para Chomsky (1965: 27-30), como decimos, el planteamiento es distinto y también la terminología. La distinción fundamental es la que se establece entre universales *formales* y *sustantivos*. Su planteamiento está indisolublemente ligado a la noción de innatismo del lenguaje y por ello a la pregunta de cuáles son los principios inherentes al ser humano al nacer, principios que cada uno de nosotros lleva en sí al aprender su lengua y va haciendo explícitos en ese proceso de aprendizaje. Las propiedades generales de las lenguas naturales son universales formales, como las condiciones abstractas exigibles a una gramática generativa, o las reglas generales; mientras que los universales sustantivos son clases o categorías fijas cuyos elementos corresponden a elementos proyectados que aparecen en las lenguas particulares: con uno de los ejemplos ya manejados diríamos que los rasgos que caracterizan fonológicamente a una lengua natural son proyecciones de elementos que constituyen la clase universal sustantiva de los rasgos fonológicos, caracterizados independientemente de cómo se realizan en cada lengua particular o, concretando más, que el rasgo [obstruyente] es independiente de cómo se realice la obstrucción en las lenguas particulares, una a una. Aunque las apariencias obtenidas de un resumen, como todos, imperfecto pudieran hacer pensar otra cosa, no es posible establecer correspondencias entre esta concepción de los universales y la anterior. Ambos enfoques son necesarios para comprender cómo se ha ido precisando el modelo tipológico después de Sapir y cuáles pueden ser las relaciones entre un planteamiento tipológico y los distintos modelos de gramáticas y teorías lingüísticas, que no lo excluyen, como ha puesto bien de manifiesto J. C. Moreno (1987).

4.3.2. Tipos

El lingüista checo V. Skalička ha ido fijando, entre 1935 y 1967, una definición del *tipo* y unas características que recogemos a continuación, con el fin de volver a centrar lo expuesto en el campo de la tipología lingüística estricta.

El tipo es un modelo ideal y un principio de orden que sólo admite un uso efectivo cuando se presenta unido a conceptos de medida: este es el desarrollo de la precisión gradual de Humboldt y las escalas de Sapir. La supresión de consideraciones arbitrarias y subjetivas produce resultados sumamente atractivos, como podemos ver en su ejemplo, el del *tipo flexivo* caracterizado por estos cuatro rasgos:

1. Las terminaciones de las formas en lenguas de este tipo son polifuncionales. En el plano nominal, verbigracia, una termina-

ción expresa género, número y caso: latín *rosam* tiene su -*am* de femenino, singular, acusativo. Puede separarse el femenino y el acusativo y decir que -*a*- es femenino y -*m* acusativo; pero es imposible separar femenino de singular y singular de acusativo.

2. Las palabras llevan siempre una terminación con información tanto sintáctica como semántica: -*am* en *rosam* indica que se trata de un sustantivo, femenino, singular, en acusativo y se refiere a un objeto individual o genérico, femenino, sin que estos aspectos puedan separarse formalmente.

3. La formación de palabras admite la movilidad de los elementos, p.ej. latín *acer* / *acri*.

4. El orden de palabras en la frase es relativamente libre.

Lo que da valor a esta caracterización es que, en distintas lenguas, admite distintos grados, medidas diferentes. Puede discutirse si el grado de información sobre el género en *rosam* es muy débil, frente a la información que aportarían los correspondientes ruso o sánscrito; pero lo que es indiscutible es que no se puede separar esa información, por leve que sea, de la de singular y acusativo, ni éstas entre sí.

Si bien más adelante veremos algunas precisiones, podemos decir que, matizándolas con el adjetivo *morfológicas*, la tipología moderna nos permite seguir hablando de las cuatro clases elementales. La *flexiva* presenta formas como *rosam, legebam*, en latín; la *aglutinante*, como el turco, tiene formas como *seviyorum, seviyordum, sevdim*, donde el radical SEV «amar» es modificado para expresar, con un orden rígido de colocación de los morfos:

SEV/iyor/um: acción continua, primera persona del singular, «yo amo».

SEV/iyor/du/m: acción continua, pasado, primera persona del singular, «yo amaba».

SEV/di/m: pasado, primera persona del singular, «yo amé».

El tipo *aislante*, a veces considerado también tipo *amorfo*, separa los morfemas que expresa en morfos unifuncionales; pero no los aglutina en torno a una forma léxica básica o radical, sino que los distribuye en la frase, donde admiten cierta posibilidad de alteración del orden en que se distribuyen:

wŏ ài le

puede traducirse por «amé» o por «sevdim;» pero estas versiones son simples aproximaciones de lo que es:

«primera persona singular + forma plena de ''amar, amor'', + partícula de acción terminada (por ello frecuentemente pasado, aunque no necesariamente, cfr. *wǒ bù yǎo le* "no quiero", "definitivamente no quiero")».

El cuarto tipo morfológico ha recibido distintas designaciones, como hemos tenido ocasión de anticipar. Puede usarse el término de *incorporante*, diferenciándolo de «aglutinante», porque se trata, en sentido propio, de lenguas en las cuales los argumentos se incorporan al predicado, sin que eso signifique que los argumentos sean necesariamente «palabras». En alguna lengua, como el nootka, no se admite la combinación plurilexemática; los argumentos que se añaden al núcleo lexemático predicativo no pueden ser «palabras». Si forma un conjunto equivalente a «cuandoélsegúndicehabíaestadoausentecuatrodías» (Sapir: 1921/1954, 79), este conjunto es una «palabra», porque en nootka no es plurilexemático, aunque lo sea en la traducción. Nótese que tampoco puede estar compuesto formalmente de prefijos, porque el nootka no se sirve de ellos. Desde Sapir se evita el término «polisintético», porque éste se usa, junto a *analítico* y *sintético* para la síntesis y sus grados, no para los problemas de técnica. Este tipo, por lejano que nos parezca, no es infrecuente, aparece en muchas lenguas indoamericanas y en esquimal. Si, como parece, nuestro conocimiento de las lenguas de América nos lleva a una tesis monogenética (Greenberg: 1987), el estudio de lenguas morfológicamente incorporantes será imprescindible para abordar etapas ulteriores del estudio de las relaciones interlingüísticas.

4.3.2.1. *Parámetros*

En 1970 propuso Theo Vennemann un número mayor de parámetros, retomados por Bartsch y el propio Vennemann (1982/83, 27-29):

I. Parámetros formales
1. Síntesis
2. Fusión
II. Parámetros funcionales
1. Composición plurilexemática (*Stammbildung*)
2. Flexión
3. Monosemasia

Los parámetros de la *síntesis* son la composición, en general, la reduplicación, la afijación (que incluye prefijación, infijación y sufijación), la mutación (que incluye el cambio segmental, vocálico o consonántico, el cambio acentual y el cambio tonal) y la sustracción (fácilmente identificable en lenguas que tienen la capacidad de separar un elemento que originariamente formaba parte de otro más amplio, para darle un valor *per se*, cfr. *-bus, tele-, -ata,* en español actual). La *fusión* está en relación con el índice simbólico de Sapir y se refiere a la capacidad de una forma para incorporar elementos de modo que el resultado de esa incorporación sea diferente en varios casos, p. ej. en inglés el abstracto *depth,* «profundidad» no tiene la vocal del adjetivo correspondiente *deep* /i:/ ni la consonante de otro abstracto del mismo tipo, *height,* «altura». Su opuesto es la *colocación.* Hemos llamado *composición plurilexemática* a la capacidad de unir distintos lexemas o «radicales» en una forma léxica nueva. Este criterio puede ser diferenciador del chino clásico y el moderno, el primero no admite esta capacidad de «lexematización», mientras que el moderno sí. La *flexión* es la capacidad de construir sintéticamente palabras a partir de radicales y, también, de palabras, frente al «aislamiento». *Monosemasia,* por último, es la imposibilidad de vincular más de un componente de significado a una forma, frente a la polisemasia. En nuestros ejemplos anteriores, el chino *ài* es monosémico, porque sólo se vincula al significado «amor», mientras que *amo* es polisémico, porque une a «amor» los significados de «primera persona» y «singular».

4.3.2.2. *Tipos sintácticos*

Junto a los tipos morfológicos, cuyo estudio tiene mayor tradición, hemos de considerar los *sintácticos* (Klimov, Dezsö, Seiler, Ramat, Moreno). Considerados tres elementos esenciales, *Sujeto, Objeto, Verbo,* las lenguas se dividen en tres tipos sintácticos:

Lenguas SOV:
   Latín: *homo librum legit*
   Japonés: *sono otoko ga - hon o - yonda*
Lenguas VSO:
   Árabe: *qara'a l-raǧulu l-kitāb*[a]
   Galés: *gwelodd - y dyn - y llyfr*
Lenguas SVO:
   Español: *el hombre leyó el libro*
   Inglés: *the man read the book*

Esta tipología sintáctica, todavía más que la morfológica, ha contribuido a separar estos estudios de los genéticos, pues es evidente que los tipos sintácticos no dependen de la genealogía. Inglés, latín y galés son lenguas indoeuropeas y cada una pertenece a un tipo sintáctico diferente. El español procede del latín; pero está sintácticamente más cerca del inglés, que es de la rama germánica, que del latín. Español e inglés comparten el tipo SVO con una lengua genéticamente diferente, el chino: *zhègè rén dúguò zhèbĕn shū* (lit. «este hombre leyó este libro», *zhè* es el demostrativo, mientras que *gè* y *běn* son los clasificadores de «hombre» y «libro», respectivamente).

El esquema tipológico, evidentemente, también se diferencia del *uso:* que una lengua pertenezca a un tipo sintáctico no significa que los elementos que indican el tipo hayan de aparecer o construirse obligatoriamente así en todas las oraciones de la lengua ajustadas a las reglas gramaticales. Que el español sea una lengua SVO no impide que sean gramaticales oraciones como *voy yo* o *salió tu padre detrás,* con sujeto pospuesto; ni siquiera afecta a objetos necesariamente antepuestos, como los relativos: «el córner que sacó Martín Vázquez propició el primer gol», donde *que sacó M.V.* tiene un orden OVS que es habitual en estas oraciones. El tipo sintáctico, como el morfológico, es un principio de orden, según un modelo ideal, y es mensurable o graduable. Esa medida de la presencia y distribución de Sujeto, Verbo, Objeto en las oraciones del español es la que nos permite caracterizarlo sintácticamente como una lengua de tipo SVO. La aplicación de esos parámetros al árabe nos lleva a clasificarlo como VSO, mientras que el latín sería SOV, como el turco o el japonés, con quienes no tiene ninguna relación genética histórica.

4.4. Tipos y universales

Greenberg, en 1963, a partir de datos sistemáticos de treinta lenguas, empezó a correlacionar fenómenos con universales implicativos o estadísticos. Por ejemplo, a partir de esos tipos sintácticos que hemos visto y de la ausencia o extrema rareza de los tipos teóricamente posibles VOS, OSV y OVS, pudo lograr un primer enunciado general:

A.A 1 «En oraciones enunciativas, con sujeto nominal y objeto, la colocación dominante es casi siempre una colocación en la que el sujeto precede al objeto.» (Por uniformidad dejamos las traducciones de Arens: II, 939-948.)

La combinación de genitivo con los tipos de lenguas prepositivas o pospositivas proporciona:

A.A 2 «En lenguas con preposiciones, sigue el genitivo casi siempre al sustantivo regente, mientras que en lenguas con posposiciones casi siempre le precede.»

A.A 3 «Las lenguas en las que domina la sucesión VSO son siempre preposicionales.»

A.A 4 «Con una frecuencia aplastante, que excluye toda casualidad, las lenguas con la secuencia normal SOV son posposicionales.»

Este criterio, especialmente en el caso del genitivo, se vincula al de la colocación del adjetivo calificativo.

A.A 5 «Si en una lengua domina la secuencia SOV y el genitivo sigue al sustantivo regente, entonces el adjetivo sigue también al sustantivo».

Por otro lado, como dijimos en la exposición previa, la caracterización de una lengua por un orden de los tres elementos caracterizadores no impide la presencia de otros esquemas alternantes, en ciertas condiciones:

A.A 6 «Todas las lenguas con disposición dominante VSO tienen SVO como una o la única secuencia fundamental alternante.»

A.A 7 «Si en una lengua con colocación dominante SOV no existe o sólo existe como secuencia alternante OSV, todos los modificantes adverbiales del verbo preceden asimismo al verbo.»

Este planteamiento, que continúa con otros enunciados generales, fue refinado por Hawkins (1983). Por ejemplo, a A.A 6 correspondería esta nueva formulación:

«Todas las lenguas con orden dominante VSO tienen SVO como otro orden posible o como el orden alternativo».

A A.A 5 correspondería:

«Si, en una lengua, el adjetivo descriptivo sigue al nombre, entonces el genitivo sigue al nombre.» (Sólo en lenguas preposicionales.)

En otros casos, por ejemplo A.A 3, la formulación de Greenberg se mantiene, las lenguas con orden dominante VSO son siempre preposicionales.

Lo fundamental es, pues, buscar los factores que están en estrecha vinculación recíproca y formular ésta completándola con otras implicaciones. Esto es susceptible de formalización y puede aplicarse, por ejemplo, a la construcción de programas que estudien el orden de palabras en textos, bien para análisis concretos o para posteriores desarrollos teóricos o verificación de gramáticas. Con ello nos adentramos en una dimensión formal que no es nueva en la construcción de modelos lingüísticos; pero que en el siglo XX dispone de unas posibilidades materiales inexistentes con anterioridad.

Es imposible concluir este planteamiento tipológico sin hacer una referencia a la Gramática Universal, que veremos más adelante como un modelo de *principios* en torno a un conjunto de reglas que tiende a la unidad. Estos principios pueden tomar determinados valores, que son sus *parámetros.* Los valores no son fijos para todas las lenguas, sino

que hay una tipología, con sus relaciones de implicación bien establecidas. Así, si una lengua exige la presencia de sujeto en la estructura
fonológica, es decir, al emitirse la oración, este parámetro se vincula a
la imposibilidad de que el sujeto se posponga libremente. En cambio,
las lenguas que no exigen la presencia del sujeto en la estructura
fonológica, en la oración emitida, como el español, permiten que el
sujeto, cuando aparece, se posponga: *leyó el libro, Silvia leyó el libro,
leyó Silvia el libro*. Estas lenguas de sujeto nulo se llaman técnicamente
pro drop, y constituyen por lo tanto un tipo sintáctico frente a las
lenguas de sujeto expreso: se caracterizan por una serie de propiedades, algunas de las cuales son implicativas, luego puede decirse que
constituyen un *tipo.*

5.

Gramática de estructuras y gramática de constituyentes

5.1. Panorama

Es tópico ya introducir el cambio de la orientación lingüística del siglo XX con la referencia al *Curso de Lingüística General* de Ferdinand de Saussure, tras el cual la ciencia del lenguaje tiende a polarizarse en uno de los focos de las dicotomías saussureanas, la *lengua* frente al *habla,* la *sincronía* frente a la *diacronía,* el estudio de la lengua en una etapa de su evolución, prescindiendo de etapas anteriores o siguientes, frente al estudio de la lengua en su evolución, en su historia. La «nueva» lingüística, en consecuencia, polarizada en torno a la lengua y la sincronía, tiende a rechazar, implícita o explícitamente, la teoría apoyada en el habla y la historia, que había caracterizado a bastantes escuelas anteriores, y a configurarse en una dimensión metodológica a la cual pronto se da el nombre de *estructural.* No obstante, el fenómeno estructural no se presenta necesariamente ligado a las tesis saussureanas. Tanto en Europa como en América, el Círculo de Praga y Leonard Bloomfield y sus discípulos, respectivamente, construyen sus teorías estructuralistas con gran o total independencia respecto a de Saussure.

Uno de los rasgos teóricos más destacables es la progresiva sustitución de los métodos inductivos por los deductivos, lo que supone un lento avance en la línea racionalista. Se puede establecer un paralelo entre las alteraciones teóricas que experimentan la física, las matemáticas o la astronomía y las de la lingüística; la evolución tiende a no crear teorías sólo a partir de hechos observados, sino a establecer unos postulados y tratar de comprobar la teoría formulada a partir de ellos. Como las ciencias avanzan hacia un más allá (en griego *meta),* nos hallamos ante la Metamatemática, la Metalingüística y la Metateorética, en suma. El siglo XX se ha ido desarrollando como una etapa de fundamentación teórica de la ciencia en la que, por ello, han adquirido especial interés los aspectos terminológicos y epistemológicos de cualquier estudio científico.

En nuestra ciencia, que ya no es del lenguaje, sino de la *lengua,* lo primero que interesa delimitar es el término *gramática,* que puede ser entendido de muchas maneras distintas. Incluso el tradicional concepto de «arte de leer y escribir correctamente», reinterpretado como «conjunto de reglas que permiten distinguir entre uso correcto y uso incorrecto», básico en la gramática *normativa,* ha recobrado su vigencia, si bien con límites más precisos. Otro concepto que se repite es el de *taxonómico,* es decir, «de rasgos». Para una gramática taxonómica lo que tiene interés es la clasificación de los rasgos, como pueden ser la entonación, el orden de palabras, las funciones, la formación de palabras, entre otros. Esta gramática tiene interés pedagógico, pues, aunque no explica las causas de las variaciones gramaticales, clasifica y estudia con detalle las distintas formas. En la sustitución posible de unas formas por otras en frases construidas se basan las gramáticas *sustitutivas,* cuya variante más conocida es la tagmémica de K. Pike (1977). En la posible sustitución de unidades se apoya también la gramática *probabilística,* o de estados finitos, sin pretensión de establecer estructuras básicas, sino para determinar las posibilidades estadísticas de sustitución y aplicar las probabilidades a la descripción del sistema.

Las designaciones no muestran una gran coherencia, a veces se adjetiva según las pretensiones o la metodología y a veces simplemente por razones externas. De este segundo tipo es la designación de *estructuralismo americano,* que propone una gramática estructural, sintagmática, que trata de estudiar los constituyentes inmediatos hasta llegar a las unidades mínimas, los *morfemas,* que son las unidades gramaticales mínimas con significado, las cuales pueden aparecer como formas libres o exentas o como formas ligadas, que se tienen que apoyar en otra para realizarse. Así, en inglés, *be* es una forma libre; pero *-ing* es una forma ligada que marca el gerundio. La forma ligada puede realizarse apoyándose en una forma libre, como en *being,* «siendo», o en otra forma ligada, como en *living.*

Para superar las limitaciones de las gramáticas sintagmáticas se propusieron las gramáticas *transformacionales,* en donde al componente sintagmático, es decir, a las reglas que permitían derivar oraciones enunciativas afirmativas simples se les añadía un conjunto de reglas transformacionales con capacidad para modificar ese conjunto de oraciones obtenido por la aplicación de las reglas sintagmáticas. Las transformaciones iniciales que esta gramática permite son del tipo *Juan viene* ⇒ ¿viene Juan?

A partir de esta propuesta de completar las reglas sintagmáticas con un componente transformacional se han ido sucediendo las gramáticas llamadas *transformacionales* o *generativas*. Una de las definiciones de un modelo de esta gramática, según McCawley, dice así: «es una gramática explícita que no recurre a la *faculté de langage* del lector, sino que trata de incorporar el mecanismo de esa facultad en un sistema de reglas que relaciona señales e interpretaciones semánticas de esas señales».

La etiqueta *estructuralismo,* por tanto, puede ser ambigua, pues se aplica a la lingüística postsaussureana, por una parte, o a la lingüística que no es transformacional o generativa, por otra. Sin embargo, el adjetivo *estructural* conviene a todas las corrientes, al menos en la simple y mínima definición matemática de *estructura,* como «un conjunto con una operación».

5.2. La lengua como sistema

Un sistema es una serie de reglas que relacionan todos y cada uno de los elementos de un conjunto. Cada uno de esos elementos adquiere, por su relación con los restantes, un *valor* dentro del sistema. Desde el *Curso de Lingüística General* se dice que *la lengua es un sistema de signos.* Esta definición se toma como punto de partida de la corriente llamada *estructuralismo,* estudio de la lengua que reúne dos condiciones:

a) Es un estudio inmanente, de la lengua en sí misma y por sí misma.

b) Es un estudio de la lengua como sistema, como estructura, en el sentido matemático de este término, es decir, un conjunto con al menos una operación.

Los elementos del sistema lingüístico son signos, su conjunto ordenado constituye el sistema de signos que llamamos lengua. La estructuración de este sistema se prueba por su operación: la lengua opera mediante una serie de reglas que relacionan todos y cada uno de los elementos del conjunto, es decir, cada uno de los signos lingüísticos. Estas operaciones se realizan en tres componentes: fonológico, sintáctico y semántico.

A la hora de estudiar un sistema caben dos posibilidades:

a) Es un sistema bien definido.

b) No es un sistema bien definido.

Debemos comenzar por explicar, en consecuencia, qué es un *sistema bien definido*. En general, podemos decir que un sistema está bien definido cuando lo podemos caracterizar completamente por medio de unas funciones específicas, que son las funciones *determinísticas*, las cuales, por su parte, o bien son computables o bien están especificadas explícitamente de modo que podemos probar su incomputabilidad.

Como ejemplo de un sistema bien definido caracterizado por una función computable podemos partir de la consideración de uno de los conjuntos finitos más sencillos, los *conjuntos unitarios*, o sea, los compuestos por un elemento. Apliquémoslo a las provincias andaluzas y escribamos el conjunto de provincias andaluzas que empiezan por *A*.

{Almería}, o 1 elemento

El conjunto de provincias andaluzas que empiezan por *A* es un conjunto unitario, ya que consta de un solo elemento, la provincia de Almería. Ninguna de las restantes provincias andaluzas empieza por *A*.

La medida de un conjunto unitario es el número cardinal *1*, leído «uno». La unión de dos conjuntos unitarios distintos es un *conjunto binario*. Su número cardinal es *2*, leído «dos». Por unión de un conjunto cualquiera cuyo cardinal es n con un conjunto unitario disjunto con el primero tenemos nuevos conjuntos, cuyo cardinal es n^+. Decimos que n^+ es «el siguiente de n» y lo expresamos también con la forma $n + 1$. Si aplicamos este sistema como hemos visto hasta ahora, tendríamos: para el valor 1 de n estaríamos en un conjunto unitario, +1 sería el *binario*, nuevamente +1 nos daría un nuevo conjunto, el 3 (tres) y así sucesivamente. Vemos así una aplicación que comprueba que el sistema de los números naturales en un sistema bien definido computable. Puede deducirse rigurosamente a partir de unos axiomas, que son los axiomas de Peano.

Como ejemplo de un sistema bien definido no computable podríamos usar el de la familia. Es un sistema del que conocemos la estructura; pero no podemos conocer los elementos.

Todos los elementos tienen, es cierto, su lugar en el sistema:

abuelos, padres, *individuo i*, hijos, nietos, etc.

pero no todos son computables: un individuo *i* tiene sus dos padres y sus cuatro abuelos, con dos padres y cuatro abuelos cada uno y así hacia arriba en la línea genealógica, mientras que, en el otro sentido, puede no tener descendencia (y de sus ascendientes sabemos que al menos tuvieron un descendiente; pero nada de los otros posibles). También es posible que su línea de descendientes se corte en un momento indeterminado. Al desconocer el *posible* número de descendientes, o el de ascendientes colaterales, es imposible *computar.*

En el sistema de los números naturales funciona siempre la regla $n + 1$. Si la provincia de Albacete pasara a Andalucía el sistema de los números naturales nos permitiría perfectamente computar el número de provincias andaluzas que empiezan por *A*. Tendríamos un valor *1* {Almería} y pasaríamos a $1 + 1$, *2* {Almería, Albacete}. La regla $n + 1$ funciona siempre. Con el sistema familiar esto no ocurre. Ahora bien, podemos decir que sabemos la razón de su incomputabilidad (la imposibilidad de predecir los elementos que ocuparán ciertos rangos en el sistema y cuántos de estos rangos serán ocupados) y el sistema queda especificado de un modo suficientemente explícito: con saber los padres y los hijos de todos los seres humanos podríamos reconstruir todas las relaciones familiares existentes; sabemos también que un elemento como *teja* no pertenece al sistema familiar, porque no pertenece a la clase *abuelos, padres, individuos, hijos, nietos...* El sistema de la familia está bien definido, pues nos permite establecer relaciones de inclusión y exclusión; pero no es computable.

En lo que concierne a la lengua, la discusión inicial es si se trata o no de un sistema bien definido, para ver luego si es un sistema computable. No hay acuerdo y de la respuesta que se da a esta pregunta depende buena parte de la orientación de las distintas corrientes. Podemos decir, en general, que para funcionalistas y estructuralistas americanos la lengua no es un sistema bien definido. En el campo ya amplio de lo que se llama la *gramática generativa* la tendencia dominante, al menos, se plantea que sea un sistema bien definido. La lingüística computacional, por su parte, se enfrenta con el problema de otro modo: tratando de estudiar qué es computable en la lengua.

Donde pudo ejercerse inmediatamente la influencia saussureana fue en la propia universidad de Saussure, Ginebra, y su primera muestra fue la propia publicación del *Curso,* hecha por los discípulos de Saussure tras la temprana muerte de éste. El pensamiento de cada uno de los ginebrinos, sin embargo, no parece ser muy coherente con el de los otros. Así, en Charles Bally, la *Estilística* es un ejemplo de lo que se considera característico de la opción por la lengua y la sincronía; pero la tesis de libros como *El lenguaje y la Vida* desarrolla aspectos que aparecen en el *Curso,* de modo lateral, aunque no marginal, separados de la concepción inmanente del lenguaje que parece dominar la lingüística estructural, corriente a la que Bally no podría ser adscrito claramente. Albert Séchehaye y Henri Frei son los otros dos nombres que se pueden colocar a continuación de Saussure. Los dos desarrollaron líneas del pensamiento saussureano; pero con particularidades diferenciadoras, en lo que están de acuerdo los tratadistas. La influencia ginebrina en la lingüística española, gracias a las traducciones de Amado Alonso, ha sido, como en toda Europa y en Iberoamérica, básica, si bien la Estilística ha permanecido un tanto al margen, por haberse constituido en torno a la estilística del habla de Dámaso Alonso. Las nociones básicas del *Curso,* es decir, el concepto de lengua como sistema de signos, la bifacialidad del signo, como par o conjunto de dos elementos, {significante, significado}, la importancia de la concepción inmanente del lenguaje (con la salvedad de que no en exclusiva) o el concepto de valor aparecen en todos los lingüistas españoles entre los años 40 y los 70 del siglo XX.

5.2.1. Las tesis de Praga

La primera gran escuela de este siglo agrupada en torno a un programa coherente fue el Círculo Lingüístico de Praga. Aunque es cierto que el Círculo se mueve en una línea que podríamos llamar postsaussureana (Vachek: 1964; Argente: 1971; Fried: 1972), no se origina a partir del pensamiento del ginebrino, sino que debemos sumar al influjo de Saussure el de Baudouin de Courtenay y el de Fortunatov (1848-1914), creador de la llamada «escuela de Moscú». Se lee con cierta frecuencia que Roman Jakobson estuvo entre los fundadores del Círculo, lo cual es inexacto (él mismo me lo confirmó), si bien se adhirió poco después. Los fundadores fueron, en 1926, V. Mathesius, B. Havránek, J. Mukařovský, Bohumil Tnka, J. Vachek y M. Weingart, entre otros. A ellos se sumaron otros muchos lingüistas, entre los que debemos destacar a los rusos, el citado Jakobson, Sergei Karcevsky y Nocolai S. Trubetzkoy. Los tres últimos, como autores de importantes tesis presentadas en 1928 al primero de los congresos de Lingüística, el de La Haya, tuvieron un papel crucial en la redacción de las nueve tesis del Círculo praguense, que un año después, en 1929, fueron presentadas al primer Congreso de Filología Eslava y que son conocidas como las tesis de 1929.

Como planteamiento característico de su metodología, entre las propuestas hechas en 1928, recogeremos la número 22, donde se toma como unidad básica el *fonema,* mínima parte del significante que no puede ser dividida en unidades menores sucesivas. La diferencia entre /t/ y /s/ permite distinguir /pata/ de /pasa/ y /mesa/ de /meta/. El fonema, que es un haz de rasgos pertinentes o relevantes, es una unidad del plano del significante, aunque está unido al significado para la delimitación de su valor como unidad lingüística. El valor del fonema se delimita contrastivamente, por oposición, con los otros fonemas de la lengua, según una serie de reglas establecidas por Trubetzkoy (1939/1973). Los fonemas que presentan determinados rasgos comunes se unen en *correlaciones*. Los términos *oposición, fonema, rasgo distintivo, correlación, neutralización* (pérdida de valor de las diferencias establecidas por los rasgos distintivos), entre otros, son aportaciones fundamentales de la Fonología a la Lingüística contemporánea. La influencia global, sin embargo,no termina ahí, el concepto básico de rendimiento funcional, la autonomía de la palabra y la metodología sintagmática también arrancan o se refuerzan desde Praga.

La repercusión de las tesis de 1929, dirigidas al campo lingüístico en general y al eslavista en particular, fue inmediata y duradera. La afirmación, en la primera tesis, de que «la lengua es un sistema de medios de expresión apropiados para un fin» subraya uno de los rasgos que diferencian el estructuralismo praguense del de Copenhague o del americano, los cuales no ponen en un lugar principal el principio de la finalidad de la lengua. El estructuralismo praguense también se diferencia de los otros en la importancia que se concede a la diacronía, junto a la sincronía: la lengua es un sistema funcional, desde cualquiera de las dos perspectivas. En esto se opone explícitamente a la escuela de Ginebra.

Para el estudio de un sistema lingüístico particular, dicen, hay que investigar, en la fonética, lo articulatorio junto con lo acústico, al mismo tiempo que se hace preciso determinar si el sonido es hecho físico o hecho funcional, lo que permitirá diferenciar *fonética* de *fonología*. La lingüística se completa, además, con dos ciencias de la representación funcional del significado, Morfología y Sintaxis, que serán distintas, como distintos son los ámbitos de la palabra y la oración. No hay que olvidar la división de las funciones del lenguaje, tres en Karl Bühler, tan ligado a esta escuela, que se irán completando hasta las seis recogidas por Jakobson. Por este motivo el estudio de la lengua literaria tiene también lugar aquí, de lo que es ejemplo la obra fundamental de Roman Jakobson.

Las tesis de Praga se caracterizan por su amplitud, que se extiende a problemas de historia de la lengua, transcripción, geografía lingüística, léxico, antropología, etnología y sociología. La huella praguense en todo el mundo, favorecida por el necesario exilio de Jakobson a Estados Unidos y la fundación de la llamada escuela de Harvard, ha sido duradera.

Uno de los lingüistas que pudieron aspirar al título honorífico de «puente» entre Europa y América fue sin duda Roman Jakobson: obligado a abandonar Europa por la persecución nazi, trasplantó a América buena parte de las preocupaciones europeas en lingüística y crítica literaria. El pequeño mercante que le llevó a través de un Atlántico Norte totalmente minado, en un viaje en el que iba también Ernst Cassirer y que gustaba de relatar, transportó con ambos, simbólicamente, las bases de las ideas lingüísticas que hoy siguen preocupando. La institución docente que los acogió, l'École Libre des Hautes Études, de Nueva York, donde también enseñaba Américo Castro, tiene derecho a recibir el agradecimiento de quienes piensan que la ciencia está más allá de todas las fronteras. La obra de Jakobson es demasiado amplia para que pretendamos dar aquí ni siquiera una idea somera de ella (Ruwet en Jakobson: 1963), pues abarca todo el terreno que un investigador en temas del lenguaje y zonas anejas pueda imaginar: métrica, poética, problemas enlazados con la medicina y la pedagogía, así como estudios inmanentemente lingüísticos. Por las circunstancias que rodearon su azarosa vida, pudo estar en contacto con los movimientos lingüísticos más activos del siglo. Se formó en la escuela de Moscú, en la cual, agrupados en torno a Fortunatov, participaban destacados lingüistas, como Alexander Belić, considerado en la lingüística soviética como el creador de la sintagmática. Pasó a formar parte del Círculo de Praga al poco tiempo de haberse fundado y le dio una impronta muy personal. En este ambiente se desenvolvió con toda felicidad, dada su coincidencia de ideas con las tesis del Círculo en lo que éstas tienen de esenciales, como el hecho de que el lenguaje incluya las dos manifestaciones de la personalidad humana, la intelectual y la emocional, la diferencia entre lenguaje hablado y escrito y el interés fundamental por la sincronía sin olvidar la diacronía, en la que se considera la historia de la lengua como evolución de todo el sistema. Su obligado traslado a Estados Unidos no supuso un corte en su actividad, sino que la enriqueció, enriqueciendo también la lingüística americana. Baste decir que Chomsky y Halle se cuentan entre sus discípulos y se pueden reproducir las conocidas palabras del segundo, para dar una idea de lo que representó para cuantos tuvimos la fortuna de seguir alguno de sus cursos o de contarnos entre las personas con quienes mantuvo una relación regular:

> Lo que atraía a los estudiantes hacia él no eran sólo sus conocimientos extraordinarios, su imaginación científica o su modo teatral de dar clase; era mucho más importante la relación personal próxima en la que incluía casi a cada uno de sus muchos alumnos, el interés genuino que se tomaba por sus esfuerzos académicos, sin tener en cuenta lo elementales que fueran y la ayuda y el ánimo que daba a quien llegaba a él. [*International Encyclopedia of the Social Sciences*, vol. 18 (Suplemento Biográfico), 339; N. York: 1979.]

La concepción lingüística que se define en la obra de Jakobson y que se concreta en puntualizaciones metodológicas que nunca escasean en ella supone una interacción de tradición e innovación en la ciencia del lenguaje. Este fenómeno no es nuevo, sino que aparece en otras etapas de la historia: así, la obra del Brocense, por citar un ejemplo grato a Jakobson, recoge elementos que remontan a la tradición retórica medieval.

Los dos polos entre los cuales oscila cada lengua son la elipticidad y la explicitud. Entre ambos, como entre dos antinomias, lo fundamental es encontrar un método que no sólo los aclare, sino que logre una síntesis dialéctica entre los dos. Este método es el estructural, en sentido amplio. Es también relevante que no crea en la separación entre sincronía y diacronía, así como su negativa a admitir un formalismo total, imposible porque la lengua empieza a partir de una sustancia sonora y en el lenguaje no hay rasgos que no sean pertinentes. En cuanto a la significación, como postura de actualidad, su actitud es también neta. La significación pide dos aproximaciones: valor intrínseco y significación conceptual. La referencia, en cuanto significación conceptual, es un problema propio de los lingüistas.

5.2.2. Funcionalismo, articulaciones y estructuración lexemática

La obra de André Martinet ha pasado a ser en España paradigmática del funcionalismo, por su gran influencia. Para este lingüista, en el lenguaje luchan dos tendencias, la comunicabilidad y el mínimo esfuerzo. El lenguaje cambia; pero los cambios fonéticos no ocurren sin razón, siempre están condicionados. En la base estructural del cambio está el llamado campo de dispersión del fonema, que éste cubre con sus realizaciones posibles: entre los campos hay márgenes de seguridad que, al estrecharse, permiten contactos y trasvases de campo a campo, lo que provoca la evolución coordinada de todo el sistema, puesto que no hay cambio aislado. Junto a la importancia de las tesis de Martinet relativas a la diacronía destaca su concepción de la doble articulación del lenguaje, fundamental como método de análisis del enunciado y relacionada con un concepto praguense del signo lingüístico, en el que no se oponen simétricamente el significante y el significado, como en Saussure o Hjelmslev, sino que hay una oposición asimétrica entre significante, por una parte y significante-significado por otra. (Martinet: 1965 pár. 1-8):

> La primera articulación del lenguaje es aquella con arreglo a la cual todo hecho de experiencia que se vaya a transmitir, toda

necesidad que se desee hacer conocer a otra persona, se analiza en una sucesión de unidades, dotadas cada una de una forma vocal y de un sentido... La primera articulación es la manera según la cual se dispone la experiencia común a todos los miembros de una comunidad lingüística determinada... Cada una de estas unidades de la primera articulación presenta, ..., un sentido y una forma vocal (o fónica). Pero no puede ser analizada en unidades sucesivas más pequeñas dotadas de sentido. El conjunto *cabeza* quiere decir «cabeza» y no podemos atribuir a *ca-* a *-be-* ni a *-za*, sentidos distintos cuya suma sea equivalente a *cabeza*. Pero la forma vocal es también analizable en una sucesión de unidades, cada una de las cuales contribuye a distinguir *cabeza* de otras unidades como *cabete*, *majeza* o *careza*. A esto es a lo que se designará como segunda articulación del lenguaje.

Más adelante, al precisar las unidades lingüísticas de base, establece la definición de *monema,* como signo mínimo, es decir, unidad de la primera articulación, con su significado y su significante, que no puede ser analizada en signos menores sucesivos, es decir, en signos también con su significado y su significante. *Cabeza* es un monema, porque es el mínimo signo en el que el significante /cabeza/ y el contenido «cabeza» están unidos. La inspiración en el término americano *morfema* parece evidente, y la propuesta terminológica un intento de evitar la relación aparente de *morfema* con *forma,* al mismo tiempo que de insistir en el carácter unitario, *monos* de la vinculación de significante y contenido o significado en estos signos mínimos. El término *morfema* se especializa para los monemas cuyo lugar está en la gramática, mientras que son *lexemas* los monemas cuyo lugar no está en ésta, sino en el léxico. Tanto el lexema como el morfema combinan significante y contenido: como ejemplo podemos poner *como,* de *comer,* cuyo lexema es *com-* y el morfema *-o.*

En lo que corresponde al análisis sintagmático, el funcionalismo es una versión de un modelo gramatical al que prestaremos atención, la llamada gramática de constituyentes.

Las tesis funcionales han tenido repercusiones señaladas en nuestro campo de estudio, además de conservar una larga vigencia. En la llamada «semántica estructural» destacan nombres como Baldinger, Heger o Coseriu. Uno de los aspectos en los que vale la pena detenerse es el que concierne a una parte de la semántica estructural que recibe el nombre de *Lexemática,* desarrollada por este último. Pero antes de detenernos en ella conviene incluir unas referencias a un pensador francés con claras notas de originalidad e independencia, Gustave Guillaume.

Se diferencia este lingüista de la corriente dominante en la base psicológica de su teoría. Además del influjo que haya podido ejercer en la lingüística de expresión francesa, ha influido especialmente en el estudio del artículo y el verbo y en la consideración general del movimiento entre lo universal y lo particular y su expresión lingüística. Roch Valin, en el prólogo a Guillaume (1969, 12), señala que el descubrimiento más importante, dentro de esta teoría, es el de la *cronogénesis*, es decir, en qué momento temporal se sitúa una acción. A partir de ello se presentan dos distinciones necesarias, la de *actual* frente a *virtual* y la de lo *presupuesto* frente a lo *planteado* recientemente, oposiciones que llegan a la cumbre del sistema conceptual de Guillaume en la pareja *inmanencia / transcendencia;* la primera supone la consecución del ser, mientras que en la segunda el ser no ha sido adquirido todavía. En el caso del tiempo, el inmanente es el que ya ha alcanzado el ser y se va, el transcendente, en cambio, es el tiempo que viene. Todo lo que ha alcanzado el ser reside en éste y con él huye. Existir es huir (1969, 49, nota 11).

Los conceptos fundamentales de *inmanencia* y *transcendencia* proceden de Antoine Meillet, una figura fundamental en la transición entre el siglo XIX y el XX, a quien Guillaume debe mucho. Esta idea, así como su concepción de la lengua como sistema, sirven a Guillaume para defender su tesis del plurisistematismo lingüístico: la lengua es un sistema de dos niveles, que se representa como una serie de círculos concéntricos que, desde la periferia de continente universal, sin contenido sustancial, se van acercando al centro, lo que supone la sistematización cada vez más compleja y específica. La lengua, para él, es un sistema de sistemas en el que juegan la inmanencia del que ha logrado su ser y se va y la transcendencia del que llega, hasta hacer que la lengua pueda ser considerada sólo como un sistema iterativo, terminado en la periferia, inacabado en el centro, lo que provoca el movimiento contradictorio de la inmanencia y la transcendencia (Guillaume: 1969, 220-240).

El nombre de un lingüista francés, hispanista, en el que el pensamiento de Guillaume tuvo notable influjo, Bernard Pottier, puede unirse a los de Baldinger, Heger y Coseriu, para regresar a los problemas de la semántica funcional.

En el signo lingüístico se combinan un significante y un significado. Este último, en el plano del contenido, puede analizarse, por abstracción, en sus diferentes «significaciones», a las que llaman *sememas,* los cuales, a su vez, se componen de *semas,* rasgos mínimos distintivos correspondientes a distintas clases conceptuales. El estudio del significado puede ser *semasiológico,* cuando el recorrido metodológico va del semema al sema, u *onomasiológico,* si va del sema al semema. Dentro de esta denominación común caben bastantes diferencias, especialmente de matiz. Coseriu, p.ej., niega la posibilidad de estudio estructural de la terminología científica, que no pertenece a la lengua, sino a la metalengua.

Las relaciones de «significación» son las relaciones entre los significados de los signos lingüísticos; las relaciones de «designación» son las relaciones entre los signos lingüísticos y los «objetos» (la «realidad» a la que se refieren y a la que «representan» en el discurso).

En principio, sólo las relaciones de significación son estructurables, las relaciones de designación no lo son. La designación concreta (de un objeto determinado) es un hecho de «discurso», mientras que la significación es un hecho de «lengua» (técnica del discurso). Por lo mismo las relaciones de significación son constantes (desde el punto de vista sincrónico), mientras que las relaciones de designación concreta son inconstantes (variables). Además la designación puede ser metafórica, mientras que la significación no lo es, desde el punto de vista sincrónico y distintivo (puede ser metafórica desde el punto de vista etimológico, y por consiguiente, en sentido «asociativo», si la etimología, verdadera o falsa, está presente en la conciencia de los sujetos hablantes).

El análisis de la estructura lexemática, o estructura de las relaciones de una lengua, puede desarrollarse sobre dos estructuras, la paradigmática y la sintagmática. La primera es la de las unidades que se sustituyen en el eje de las simultaneidades, la segunda la de las que se combinan en el eje de las sucesiones. Las estructuras paradigmáticas pueden ser *primarias* o *secundarias*. Las primarias no necesitan otros términos para su definición, mientras que las secundarias sí: *azulenco* es un ejemplo de estructura secundaria, que presupone la primaria *azul*.

En 1967-68 Coseriu hizo su propuesta definitiva de estructuras lexemáticas (Coseriu: 1977b):

Estructuras paradigmáticas (opositivas)		Estructuras sintagmáticas (combinatorias) o SOLIDARIDADES
Primarias	Secundarias	
Campo léxico Clase léxica	Modificación Desarrollo Composición	Afinidad Selección Implicación

Las estructuras primarias son dos, *campo* y *clase*. El campo es el paradigma léxico por excelencia, dependiente de un hecho conocido, a saber, que hay unidades de lengua que se oponen unas a otras por diferencias semánticas mínimas; estas unidades dividen una zona *continua* de sustancia semántica (podemos considerar la continuidad definida por significados contiguos) en zonas más pequeñas. El valor de un campo es el *archilexema,* cuya actualización, es decir, su existencia como una forma léxica concreta, no es necesaria: así, a los lexemas «frío, caliente, tibio» corresponde el archilexema «poseedor de una temperatura cualquiera», que no se actualiza o realiza en una forma léxica precisa. La *clase,* en cambio, es una unidad de lengua determinada por un rasgo distintivo que funciona en una serie completa de campos, dentro de una categoría verbal, o clase de palabras, o parte de la oración, p.ej. el sustantivo. La unidad de clase es el *clasema.* En cuanto a las clases podemos preguntarnos si lo son de la realidad o de los lexemas. En este segundo caso pertenecerían a un nivel metalingüístico en vez de al lingüístico. En favor de esta segunda interpretación está el que los rasgos que distinguen las clases y sus elementos no son rasgos léxicos, sino gramaticales. Sin embargo, Coseriu advierte reiteradamente en su obra de la necesidad de diferenciar claramente las propiedades de los objetos de las características lingüísticas de las designaciones de los objetos.

Esta propuesta, en síntesis, puede situarse en el contexto general de estudios sobre la formación de palabras en los términos resumidos en el cuadro siguiente:

	¿Implica función predicativa específica del término primario?	*Corresponde a (tradicional)*
Modificación	NO	Apreciativos (cas / -ita) Derivación (ver / prever) y composición verbal
Desarrollo	SÍ	Sustantivación: el rojo y cambio de categoría gramatical. Derivación: partir / partida nación / nacional
Composición:		
Genérica		Derivación: limón / -ero
Específica		Composición no verbal: correveidile
Genérica+específica		Composición: pisapapeles
Específica+genérica		Parasíntesis: pordiosero

Las estructuras sintagmáticas o solidaridades son combinatorias. El criterio para la diferenciación de los distintos tipos de solidaridades sólo puede ser el modo como los lexemas de un paradigma están determinados, en su contenido, por las unidades de otros paradigmas. Son lexemas determinantes aquellos cuyos contenidos (en su totalidad o en su base archilexemática o clasemática) están implicados como rasgos distintivos en otros, llamados determinados.

Términos:

Determinante   +   Determinado
                     implica como rasgo distintivo
                     complementario:
                     a) la aplicabilidad a la clase o al
                        campo del término
                        determinante;
                     b) a este mismo término
                        determinante como tal.

Son *unilaterales* cuando no hay oposición exclusiva por ese rasgo distintivo solidario: determinación interna (mismo plano que los demás rasgos), p. ej. MORDER / «diente». Funcionan sólo sintagmáticamente.

Son *multilaterales* cuando se da oposición exclusivamente por ese rasgo distintivo solidario (implicado como rasgo complementario). Determinación externa: ALAZÁN, fr. ALEZAN, it. BAIO, rum. ROIB, «rojo, dicho de los caballos». (equivalen sin ese rasgos distintivo solidario a ROJO, ROUGE, ROSSO, ROSU.) Los sintagmas que corresponden a estas solidaridades constituyen paradigmas (si en un sintagma de este tipo se sustituye un lexema hay que sustituir también el otro):

PERRO   LADRAR
CABALLO   RELINCHAR
PALOMA   ARRULLAR
RANA   CROAR

En la *afinidad* el clasema del término determinante funciona como rasgo distintivo complementario en el determinado. Implica «únicamente para la clase de ..». Hay afinidad entre MILES y SENEX porque MILES tiene el clasema «persona», que funciona como sema distintivo en SENEX (frente a *uetus*). El clasema «mujer» es sema distintivo en NUBO «casarse», para «hombre» se dice UXOREM DUCERE.

En la *selección* es el archilexema del término determinante el que funciona como rasgo distintivo del término determinado: al. *Schiff, Zug, Auto* pertenecen al archilexema VEHÍCULO y *fahren* significa «desplazarse en un vehículo». La selección en hol. *varen* se realiza en un nivel inferior y supone un vehículo flotante (*varen* significa «desplazarse sobre el agua»).

En la *implicación* es todo el lexema determinante el que funciona como rasgo distintivo complementario en el lexema determinado: hol. *fietsen* «desplazarse en bicicleta», en it. «cavallo» «baio» el lexema «cavallo» funciona como rasgo distintivo en «baio», que sólo se dice de los caballos. Esp. «mueble» «perchero»; «perchero» sólo se dice de los muebles. Todo un lexema determinante funciona como determinación del contenido de un lexema determinado.

Puesto que el término determinado de una solidaridad implica ya en su contenido una parte del lexema determinante (o bien todo ese lexema determinante), tal término puede emplearse por sí solo, precisamente con esta implicación. En latín *senex* puede significar por sí solo «persona anciana», al. *ich bin gefahren* implica un vehículo, esp. *un alazán* implica un caballo.

5.2.3. Hacia el Círculo de Copenhague, Jespersen

Estos planteamientos suponen ya una evolución del estructuralismo en la cual se concretan dos postulados que se desprenden del *Curso:* que la lengua es forma, no sustancia, y que la lengua es una estructura superior a los individuos y no la suma de las hablas de éstos. Esta aportación es característica del *Círculo de Copenhague,* en cuyo principal exponente, L. Hjelmslev, se registra también el influjo de un gramático danés de singular personalidad, Otto Jespersen, al que habremos de referirnos primero, para plantearnos el problema de las funciones sintácticas.

Jespersen (1924), al tratar de cómo las palabras caen «naturalmente» dentro de clases, señala lo poco feliz que resulta el término *parts of speech,* «partes del discurso». Esta clasificación —dice— es poco clara y dudosa en varios ejemplos, cita, a propósito, la de sustantivo, adjetivo, verbo, pronombre (donde incluye los adverbios pronominales y los numerales) y las partículas (donde incluye los otros adverbios, las preposiciones, las conjunciones coordinantes y subordinantes.)

Para saber a qué clase pertenece una palabra no basta con considerar su forma aislada, es necesario estudiar su comportamiento en un grupo. Las palabras, en grupo, se combinan y se escalonan en tres *rangos: primario, secundario* y *terciario.* El término primario es nuclear, su modificador es secundario y el de éste terciario; pero siempre en un grupo de palabras, funcionalmente. En los ejemplos, los números bajo las unidades léxicas indican su rango en ese grupo:

espera desesperantemente larga
1   3   2

la espera se alarga desesperantemente
1 2   3

Un término de rango secundario se agrupa con un primario de dos modos: en la *junción* o en el *nexo (nexus)*. La *junción* es una unión tan cerrada que puede entenderse como una palabra:

una persona chalada: un loco
una persona altísima: un gigante

En el *nexo* se añade algo nuevo a la concepción contenida en el primario: dinamicidad, frente al estatismo característico de la junción.

el perro ladra | perro ladrador
nexo   junción

El nexo puede ser *independiente* o *dependiente:* cuando es dependiente forma parte de una *oración* y puede ser en ella, a su vez, primario, secundario o terciario; será así *primario en una oración, secundario en una oración,* o *terciario en una oración.*

El término secundario se llama *adjunto* en la junción y *adnexo* en el nexo: *ladrador* es adjunto en *perro ladrador, ladra* es adnexo en *el perro ladra.* El termino terciario se llama *subjunto* y *subnexo* en la junción y el nexo, respectivamente. Tanto en la junción como en el nexo el sustantivo es término primario. Existen, además, determinantes y partículas.

Dentro de la *oración,* dada la posible existencia de *nexos dependientes,* la situación de los tres rangos es más compleja, clasificándola el autor en cinco grupos.

En el *primero* el nexo dependiente se constituye por la simple colocación de un primario y un secundario:

encontré	la caja	vacía
	1	2

nexo dependiente, secundario
en la oración de *encontré.*

El ejemplo anterior corresponde a *encontré la caja, la caja estaba vacía* (donde *vacía* es un *adnexo*) y a *encontré la caja que estaba vacía* (donde es un *adjunto*.)

Un *segundo* caso es el del llamado *nexo-sustantivo;* en esta construcción hay un sustantivo como centro de un nexo dependiente. Se trata, por tanto, de que una base léxica verbal se nominaliza, expresando esa condición nominal bien por medio de un lexema sustantivo, como en «*la sabiduría del doctor* lo salvó», o por un lexema verbal, en «{*la llegada, el saber*} *del doctor* lo salvó». En estas construcciones se trata de *adnexos*, equivalentes a las formas personales correspondientes de {*ser sabio, llegar, saber*}.

Un tipo mucho más característico del inglés es el *tercero*, con expresión por medio de la forma del gerundio, en *-ing.* Para el tipo inglés *his comings and goings* tenemos que pensar en español en construcciones participiales, como *sus idas y venidas*, o en infinitivos, como *su ir y venir*, que no son estrictamente equivalentes: la nominalización de *ida y venida* es mayor que la de la forma inglesa, mientras que la de las formas de infinitivo, que no admiten plural, en este caso, es menor.

La construcción de infinitivo, por su parte, constituye precisamente el *cuarto tipo*, donde resulta sencillo traducir mediante el infinitivo el correspondiente ejemplo inglés, *errar es humano; perdonar, divino* (Pope).

En *quinto* lugar, finalmente, tenemos la construcción en la que el nexo dependiente puede tener forma de proposición o suboración, con funciones de término primario, secundario o terciario:

Como término primario en ejemplos del tipo «*que está dormido* es verdad», «lo peor es *que no responde,*» «quiso saber *si estaba bien*».

Como término secundario, además de los ejemplos del tipo «encontré al barquero {*que me pasó la ría* /, *que me pasó la ría*)», coloca ejemplos como «*quien lo dice* es un mentiroso», donde es discutible si se trata de un término primario o uno secundario.

En función de término terciario, simple o combinado con otros términos en la oración, tenemos ejemplos del tipo «*donde vayas* iré», «gasta su dinero *como quiere*» o «*cuando venga* [terciario] dile *que espere* [primario]». Este tipo corresponde a la expresión de valores de contenido, como causa, fin, resultado, condición, restricción, consecución, indiferencia, paralelismo.

Este tratamiento permite deducir que, para Jespersen, el término *oración* está situado en un grado de la escala jerárquica superior a la cláusula, aunque no queden clara ni la presencia ni, sobre todo, el valor de este segundo término. Por otra parte, no hay duda de que lo que importa en una palabra, desde su planteamiento, no es la *clase* a la que se adscriba, es decir, qué parte de la oración sea, sino la *función* que desempeñe, sea en el contexto mínimo (junción o nexo), bien en el más amplio (oración).

5.2.4. El Círculo de Copenhague, el esquema

El Círculo de Copenhague, constituido a fines de los años treinta, configura unos rasgos que caracterizan a la escuela danesa en una línea en la cual el sistema se convierte en el *esquema,* a partir de una hipótesis doble que ya aparece en el libro de Luis Hjelmslev anterior al desarrollo del Círculo y de su doctrina lingüística peculiar, la *glosemática* (Hjelmslev: 1928/1976, 220-221):

> 1) Cada lengua que se encuentra en un lugar dado, en un ambiente dado y en una época dada, constituye un estado idiosincrónico que se presenta como un conjunto de hechos psíquicos. Los diferentes estados así constituidos aportan *los sistemas concretos de categorías.* 2) Mediante la confrontación de todos los estados sincrónicos existentes o conocidos se puede establecer un estado pancrónico, *un sistema abstracto de categorías,* que nos dará los materiales de una descripción psicológica y lógica general y común y que puede ser proyectada a la inversa sobre todos los estados idiosincrónicos.

Este desarrollo se toma como punto de partida en la etapa siguiente, donde se pueden leer cosas como (Hjelmslev: 1934/1976, 18). «Es evidente, a todas luces, que cada idioma, en cualquier tiempo, consiste en un estado, un todo organizado, que está sometido a las leyes de la gramática. Y estas leyes son inviolables. El fundamento de la lengua es un esquema fijo, al que hay que ajustarse y someterse si se quiere ser comprendido en este idioma».

Las ideas lingüísticas de Luis Hjelmslev han tenido una especial repercusión en el mundo hispánico. Factor decisivo para ello ha sido la obra de Emilio Alarcos, cuya *Gramática Estructural* significó la introducción en España de estas ideas, del mismo modo que su *Fonología Española* introdujo la metodología de Praga, adaptada y aplicada al español, o sus *Estudios de Gramática Funcional del Español* supusieron una de las cimas del funcionalismo en la línea de André Martinet.

Dentro de la concepción del Círculo, el punto de partida está en un principio derivado del *Curso:* la consideración inmanente de la lengua, lo que supone el estudio de la lengua en sí misma. En palabras de Emilio Alarcos (1951, 15), la gramática estructural, en sentido estricto, es una «disciplina sincrónica que trata de explicar el funcionamiento y la estructura de los sistemas lingüísticos».

Siguiendo el carácter de conjunto binario del signo lingüístico, cuyos elementos se llaman {expresión, contenido}, el estudio estructural se realiza en un doble plano, el *plano de la expresión* y el *plano del contenido*. En ambos planos hay que distinguir entre la *forma* y la *sustancia*. Los elementos de la expresión que se asocian a algún contenido son conformados por la forma de la expresión, mientras que ciertos elementos del contenido se hacen comunicables gracias a ser conformados por la forma del contenido. La asociación de la forma de la expresión y la forma del contenido constituye «una forma entre dos sustancias», es decir, una lengua, en la definición de Hjelmslev.

La Glosemática, estudio de la lengua entendida como sistema, es estructural y funcional. Por función se entienden las dependencias que se establecen entre una clase y un elemento de esa clase o entre los elementos entre sí. Clase y elemento, en cuanto términos de una función, son *funtivos*. Un funtivo que no es, a su vez, función, es una *magnitud*. Así, hay función entre el acusativo y el ablativo, luego se trata de dos funtivos de una función, a la que llamamos «caso;» pero el ablativo solo, o el acusativo solo, no son funciones, puesto que son funtivos y no son a su vez funciones, son magnitudes.

El sistema lingüístico se ofrece como un paradigma con dos planos, el de la expresión y el del contenido. El plano del contenido, plano lleno, es el plano *pleremático*, sus unidades son los *plerematemas*, divididos en dos especies, constituyentes y exponentes. El plano de la expresión es el plano vacío, *cenemático*, sus unidades son los *cenematemas*, igualmente divididos en constituyentes y exponentes.

Plano pleremático:

Los exponentes o *morfemas* se dividen en *extensos*, que, por lo general, caracterizan una frase, e *intensos*, que caracterizan una unidad menor que la frase. Podríamos decir, aproximadamente, que los morfemas intensos corresponden a los nominales (caso, género) y los extensos a los verbales (aspecto, persona, etc.). En cuanto a los constituyentes o *pleremas*, pueden ser *centrales* o *marginales*. Los centrales tendrían el contenido léxico que tradicionalmente se adscribe a las raíces, mientras que los marginales corresponderían a los elementos de derivación.

Plano cenemático:

Los exponentes o *prosodemas* pueden ser *extensos* (*prosodemas* de la entonación o modulación, también llamados *sintonemas)* e *intensos* (los varios tipos de acento). Los constituyentes o *cenemas* pueden ser *centrales* (o sea, silábicos, los cenemas vocálicos, fonemas con capacidad de núcleo de sílaba) y *marginales,* consonánticos.

La superposición terminológica que acabamos de realizar no es, por supuesto, exacta: no se trata de dar nombres nuevos a los viejos conceptos, sino de replantear el estudio de las unidades desde una nueva perspectiva en la que, si bien la Cenemática coincide con la Fonología, la Pleremática es «el estudio del plano del contenido, el estudio de la *forma* del contenido de la lengua». A la Pleremática corresponde hacer la descripción de las magnitudes y funciones que, por el análisis, se descubren en el plano pleremático. Ambos planos son paralelos: todo fenómeno cenemático se corresponde con un fenómeno pleremático y viceversa.

Ha sido corriente hablar de este tipo de gramática estructural como paradigmática, frente a la funcional, sintagmática. Se trata, es obvio, de una simplificación, aunque explicable en la base de la teoría. En efecto, para esta gramática, el sistema, el paradigma, es algo previo al sintagma, al decurso. Decurso y sistema están interrelacionados: «el decurso determina al sistema, o sea, el sistema es una constante que hace de premisa del decurso» (Alarcos: 1951, 34).

5.2.5. Delimitación e identificación sistémicas

Junto a esta línea de estudio que podríamos llamar «europea continental» hemos de situar una escuela «insular británica», a la que su fundador quiso llamar *atlántica* y que hoy se conoce como *firthiana, neofirthiana* o, en su versión posterior, *teoría sistémica.* En un principio, en J.R. Firth, el punto de partida está en la consideración especial de la Fonética. Aunque la Gramática se divida en Fonética, Morfología, Sintaxis, Léxico y, tal vez, Semántica, la Fonética se entrelaza con estas ciencias gramaticales hasta tal punto que se llega a afirmar la imposibilidad de todo estudio sintáctico que no lleve aparejado el de la entonación, por dar un ejemplo (Firth: 1957, 5-6).

La finalidad del investigador, dentro de esta escuela, es, inicialmente, delimitar e identificar las unidades; para ello utiliza dos métodos, la sustitución y el sentimiento de las unidades del hablante nativo. Combina así un método estructural con la intuición, si bien no debemos interpretar la segunda como un criterio asistemático o espontáneo, sino como introspección. Siempre que se pueda determinar funcionalmente un objeto de estudio, es aceptable. El estudio del significado, en consecuencia, se incluye en la medida en que es funcional. Es fundamental, por ello, el concepto de *función,* unido al de *forma,* cada función se define por el uso de una forma lingüística en relación con un contexto. El significado, por su parte, es un conjunto de relaciones contextuales; se ofrece como un conjunto total de funciones de una forma.

La lingüística firthiana es una lingüística contextual; pero además es una lingüística integradora: no puede haber semántica sin morfología, ni morfología sin fonética (Firth: 1957, 23), y ya hemos visto cómo la fonética se va agregando al estudio de las distintas partes de la gramática. Insistiendo en la noción de contexto, que se considera núcleo epistemológico de esta escuela, es posible hacer una caracterización somera, pero suficiente, de sus rasgos principales, tras señalar que el *contexto situacional* se define como el resultado de relacionar una serie de categorías que mencionamos a continuación:

a) Rasgos relevantes de los participantes (tanto acción no verbal como verbal).

b) Objetos relevantes.

c) El efecto de la acción verbal.

La lingüística firthiana se inicia así con un criterio formal, no nocional, basado en la distinción de Morfología, Sintaxis y Léxico. Sobre estas tres partes se superpone el tejido fonético. Este criterio inicial y fundamental se va completando con otras precisiones, como el interés por las condiciones sociales de uso de una lengua, que se mantendrá en las versiones posteriores de la escuela, ya sistémica, en los escritos de Halliday. La selección, especialización y aprendizaje, así como los delicados aspectos de la coexistencia lingüística son de interés para la teoría. En cuanto al método, no es saussureana, como consecuencia de su negación de las dicotomías como cuerpo y alma, lenguaje y pensamiento, significante y significado.

En la versión neofirthiana que se configura como *teoría sistémica,* M.A.K. Halliday continúa dando especial importancia a la Fonética, hasta el punto de contraponerla a las otras partes de la gramática, que vendrían a constituir la lingüística, concebida como organización. El lenguaje se estructura en tres niveles: *situación, forma* y *sustancia,* relacionados por el *contexto* y la *fonología.* Lo propiamente lingüístico es la *forma,* que se define como relación de los dos niveles no lingüísticos, el situacional y el sustancial. Forma y situación están relacionadas por el contexto, forma y sustancia lo están por la fonología. Considerando ahora de nuevo la distinción inicial entre fonética y lingüística observamos que a la fonética corresponde la sustancia y a la lingüística la forma.

Esta teoría lingüística recibe también el nombre de *teoría de escalas y categorías,* porque éstos son los dos aspectos que la constituyen. Las *escalas* relacionan los datos del enunciado con las *categorías.* La escala de jerarquías de relaciones constantes y graduales, es decir, la escala que ordena una taxonomía, constituye el primer tipo de los tres posibles y recibe el nombre de *grado*. La que expone qué datos concretos corresponden a una categoría, que es abstracta, se llama *exponencia*, por ejemplo cuál es la realización concreta de una oración, para lo que debe señalar los exponentes que pueden configurarla, los cuales, a su vez, habrán de ser elementos léxicos concretos pertenecientes a las clases *grupo nominal* y *grupo verbal*, como «el perro», «el niño», «come», «juega» etcétera. La tercera escala es la de *delicadeza* o *matiz*, y por ella se expresan las diferencias de detalle por medio de las cuales distinguimos, por ejemplo, diversas clases de complementos, al aplicar la escala de matiz a la categoría que llamamos *estructura*. Se trata, anticipamos, de una gramática de constituyentes.

En las *categorías* tenemos cuatro tipos: la oración, construcción o constructo, sintagma o frase. Palabra y morfema corresponden a las *unidades*. La *estructura* o *combinación* podría ser el orden o, mejor, el orden tipológico, mientras que la *clase* o *grupo* se define por la capacidad que tiene el conjunto de los miembros de una unidad para operar en la unidad superior. La oración, que no opera en ninguna unidad superior, no es una clase, el grupo nominal, que opera en la oración, su unidad superior, sí lo es. La condición de gramática de constituyentes se aprecia claramente en la distinción entre clases *primarias* y *secundarias*, por la aplicación de la escala de delicadeza, que supone simplemente la capacidad de dividir unos constituyentes en niveles jerárquicamente superiores o inferiores, más o menos abstractos, según su operación en distintas clases. En la estructura primaria se diferencia un Modificador de un Núcleo; pero si se presentan varios modificadores éstos pueden distinguirse, en la estructura secundaria, como epítetos o determinantes. El *sistema*, por último, es una categoría electiva dentro de una clase: en la clase «grupo verbal», por ejemplo, intervienen los sistemas de voz, tiempo, aspecto.

La gramática, que trabaja con «sistema cerrado», se distingue del léxico, que no lo hace así. Aunque todo sistema es cerrado y el léxico, si lo consideramos en un momento determinado de la sincronía, también lo es; sin embargo, la nota diferenciadora es la facilidad que ofrece el léxico para ampliar el número de elementos que están contenidos en él, mucho mayor que la correspondiente de la gramática.

La teoría sistémica mantiene una relación conceptual constante con planteamientos lingüísticos como el de las *funciones del lenguaje*, a partir del postulado que exige el estudio funcional y el pragmático, o de uso, conjuntamente. Este planteamiento lleva a la preocupación por el discurso, en la función textual, en donde se diferencian lo nuevo de lo conocido, o dado y el tema, que el hablante determina, no el contexto, del rema, que no puede ser elegido, al imponerse contextualmente.

5.3. Constituyentes inmediatos y gramáticas de constituyentes

Aunque ya hemos visto que varios de los modelos europeos corresponden a lo que se llama «modelo de constituyentes», se reserva tradicionalmente este término para referirse al estructuralismo norteamericano, más bien como una etiqueta cómoda que como una especificación.

Muchas veces se ha dicho, y siempre conviene repetirlo, que la lingüística americana fue inicialmente descriptiva y nació como respuesta a la necesidad inmediata y práctica de estudiar las lenguas de los amerindios, nombre con el que se designan los indígenas norteamericanos (Hall: 1951-2; Carroll: 1953; Joos: 1957; Hamp: 1957). Por ello aparece, desde sus cimientos, ligada a la etnología y en su raíz hallamos el prestigioso nombre de un etnólogo, Franz Boas (Hymes: 1964).

Los datos lingüísticos para cuya descripción se fueron elaborando las teorías que culminaron en Sapir, Bloomfield y sus seguidores fueron datos procedentes de textos orales de lenguas muy diversas de las indoeuropeas; este último tipo de lenguas había proporcionado, en cambio, los textos escritos de cuya descripción por comparatistas, neogramáticos y sucesores fue naciendo la lingüística de Europa. Mientras esta última obtenía unidades de unas gramáticas elaboradas antes (incluso muy elaboradas y mucho antes, como la del gramático de la lengua sánscrita o antiguo indio, Panini), los americanos obtenían sus unidades de las locuciones de individuos entrevistados y establecían, en los primeros capítulos de sus estudios, los métodos científicos de obtención de las unidades lingüísticas. Este sistema era de tipo inductivo y duraría, aproximadamente, hasta los años cincuenta.

Franz Boas, a quien se considera el gran patriarca de esta escuela, que tomó a su cargo el *Handbook of American Indian Languages* y editó la revista *International Journal of American Linguistics,* estableció el postulado metodológico diciendo que la descripción de una lengua no debe hacerse a partir de las categorías de otra, sino que hay que inducir las categorías del texto. El *corpus* sobre el que se trabaja es uno de los conceptos básicos de esta corriente. Con ello se vedaba a la lingüística americana la aplicación de las categorías clásicas y se originaba la busca de otras nuevas, adecuadas a estas lenguas, que eran de tipología muy distinta de las conocidas. Con Boas se introdujo también

entre los estudiosos la idea de que la cultura tiene una función específica en la configuración del lenguaje de cada pueblo.

Tras Franz Boas la lingüística norteamericana cuenta con dos nombres de indiscutible influencia: Sapir y Bloomfield. Las ideas lingüísticas
del primero tienen un gusto a eclecticismo, entre texto y locución,
gramática descriptiva y tradicional, empirismo y racionalismo, que
permite que su lozanía se conserve durante mucho tiempo. Él mismo
ejemplifica, con su renuncia a la fidelidad «perruna» (son sus palabras)
a los absolutos de la ciencia del pasado, cómo se puede encontrar un
nuevo camino que no suponga una opresión para el espíritu (Jakobson:
1970/74, 13). Su obra fundamental, *El Lenguaje,* de 1921, se diferencia
de la homónima y algo posterior de Leonard Bloomfield por su carácter
más abierto, insistimos, por su menor sujeción a unos postulados metodológicos previos y el vario número de vías que deja abiertas para el
investigador que se interna en la áspera selva del lenguaje, desde la
tipología a la etnografía. Por ello no le interesa mostrar especialmente
los aspectos más tecnificados de su estudio, sino, entre otras cosas,
«cuáles son sus relaciones con otros intereses humanos primordiales: el
problema del pensamiento, la naturaleza de la evolución histórica, la
raza, la cultura, el arte» (1921/1954, 7). Por ello fue relegado a un
segundo plano, tras Bloomfield, más adelante, porque se prefirió la
metodología estricta a la preocupación por lo general, que recibió el
epíteto de «mentalista», lo cual resulta paradójicamente explícito: que
«mentalista» se pueda usar como adjetivo denigratorio indica una actitud hacia la mente que no es muy aconsejable compartir.

Sapir es, por un lado, un tipólogo, un heredero de la corriente
comparatista, y por otro un pre-estructuralista, para quien la lengua es
un proceso mental, manifestado externamente por el sonido. La importancia de la Fonética en la escuela norteamericana, como en la inglesa,
es notable. En este campo nuestro autor distingue tres niveles: *sistema
ideal de sonidos* (que se puede considerar un paralelo rudimentario de
lo que sería la fonemática, a partir de las tesis praguenses); *estructura
conceptual,* intento de ordenación del contenido, todavía con importancia de la sustancia, es decir, muy «semantizado;» el tercer nivel es la
forma, entendida como manifestación de la función: hay unidades formales, que son las palabras, y funcionales, que son las oraciones y los
elementos funcionales y gramaticales. El lenguaje es, sobre todo, forma
(1921/54, 21-22):

> Lo único constante que hay en el lenguaje es su forma externa;
> su significado interior, su valor o intensidad psíquicos varían en
> gran medida de acuerdo con la atención o con el interés selectivo
> del espíritu, y asimismo —ocioso es decirlo—, de acuerdo con el

desarrollo general de la inteligencia. Desde el punto de vista del lenguaje, el pensamiento se puede definir como el más elevado de los contenidos latentes o potenciales del habla, el contenido a que podemos llegar cuando nos esforzamos por adscribir a cada uno de los elementos del caudal lingüístico su pleno y absoluto valor conceptual. De aquí se sigue inmediatamente que el lenguaje y el pensamiento, en sentido estricto, no son coexistentes. A lo sumo, el lenguaje puede ser sólo la faceta del pensamiento en el nivel más elevado, más generalizado, de la expresión simbólica. Para exponer nuestro punto de vista de manera algo distinta, el lenguaje es, por su origen, una función pre-racional. Se esfuerza humildemente por elevarse hasta el pensamiento que está latente en sus clasificaciones y en sus formas y que en algunas ocasiones puede distinguirse de ellas; pero no es, como suele afirmarse con tanta ingenuidad, el rótulo final que se coloca sobre el pensamiento ya elaborado.

Dado que los esquemas formales son limitados, la primera misión del lingüista es la clasificación, el inventario de esos esquemas en la lengua que estudia, a través de los datos extraídos del corpus. Por ello esta lingüística es fundamentalmente descriptiva, a lo que contribuye el hecho de considerar como esencial el aspecto cultural de la lengua.

El nombre de Sapir está directamente relacionado con la llamada *hipótesis Sapir-Whorf,* formulada realmente a partir de los trabajos de este segundo lingüista (1897-1941). No hay una formulación clara de esta hipótesis; pero se puede decir que lo fundamental en ella es que las distintas lenguas organizan de distinto modo la sustancia del contenido, según sus diversas visiones del mundo. En su forma extrema supone la negación de los universales y se ha pretendido encontrar coincidencias con los planteamientos humboldtianos. Ya sabemos, sin embargo, que en von Humboldt hay una especie de balanceo entre las tesis realistas moderadas y las extremas y que no se encuentra una definición unívoca del concepto fundamental de *forma lingüística interior.* Es preciso aclarar también que Sapir está ya muy lejos de las excrecencias románticas del «espíritu de los pueblos» o «el genio de la razón». Para él (independientemente de la admisión o no de una realidad exterior) el lenguaje no es el creador del mundo de los objetos, sino que junto al papel del lenguaje y el pensamiento hay que situar el de la sociedad y la cultura. Las sociedades distintas viven en mundos distintos y por ello no puede haber dos lenguas que representen la misma realidad social, lo que no tiene nada que ver, se dice explícitamente (1921/54, 246-7), con el «temperamento nacional», ni con la raza:

El lenguaje está íntimamente ligado con nuestros hábitos de pensamiento; en cierto sentido, ambas cosas no son sino una sola.

Como nada nos indica que existan profundas diferencias raciales en la conformación primordial del pensamiento, la inagotable riqueza de la forma lingüística, o sea la infinita variabilidad del verdadero proceso del pensamiento, no puede decirnos nada acerca de tales diferencias raciales profundas.

La postura extrema de Whorf, para quien la naturaleza se articula en los hablantes según líneas que les da su lengua materna, por un convenio implícito y tácito, pero de contenido *totalmente obligatorio,* es hoy una hipótesis que sólo se acepta parcialmente, con elementos limitadores, reduciéndola a la aceptación de la interdependencia del lenguaje y la concepción del mundo. Así planteada, es insuficiente y está en un plano metodológico al hilo del conductismo, que será marginado por la discusión posterior sobre éste y el innatismo, reflejada en la fundamentación teórica de la lingüística post-chomskiana.

Sapir, además de estudiar el lenguaje con un criterio amplio, es también uno de los precursores de las investigaciones interdisciplinarias. En su trabajo «The Status of Linguistics as a Science» insiste, más detalladamente que en el prefacio de *El Lenguaje,* en la relación, de interés mutuo, entre la Lingüística, la Antropología, la Historia de la Cultura, la Sociología, la Filosofía e, incluso, la Física y la Fisiología. Gracias a esta amplitud en la concepción de nuestra materia puede ser considerado como un precursor de los estudios sobre sistemas de comunicación, no sólo el humano por medio del lenguaje, sino también los gestos, e incluso la sistematización de los procedimientos comunicativos vistos a través de la unidad de comunicación que es, para él, el *símbolo.* Los puntos que abarca su libro *El Lenguaje* son un claro testimonio de su amplitud de miras, ya que se incluyen capítulos sobre aspectos sincrónicos, fónicos y gramaticales, problemas que hoy llamaríamos inmanentes, junto a otros de relación con el pensamiento y la conceptualización, tipología de las lenguas, aspectos diacrónicos del lenguaje, en su evolución, con la referencia a las leyes fonéticas ineludibles en su tiempo, y la relación entre lenguas en contacto, con el estudio paralelo de temas tan interesantes como la raza y la cultura o la relación entre la literatura y la lengua. Ésta, que es un sistema, es, al mismo tiempo, un hecho cultural.

El Lenguaje, de Leonard Bloomfield (1933/35), es, en cambio, un libro dominado por la mecánica del lenguaje, donde se relegan a un plano secundario los aspectos culturales y diacrónicos, si bien no se olvidan. Sería injusto, en efecto, acusar a Bloomfield de un excesivo formalismo, ya que, junto a una preocupación central de su obra por los aspectos inmanentes del lenguaje, por decirlo con términos de la lingüística saussureana, no faltan capítulos dedicados a más amplias perspectivas, como el dedicado al método comparativo, o al análisis de los testimonios escritos, la geografía lingüística, el cambio o los préstamos. Dos rasgos fundamentales aporta este libro a la lingüística americana: el utilitarismo y el conductismo. Utilitarismo por la preocupación de justificar el objeto de sus estudios, conductismo por su intento mecanicista (antimentalista) de explicar el funcionamiento del lenguaje en términos de sensación y reacción. Estos rasgos son más acentuados en los seguidores de Bloomfield que en este mismo, que colocó la lingüística entre las ciencias de la mente en sus obras juveniles, como insiste Jakobson (1970/74, 17). Bloomfield, por otra parte, afirmó también explícitamente que sería letal para la ciencia basarse tan sólo en una doctrina.

A partir de un concepto de Gramática que incluye Morfología y Sintaxis, establece como unidad básica el *morfema*. No parece haber en Bloomfield una distinción clara entre el concepto abstracto *morfema* y el de *morfo,* realización concreta, por ejemplo *-s*, morfo del morfema «plural» en español, distinción que se precisará en 1947, en la obra de Hockett. El morfema es en la lingüística americana una forma mínima con significado, indivisible por ello, que corresponde en general al *monema* de Martinet. Los morfemas en la lingüística americana pueden tener un contenido semántico: la unidad de significado que corresponde al morfema es el *semantema.* Las «formas mínimas» a las que nos referimos pueden ser de dos clases, *libres* y *ligadas.* Las formas ligadas no pueden aparecer nunca en un enunciado de la lengua corriente por sí mismas, sino unidas a otras, como *-o -as* y *cant-, busc-* en *canto, cantas, busco, buscas.* Las formas libres pueden aparecer por sí solas en un enunciado, constituyendo entonces una palabra, como *melón, sabor.*

En el plano fonemático la unidad es el *fonema.* Para Bloomfield la fonología está unida al significado, como en los primeros criterios praguenses, aunque aparece también el concepto de *rasgo,* que se impondrá más tarde a las consideraciones significativas. Por ello el fonema puede definirse (p. 79) como «una unidad mínima de rasgos fónicos distintivos».

El análisis del enunciado, tras la obra de Bloomfield, se convierte en un análisis de *constituyentes inmediatos.* Este análisis, cuya teoría fue desarrollada por Rulon S. Wells (en un artículo en *Language* 23, 1947, 81-117), dictamina si una unidad está constituida por otras menores, que serían sus constituyentes. Los que se encuentran en un nivel más abstracto, es decir, los que configuran inmediatamente la unidad superior, son los constituyentes inmediatos de esa unidad. Así, en la oración, los constituyentes inmediatos son la frase nominal y la frase verbal (o sintagma nominal y sintagma verbal), porque son las estructuras que corresponden a los nudos etiquetados inmediatamente debajo del nudo superior, que es de la oración:

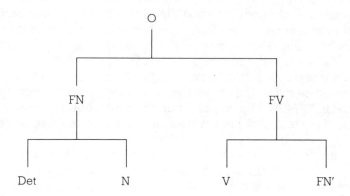

Así, aunque O, arriba, tiene como constituyentes a {FN, FV, Det, N, V, FN'}, sólo {FN, FV} son los constituyentes inmediatos, porque son los únicos que están situados en el nivel de abstracción inmediatamente inferior a O.

El análisis de constituyentes muestra la estructura de las lenguas y tiene aplicación tipológica, según el tipo de unidades que aparecen. Es posible distinguir las lenguas en dos tipos primarios: las que tienen formas ligadas y las que tienen formas libres. En las primeras se puede separar la Sintaxis de la Morfología, que se ocuparía así de analizar estas formas ligadas en sus últimos elementos, antes de ocuparse de cómo se relacionan con otras formas de la lengua, en construcciones que abarquen más de una forma, como son las frases y oraciones. Las construcciones de este último tipo, que abarcan más de una forma, son estudiadas por la Sintaxis. Es problema fácil de dilucidar en casos extremos (eslavo eclesiástico y chino, p.ej.); pero quedan muchas lenguas en las que se combinan formas libres y ligadas en el origen de construcciones que son analizadas por la Sintaxis, en español, sin ir más lejos.

La lingüística americana, tras Bloomfield, conoce un desarrollo que supera los propios postulados mecanicistas, hasta llegar a un estructuralismo con una compleja formalización, que podemos ejemplificar en Hockett y que, tras una transición en la obra de Zellig Harris, conduce a una postura antagónica, la de la gramática transformacional (Hockett: 1968/1974).

Charles F. Hockett precisó la terminología del estructuralismo americano y desarrolló sus posibilidades de análisis y descripción. Si comparamos *A Course in Modern Linguistics* con *Language,* de Bloomfield, notaremos inmediatamente no sólo las similitudes, sino también las diferencias. Así, si bien coincide en la preocupación utilitaria (el libro empieza con una lista de diez grupos de personas interesados en el lenguaje como medio, lingüistas aparte, a quienes interesa como fin), esta preocupación utilitaria común tiene en los dos libros una finalidad muy distinta. Hockett se dirige en principio y deliberadamente a un público restringido que permita una mayor especialización en su discurso, su libro es un manual, cuyo horizonte metodológico es deliberadamente más limitado que el de Bloomfield. Otra diferencia es el deseo de Hockett de llegar a una precisión terminológica y conceptual que obliga a matizar conceptos bloomfieldianos y entrar en los distingos que caracterizan a toda escolástica, como el de morfo y morfema que acabamos de ver, o los paralelos de *fonema* y *fono.*

La teoría de constituyentes inmediatos, útil para señalar los límites entre Morfología y Sintaxis, a su vez, es el eje vertebrador de la Sintaxis. Trata de salvar varios errores en la interpretación de cada enunciado: creer que lo fundamental de éste es la suma de palabras, suponer que sólo cuenta en un enunciado su carácter de conjunto de palabras y morfemas, considerar que el significado de cada locución es igual a la suma de los elementos que intervienen en ella, sin más. Con objeto de efectuar el análisis del enunciado sin tener que referirse al significado se impone hallar un *modelo,* es decir, una estructura mínima en la que se hallen presentes todos los elementos que habrán de aparecer en las locuciones de la lengua. Los elementos que conforman esa estructura mínima son los constituyentes inmediatos. Así, podemos decir que toda locución consta de una estructura bimembre $A + B$ (aunque no sea preciso que se explicite, en español no aparece A en muchas expresiones oracionales). A y B son los constituyentes inmediatos de esa estructura oracional. Podemos llamar a A sujeto, *frase nominal, sintagma nominal* y a B predicado, *sintagma verbal, sintagma predicativo, frase verbal,* como queramos; pero si seguimos este modelo analizaremos todas las oraciones de la lengua como $A + B$.

Este modelo de constituyentes no es el único posible, se opone al de *dependencias* o *valencias,* que veremos en otro lugar. También hay que tener en cuenta que esta situación inicial, descriptiva, evoluciona a mitad de siglo gracias a dos corrientes nuevas y originariamente interrelacionadas: la lingüística distribucional de Zellig Harris, en Pensilvania, y la gramática transformacional, luego generativa, de su discípulo Avram Noam Chomsky, en Massachusetts. Harris, a partir de la formalización, de base lógica, quiere construir una gramática estructural rigurosa y sincrónica. Para lograrlo recurre a la descripción, que tiene dos momentos: inventario de las unidades estructurales y determinación de las reglas de distribución, gracias a las cuales las unidades se interrelacionan.

La Lengua se analiza en dos planos: morfológico y fonológico. La unidad que corresponde al primero es el *morfema,* como unidad lingüística mínima, la del segundo el *fonema.* Las unidades mínimas se definen por ser las clases en las que se agrupan los elementos discretos o *rasgos (morfos* y *fonos,* respectivamente), sin recurso al significado. Se puede sintetizar al máximo el distribucionalismo de Harris, en su versión de h. 1950, diciendo que el punto de partida del análisis son las *locuciones (utterances),* el método que se sigue en el análisis es el *contraste* y la finalidad la *segmentación* de la cadena sonora.

5.4. Aspectos de la gramática de dependencias

5.4.1. El modelo de Tesnière

También en estos años y entre la gramática estructural y conceptos fundamentales de las gramáticas transformacionales y generativa puede colocarse a un lingüista que se define como estructural y funcional; pero que presenta un modelo claramente diferenciado, muy aprovechable en nociones fundamentales, especialmente por su carácter convergente con cuestiones esenciales en la lingüística de la década de los 80, Lucien Tesnière.

Su punto de partida (Tesnière: 1959/1966) es simple: que en la estructura oracional no sólo se deben considerar los elementos léxicos que la integran sino también la *conexión* entre ellos. Así la estructura de *Alfred parle* es

Además, los elementos que se relacionan en la oración no están conexionados de modo impreciso, sino que hay una *jerarquía de las conexiones,* con un elemento que rige y un(os) elemento(s) regido(s) o subordinado(s), que pueden actuar a su vez como regentes de una estructura jerárquicamente dominada.

Regente (ve)

subordinado
(María)

subordinado
y
regente
(casa)

subordinado
(tu)

Jerarquías de rección en *María ve tu casa*.

La estructura sintáctica permanece aunque cambien los elementos léxicos que ocupan las distintas posiciones estructurales, llamadas *nudos*, que se caracterizan así por su valor exclusivamente funcional, es decir, por su funcionamiento en la estructura y su orden jerárquico inherente. Cuando un regente rige uno o varios subordinados se constituye un *nudo*, que ata, por decirlo así, un haz. Los distintos nudos se escalonan en un complejo sistema de dependencias que culmina en el «nudo de nudos» o *nudo central*. Cuando un elemento es transportado a otro lugar de la estructura, se lleva consigo, *transporta*, a todos los elementos que rige, como se aprecia en este ejemplo, en el que el movimiento de *chanson, ami* implica el de *cette jolie* y *mon vieil* respectivamente. El fenómeno es independiente de la lengua en la que esa estructura se exprese, los equivalente españoles *canción, amigo, esta, bonita, mi, viejo* se comportan exactamente igual.

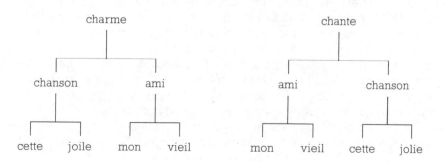

149

Del nudo central dependen una serie de elementos estructurales: algunos son imprescindibles y son los denominados *actuantes,* término que preferimos claramente al de *actantes,* préstamo fácil del francés idéntico. Los elementos no imprescindibles se denominan *circunstantes.* De la terminología de la química toma Tesnière la palabra que le sirve para designar a cada uno de los elementos estructurales imprescindibles inmediatamente dependientes del nudo central, *valencia.* Así, un verbo como *ir* tiene una valencia, puesto que sólo rige a un actuante, *pensar* tiene dos y *dar,* tres:

Valerio Báez, en el volumen sobre gramática de dependencias de esta colección (1988, 21, 22) ha señalado cómo la distinción entre actuantes y circunstantes por el carácter de «estructuralmente imprescindible» no siempre es clara; por ejemplo, *en Madrid* y *bien* en *Pedro reside* **en Madrid,** y en *Antonio se encuentra* **bien,** respectivamente, son estructuralmente imprescindibles, no podemos decir «Pedro reside» ni «Antonio se encuentra;» sin embargo, ambos son circunstantes para este modelo de dependencias y no suponen que el elemento susceptible de ocupar una posición estructural en el nudo que los rige tenga una valencia (o una valencia más) por la capacidad de regirlos. Tesnière (cap. 50) los define como «personas o cosas que participan en un grado cualquiera del proceso» y señala que son, *en principio,* sustantivos. Como veremos, ni *en Madrid* ni *bien* son sustantivos: el segundo porque pertenece a otra clase de palabras, es un adverbio, el primero porque ha sufrido una *traslación* que lo ha llevado a ser, funcionalmente, un *adverbio.*

En el esquema estructural, sintáctico y su representación, *stemma,* o grafo de dependencias, los elementos se ordenan de modo muy diferente de lo habitual cuando se enuncian las frases correspondientes: *cette jolie chanson charme mon vieil ami* «esta bonita canción agrada a mi viejo amigo», *mon vieil ami chante cette jolie chanson,* «mi viejo amigo canta esta bonita canción». Se trata de la diferencia entre *orden lineal* y *orden estructural,* que configura distintos *tipos* de lenguas según este parámetro. La concordancia gramatical, que expresa la conexión, facilita la transposición entre los dos órdenes:

En el ejemplo latino *tantae molis erat Romanam condere gentem* (En.I-33) «fundar la nación romana era de tan gran peso», lo que facilita el establecimiento de un orden estructural tan distinto del lineal es la concordancia entre *gentem Romanam* en acusativo marcado por la *-m,* por un lado, y los genitivos *tantae molis,* por otro.

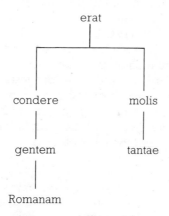

La relación entre el orden lineal y el estructural tiene su importancia en el establecimiento de *tipos sintácticos. A*sí, algunas lenguas manifiestan su preferencia por el orden *cheval blanc, caballo blanco,* que es un orden de tipo regente-subordinado, descendente, centrífugo, frente al tipo subordinado-regente, ascendente, centrípeto que se manifiesta en el inglés correspondiente *white horse.*

Defiende Tesnière la autonomía de la sintaxis frente a la semántica, por la posibilidad de construir oraciones perfectas desde el punto de vista estructural; pero imposibles semánticamente, como *le silence ver-tébral indispose la voile licite,* observación en el mismo sentido que la posterior de Chomsky sobre otra frase del mismo tipo, la repetida *colourless green ideas sleep furiously.*

Esta autonomía no significa que no sea posible una integración de la estructura, que es propiamente la sintaxis, con los otros elementos, que constituyen los rasgos de significado. Es más, «el esquema estructural y el esquema semántico constituyen..., frente a la forma exterior de la frase, una auténtica *forma interior*» (Tesnière: 1959/1966, pár. 15.3). El *núcleo* es el conjunto donde se integran, además del nudo estructural (sintáctico), todos los otros elementos de los que el nudo es el soporte material, empezando por los elementos semánticos.

Esta integración, que puede incluir también la morfología, como estudio de variaciones formales léxicas, se manifiesta en múltiples aspectos, así, la distinción entre palabras llenas y vacías es de orden semántico, la de palabras constitutivas y subsidiarias de orden sintácti-co y la de palabras variables e invariables de orden morfológico.

Percibimos muy bien lo que Tesnière entiende por «semántico» cuando seguimos sus observaciones a propósito de las *palabras llenas*. Las SUSTANCIAS son las cosas percibidas por los sentidos y concebidas por el espíritu como dotadas de una existencia distinta, p. ej. *caballo, mesa, alguno*. Las palabras llenas que expresan una idea de sustancia se llaman SUSTANTIVOS.

Los PROCESOS son los estados o las acciones por los cuales las sustancias manifiestan su existencia, p. ej. *es, duerme, come, hace*. Las palabras llenas que expresan la idea de proceso se llaman VERBOS.

La mayoría de las lenguas no distinguen la noción de proceso de la de sustancia. Conciben el proceso como una sustancia: *il aime* no se distingue de *son amour, ils aiment* de *leur amour*. En húngaro, por ejemplo, los indicadores personales del verbo coinciden con los sufijos posesivos del sustantivo:

1.	vár-om	(lo/a) espero	kalap-om	mi sombrero
2.	vár-od	(lo/a) esperas	kalap-od	tu sombrero
3.	vár-ja	(lo/a) espera	kalap-ja	su sombrero

Una segunda subdivisión opone a las nociones en principio CONCRETAS de substancia y proceso sus atributos ABSTRACTOS. Las palabras llenas que expresan los atributos abstractos de los sustantivos se llaman ADJETIVOS, las que expresan los de los verbos se llaman ADVERBIOS.

Desde el punto de vista estructural, sin embargo, las diferencias son de distinto tipo, y se prefiere una notación diferenciada, sin resonancias «semánticas», basada formalmente en las terminaciones de las correspondientes clases de palabras en esperanto. Así se habla de *especies simbólicas*, símbolos que reemplazan las clases de palabras: **O** corresponde al sustantivo o, mejor, a la función de sustantivo en la sintaxis, **I** al verbo, **A** al adjetivo y **E** al adverbio. Si utilizamos los símbolos en vez de las palabras como elemento terminal de los grafos de dependencias o *stemmas*, tendremos un *stemma virtual*, frente al *stemma real* que se traza cuando los elementos terminales son palabras. Se trata de correspondencias como las que existen entre:

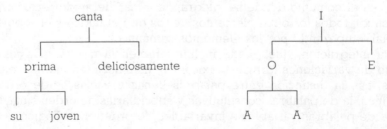

152

El tipo de relaciones, conexiones y dependencias posibles se comprende a la luz de los paralelos de la construcción nominal y la verbal:

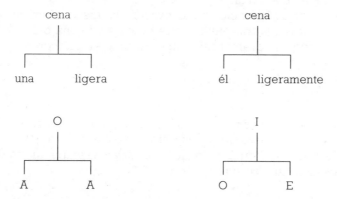

Un nudo **O** domina adjetivos (*una* sería un adjetivo para Tesnière), mientras que un nudo **I** domina sustantivos y adverbios. Si domina directamente adjetivos se trata de una construcción especial, que supone una disociación del elemento estructural (O) y el elemento semántico (A), como en

Las lenguas con un verbo como *ser* tienen que construir un *núcleo,* que expresa en su conjunto el valor predicativo, mientras que las que, como el ruso, carecen de verbo atributivo, asignan al adjetivo el valor de nudo regente o dominante.

Lo anterior se refiere a las palabras llenas. Las palabras vacías son instrumentos gramaticales y corresponden a la sintaxis funcional, diversifican la estructura de la frase y expresan dos tipos de relaciones o son índices:

relación de cantidad: función juntiva
relación de cualidad: función traslativa
indicación: función indicativa.

La función juntiva equivale a la adición y la multiplicación en matemáticas: desdoblamiento de núcleos, con las conjunciones copulativas, o incluso con una marca cero, en la yuxtaposición, con el uso de elementos derivativos que sólo se añaden a un compuesto, como esp.

lisa y llanamente, o turco *yarım gelir bakarım,* «mañana vendré y miraré», donde la marca de primera persona *-ım* se añade sólo al segundo complejo verbal, *bakar.*

Mientras que la función indicativa señala que un elemento pertenece a una categoría, la traslativa lo que hace es que una palabra llena pase de una categoría gramatical a otra. En un ejemplo como

LE livre D'Alfred
—   —
in   tr

le indica que *livre* es un sustantivo, mientras que *d(e)* es un transductor que traslada a *Alfredo* de la clase sustantivo a la clase adjetivo (de **O** a **A**).

En español la forma del artículo podría desempeñar las dos funciones, distinguiéndose un *el 1* de un *el 2:*

El amigo de mi hermano   ⟨El1⟩
——
índice

El bueno de mi hermano   ⟨El2⟩
——
transductor

Como fenómeno sintáctico, la traslación opera igual, independientemente de la relación semántica entre los elementos:

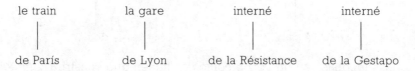

Hay traslaciones de distintos grados y puede pasarse de una traslación a otra, o retornar a la categoría originaria por medio de una posterior: *soledad por soledad, prefiero la de antes del matrimonio a la de después* (H. Lavedan, *Viveurs,* acto III, citado por Tesnière, 520) ofrece los siguientes pasos (**O** > **E** > **A** > **O**):

el matrimonio, **O.**
antes del matrimonio, **E.**
de antes del matrimonio, **A.**
la de antes del matrimonio, **O.**

La condición de regente principal asignada al verbo y la concepción de la teoría de valencias, relaciones o dependencias son aportaciones esenciales del pensamiento de Tesnière. Aunque muchas de las evoluciones posteriores de la gramática de dependencias sean integrables en modelos generativos tardíos, modelos de principios más que de reglas, este planteamiento supuso la introducción de un modelo nuevo, ampliamente desarrollado en el mundo germánico, especialmente, con consecuencias innegables y provechosas en el marco de las aplicaciones lingüísticas a modelos formales. Por ello le hemos prestado una atención especial, que debe completarse con el correspondiente enfoque crítico (Báez: 1988).

5.4.2. Función, argumento y valencia

En teoría de conjuntos (J. Garrido: 1988), la función es una relación binaria unívoca entre conjuntos. Es una ley que asigna a cada elemento del primer conjunto un elemento del segundo y solamente uno: todos los elementos del primer conjunto están relacionados con alguno del segundo y sólo con uno. El primer conjunto es el conjunto *dominio* y el segundo el *conjunto imagen* o *recorrido*.

En la función tenemos que considerar el *argumento* y el *valor* para cada argumento. Se llama *argumento* de la función a cada elemento *x* del dominio; cada elemento *y* del recorrido se llama *valor* de la función para ese argumento. Cuando una función tiene dos o más argumentos se llama *operación*.

Ejemplificaremos estos conceptos con la teoría lingüística. La gramática tradicional y las gramáticas de constituyentes consideran el análisis gramatical como una función entre un conjunto (la frase que se analiza) y otro conjunto (el de las categorías gramaticales, partes de la oración o el de las clases funcionales). Así, en

Juan lee libros

decimos que *Juan* tiene el valor de *sujeto* porque hay una correspondencia biunívoca entre el elemento *Juan* del conjunto {Juan, lee, libros} y el elemento *sujeto* del conjunto {sujeto, verbo, objeto}, lo que nos permite también decir, por el mismo procedimiento, que *lee* es el verbo (tiene el valor de «verbo») y *libros* es el objeto, o sea, tiene ese valor.

Las gramáticas tradicionales y de constituyentes dividen el conjunto *categorías gramaticales* en dos subconjuntos, *sujeto* y *predicado,* o FN (= SN), FV (= SV), cada uno de los cuales puede tener distintos elementos, o descomponerse en subconjuntos menores. Pero en lugar de concebir la oración simple (o la *cláusula*) como una estructura binaria, cuyos constituyentes inmediatos toman los valores de sujeto y predicado, cabe verla también como una estructura jerárquica, como un predicado rodeado de una constelación de argumentos. La función predicativa sería una operación, mediante la cual se asigna al predicado un conjunto de argumentos.

En el ejemplo anterior, el predicado *lee* tiene dos argumentos, *Juan* y *libros*. El número de argumentos que puede tomar cada predicado es, como sabemos, su *valencia*. *Leer* es trivalente, pues puede tomar un argumento agente, un objeto y un dativo o destinatario:

Juan lee libros a los ancianos

Las gramáticas que adoptan este punto de vista, como la de Tesnière, se llaman gramáticas *de valencias* o de *dependencias* (Báez: 1988). Algunas de sus nociones han sido aprovechadas e introducidas en gramáticas que son básicamente de constituyentes, como la teoría chomskiana de la rección y el ligamiento, que veremos más adelante. No hay acuerdo en el nombre y el número de los argumentos que rige cada predicado, aunque en general se considera que no son más de cuatro, habitualmente, no más de tres.

Una versión de la gramática de valencias puede verse, según hace Lyons (1977b, cap. VIII), en la **teoría casual.** La teoría de los casos, desarrollada como una de las variantes de la Semántica Generativa por Charles Fillmore, se apoya en el concepto de *caso profundo,* es decir, sin expresión formal diferenciada. No debe confundirse este caso con el morfológico, aunque sí hay muchos elementos que la teoría toma, no de las *marcas de caso,* sino de *los valores de los casos* en la gramática tradicional (Serbat: 1989).

Cada cláusula, para Fillmore, en el nivel más profundo, consta de una serie de constituyentes en torno al predicado (argumentos en torno a un núcleo). Son esos constituyentes los que reciben el nombre de *caso* y su número ha variado en los distintos momentos de la teoría (Fillmore: 1966/1971; 1968). De estos *casos,* unos son obligatorios y otros opcionales. Los obligatorios son equivalentes a los argumentos que definen la valencia de un verbo en la gramática de valencias, es decir, los actuantes de Tesnière. Un verbo como *abrir,* por ejemplo, requiere dos casos obligatorios, el *agente* que abre y el *objeto* que se abre, y uno opcional, el *instrumento* con el que se abre. En un ejemplo como

esta puerta se abre con la llave

el *agente* no está expreso (*alguien*), el objeto es *esta puerta* y el instrumento *con la llave*. Expresaríamos todas las categorías con un ejemplo como

alguien abre esta puerta con la llave

donde el agente corresponde al sujeto tradicional, el objeto al complemento directo y el instrumental al circunstancial; pero también pueden expresarse las categorías con construcciones sintácticas en las que no se dan las correspondencias anteriores entre casos profundos y funciones gramaticales tradicionales, como en

> *esta puerta es abierta por alguien con la llave*
>
> *la llave abre esta puerta*

Los *casos* no tienen por qué tener una realización fonética, no se tienen que expresar obligatoriamente, aunque tengan su lugar en la estructura oracional. Fillmore ejemplifica un tipo *Verbo Objeto Dativo* con «Juan tiene un auto», de acuerdo con el análisis lógico «un auto es para Juan», que también podría expresarse en español como *tiene un auto,* con el dativo o poseedor latente. Las nociones de caso permiten diferenciar estructuras que aparente o externamente son iguales:

> *la puerta fue abierta por el portero*

donde *el portero* es un *agente,* y

> *la puerta fue abierta por el viento*

donde *el viento* es un *instrumento.*

La formalización de la gramática y el análisis interno

6.1. Gramáticas formales

Parece conveniente iniciar este apartado con una consideración tal vez elemental: cuando se habla de formalización hoy en día, lo primero que viene a todas las mentes es la idea del ordenador electrónico, y no debe ser así. La formalización es una representación de los conocimientos que precede en varios miles de años a las máquinas electrónicas. Pensemos en los números y en las operaciones aritméticas, por poner un ejemplo sencillo, o en los esquemas de los silogismos a los que nos hemos referido varias veces en este libro: se trata de formalismos, pensados para evitar una de las trampas de la lengua natural, la ambigüedad. Por otro lado, hemos estado estudiando la lengua como *forma,* lo que llevaba implícito el reconocimiento de que la lengua natural ya es una formalización, aunque no exenta de incongruencias e imprecisiones, o que nos parecen tales en el estado actual de nuestros conocimientos sobre ella. Por eso diferenciamos *lengua natural* de *lenguajes formales* y hablamos ahora de formalización en relación con este tipo de lenguajes. Recurrimos a la formalización, cuando queremos evitar los riesgos que surgen al emplear la lengua para hablar de la lengua misma. Y es que, en efecto, *usamos* la lengua natural cuando hablamos normalmente y decimos cosas como

(1)   *a pesar de las previsiones, ha llovido esta noche;*

pero también *mencionamos* a los elementos que forman parte de los enunciados en lengua natural cuando decimos

(2)   *«las» es un artículo,* o
(3)   *«noche» se escribe con minúscula.*

En (1) *las* y *noche* son *usos* de la lengua, en (2) y (3) son *menciones* (Deaño: 1974/1986; Hierro: 1986; Garrido: 1988).

También podemos decir que en (2) y (3) usamos el español como *metalenguaje* y que nos referimos al español de (1) como *lenguaje objeto,* o que «las» y «noche» en (1) están tomados como objetos, tratados metalingüísticamente en (2) y (3) o que en (2) y (3) hacemos uso de la función metalingüística del lenguaje.

Otra precisión terminológica imprescindible se refiere a lo que debe entenderse por *máquina,* porque, aunque la formalización no tenga en su origen nada que ver con las máquinas, hoy día es innegable que están omnipresentes. Sin embargo, cuando se habla de *máquinas* en teorías formales, no se trata nunca de unos mecanismos, instrumentos o artilugios concretos, fabricados por tal o cual comerciante, sino de lo que llamamos *máquinas virtuales* o estructuras de procesos, mecanismos teóricos de procesos. Cuando hay una máquina real ya hablamos de *aplicaciones* y es preciso tener en cuenta otros condicionantes, como la estructura material de lo que llamamos el *hardware* y sus limitaciones físicas.

También estableceremos una distinción entre *lengua natural,* la lengua hablada por los hombres, en sus distintas manifestaciones históricas, sociales y geográficas, y *lenguaje formal.* Desde el punto de vista formal, un lenguaje es un conjunto de *oraciones.* Cada oración es simplemente una cadena o sarta de uno o más símbolos que llamamos *palabras,* y que forman parte del *vocabulario* del lenguaje. Llamamos *gramática* a una especificación formal, finita, del conjunto, es decir, del vocabulario y su concatenación, o sea, de cómo se ensartan las palabras en oraciones.

6.1.1.   Listas, trazadores, producciones, gramáticas

A la hora de construir una gramática formal hay varias posibilidades, es decir, hay varias formas posibles de la gramática, de las que reseñamos dos (Grishman: 1986, 13). La primera de ellas se elige cuando el lenguaje o la lengua que formalizamos tiene un número finito de oraciones. En este caso basta con hacer una lista. Estas primeras y sencillas gramáticas formales tienen una amplia variedad de aplicaciones, desde los silogismos válidos hasta el semáforo o las instrucciones de aparatos electrodomésticos. Nos interesan más las formas de la gramática cuando el lenguaje o la lengua tienen un número potencialmente infinito de oraciones. Este es el caso de las lenguas naturales y también de muchos lenguajes formales, como la mayoría de los lenguajes de programación, si no todos. En esta segunda circunstancia hay dos formalismos posibles (Grishman: 1986):

A)   Podemos escribir un programa que sea capaz de leer una serie de palabras concatenadas y que escriba, por ejemplo,

ESTO ES UNA ORACIÓN

o bien

ESTO NO ES UNA ORACIÓN

En este caso se trata de un programa *reconocedor,* de indudable utilidad, por ejemplo, para comprobar la efectividad de las gramáticas de las lenguas naturales o de un programa en un lenguaje de programación.

B)   Podemos usar un formalismo más generalizado, que se basa en *producciones,* es decir, *reglas.* El término *producción* se usa de acuerdo con su etimología: una «producción» es un modo de conducir *a* hacia *b,* en un sentido y con una finalidad. Este sistema es el más generalizado y recibe los nombres de *gramática productiva, sintagmática o de estructura de frase.* Usaremos el primero, para evitar confusiones con uno de sus tipos, las gramáticas sintagmáticas no restringidas (Kay: 1967).

Los componentes de una **gramática productiva,** son esencialmente el *vocabulario* y las *producciones.*
V es el *vocabulario,* formado por la unión de **T** y **N**.
T es el *vocabulario terminal,* es decir, las palabras (o símbolos) del lenguaje que se define. Pueden ser, por tanto, las palabras y otros elementos (como los signos de puntuación) de una lengua natural.
N es el *vocabulario no terminal,* o sea, el formado por los símbolos que se usan para especificar la gramática.
S es el *símbolo inicial,* (*start* «comienzo»), y es miembro de **N.**
P es un conjunto de *producciones.* Cada producción tiene la forma

$$a \rightarrow b$$

donde *a* es una secuencia de uno (1) o más símbolos de **V** y *b* es una secuencia de cero (0) o más símbolos de **V.**

La **operación** básica es *reescribir* una secuencia de símbolos como otra. La representaremos con el símbolo ⇒ (flecha con doble trazo). Se trata, por tanto, de la *aplicación* de las *producciones* y por ello se diferencia de las producciones como tales.

6.1.2. Ejemplo de gramática productiva

En el ejemplo siguiente definiremos lo que queda a la izquierda del signo igual mediante lo que queda a la derecha de ese signo. Las llaves ({ }) limitan los conjuntos definidos en cada caso por la enumeración de sus componentes (definición extensional), mientras que las comas separan elementos dentro de un conjunto. El signo igual, las llaves y las comas, por tanto, no se definen en el interior de la gramática, sino que se consideran definidos previamente.

$$N = \{S\}$$
$$T = \{a, b, c\}$$
$$P = \{S \rightarrow aSc,$$
$$S \rightarrow b)$$

Empezamos por S, aplicamos la primera producción y obtenemos

$$S \Rightarrow aSc$$

aplicamos la segunda después de la primera y el resultado es

$$S \Rightarrow aSc \Rightarrow abc$$

También sería posible aplicar dos veces la primera producción y luego la segunda:

$$S \Rightarrow aSc \Rightarrow aaScc \Rightarrow aabcc$$

Si se trata de aplicar repetidamente la producción para las sartas

$$S_1, S_2, ..., S_n \quad y \quad S_1 \Rightarrow S_2 \Rightarrow \cdots \Rightarrow S_{n-1} \Rightarrow S_n$$

escribimos

$$S_1 \overset{*}{\Rightarrow} S_n$$

y decimos que

$$S_1 \text{ PRODUCE } S_n \quad \text{o que} \quad S_n \text{ DERIVA de } S_1$$

Así, vamos aplicando la producción para obtener un efecto multiplicador:

$$S \overset{*}{\Rightarrow} abc$$

$$S \overset{*}{\Rightarrow} aaScc$$

$$etc.$$

La reiterada aplicación de la producción produce muchas sartas distintas de los mismos símbolos (Grishman: 1986, 13-14).

6.1.3. Poder excesivo de las gramáticas productivas

Del mismo modo que, a partir de las reglas (producciones) y el vocabulario llegamos, mediante operaciones de reescritura, a todas las oraciones posibles de ese lenguaje, también podemos, a partir de de una oración cualquiera, llegar a las reglas (producciones) que se han aplicado y a los elementos terminales y no terminales del vocabulario que han intervenido en su construcción. Éste es un caso claro y útil de aplicación de los ordenadores mediante programas específicos. Un programa que, a partir de una gramática concreta, determina la derivación o las derivaciones de una oración se llama *trazador* o *parser* y el procedimiento *trazado* o *parsing*. Nótese bien que el sentido del trazado no está predeterminado, puede irse desde *S* hasta la oración o, a la inversa, desde el primer elemento de la cadena al último, o de éste al primero. Así se habla de trazado de arriba-abajo o de abajo-arriba, o de izquierda a derecha o de derecha a izquierda.

Una propiedad muy importante de algunos lenguajes formales y de todas las lenguas naturales es la *recursividad*. Por *recursividad* entendemos la propiedad de aplicar las reglas un número indefinido de veces. Este concepto debe precisarse en distintos sentidos. Decimos, en primer lugar, que un lenguaje es *enumerable recursivamente* si podemos escribir un programa que produzca como salida (*output*) una enumeración secuencial de las oraciones del lenguaje, es decir, una tras otra, de este modo:

LA PRIMERA ORACIÓN DEL LENGUAJE ES...
LA SEGUNDA ORACIÓN DEL LENGUAJE ES...
LA TERCERA ORACIÓN DEL LENGUAJE ES...

Mas no se debe confundir un lenguaje enumerable recursivamente con un *lenguaje recursivo*. Un lenguaje es *recursivo* si podemos escribir un programa que lea una secuencia de símbolos e imprima o bien

LA SECUENCIA DE SÍMBOLOS ES UNA ORACIÓN DEL LENGUAJE

o bien

LA SECUENCIA DE SÍMBOLOS NO ES UNA ORACIÓN DEL LENGUAJE

Esta condición de recursividad no se cumple en todos los lenguajes enumerables recursivamente, de modo que un lenguaje puede ser enumerable recursivamente sin ser recursivo. Las gramáticas productivas pueden describir cualquier lenguaje enumerable recursivamente; pero esto no significa que todos los lenguajes que se pueden definir mediante gramáticas sintagmáticas o productivas (es decir, de reglas) sean recursivos, ya que algunos de ellos no lo son, aunque sean enumerables recursivamente, según acabamos de decir. Algunas de estas gramáticas productivas no nos permiten escribir un programa que pueda decidir si una sarta o cadena concreta dada está en el lenguaje definido por esa gramática, es decir, si «es una oración del lenguaje».

El problema radica en que algunas de estas gramáticas son excesivamente potentes, tienen lo que se llama una capacidad generativa demasiado fuerte. Significa esto que son capaces de generar estructuras sin las limitaciones que son propias de las lenguas naturales, según parece. Si queremos utilizar estos formalismos de manera que podamos producir sólo oraciones de una lengua natural aceptables por los hablantes, es decir, *oraciones gramaticales,* hemos de restringir el poder de la gramática productiva.

6.1.4. Gramáticas, la jerarquía chomskiana

Aclaremos, antes de continuar, lo que se entiende por *gramaticalidad* y *agramaticalidad* de las oraciones generadas por la gramática, porque estos conceptos han dado lugar a muchas confusiones.

El punto de partida está en que en las lenguas naturales hay una serie de oraciones sobre las cuales los hablantes pueden discutir, en términos de si su construcción es posible, adecuada, elegante, etcétera, y otras sobre las cuales hay un acuerdo en el sentido de que no se reconocen como oraciones de esa lengua. Tomemos la frase

1) *habían dos anticiclones sobre Europa*

Muchos hablantes de español (posiblemente la mayoría) dirán que esta frase es incorrecta, que nunca la dirían (la diríamos), que es horrible, o incluso que es un catalanismo (no es sólo uso catalanista, se da en buena parte de Hispanoamérica y en el habla vulgar de otras regiones), etc. Comparémosla ahora con las frases

2) *Europa sobre anticiclones dos había*

3) *Europa sobre anticiclones dos habían*

Ningún hablante de español reconocerá estas frases como españolas, ni siquiera 2), donde se usa el «correcto» *había*. Las frases 2) y 3) no pueden ser producidas por las reglas de la gramática española, son *agramaticales*. Si escribimos para el español una gramática que permita escribir 2) o 3) esa gramática es inválida o es demasiado potente y necesita correcciones que la limiten, precisamente para impedir que genere 2) o 3).

La restricción de las gramáticas productivas da lugar a una clasificación en formalismos bien conocidos. Cuatro de ellos fueron identificados por Noam Chomsky y clasificados, de mayor a menor capacidad generativa fuerte, es decir, de producción de estructuras, en lo que se conoce como *jerarquía chomskiana.*

0 - gramáticas sintagmáticas no restringidas (Kay: 1967)
1 - gramáticas consensibles o sensibles al contexto
2 - gramáticas inconsensibles o insensibles al contexto
3 - gramáticas de ESTADOS FINITOS

6.1.5. Gramáticas de estados finitos

Las gramáticas de estados finitos son las de capacidad generativa más débil. Esta apreciación, empero, no debe engañarnos: en cuanto a la capacidad de generar oraciones, hay una casi equivalencia entre los distintos formalismos productivos. La diferencia radica en la capacidad de generar estructuras.

Mediante una gramática de estados finitos describimos linealmente una lengua.

Recordemos que habíamos definido los lenguajes formalmente como conjunto de oraciones. Para su descripción fragmentamos las distintas estructuras oracionales en una serie de estados E_1, E_2, E_3, ..., E_n. Podemos efectuar sustituciones de varios elementos en cada estado; pero la relación de un estado a otro es lineal.

Al igual que todas las gramáticas productivas, las de estados finitos se componen de un vocabulario (terminal y no terminal) y unas producciones. La posición de los símbolos terminales tras una producción es lo que define si la gramática está *orientada a la izquierda* u *orientada a la derecha* o, dicho de otro modo, si son:

a) gramáticas de alineación izquierda:

$$A \rightarrow Bt$$
$$A \rightarrow t$$

b) gramáticas de alineación derecha:

$$A \rightarrow tB$$
$$A \rightarrow t$$

En las de alineación derecha los símbolos no-terminales (mayúsculas) van a la derecha de los terminales (minúsculas, mientras que en las de alineación izquierda los no-terminales van a la izquierda de los terminales.

Como *mecanismo de generación* de gramáticas de estados finitos se emplea un gráfico o una red ORIENTADA (ing. *directed*). En este gráfico o red a cada símbolo no terminal corresponde un nudo etiquetado por ese símbolo no terminal, es decir, los símbolos no terminales aparecen como etiquetas de nudos de la red o el gráfico. También hay un nudo final, indicado mediante una barra que lo cruza diagonalmente. De nudo a nudo hay una serie de ARCOS:

sea la regla

$$A \rightarrow tB$$

el arco correspondiente va del nudo A al nudo B y lleva la etiqueta t.

sea ahora la regla

$$A \rightarrow t$$

el arco se orienta ahora al nudo final y se etiqueta como t.

La siguiente gramática de alineación derecha permite crear la figura que sigue:

$$S \rightarrow aA$$
$$A \rightarrow bB$$
$$B \rightarrow cA$$
$$B \rightarrow d$$

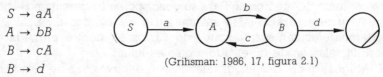

(Grihsman: 1986, 17, figura 2.1)

La única información que necesitamos en estas gramáticas es la del estado donde nos encontramos. Las etapas anteriores ya no son necesarias. Por eso no podemos generar lenguajes en los que haya que tener en cuenta esos estados previos.

En español, por ejemplo, podemos considerar el gráfico

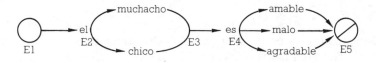

que nos indica la posibilidad de sustituir elementos equivalentes en un estado, como *muchacho/chico, amable/malo/agradable*. permite construir

el muchacho es amable
el muchacho es malo
el muchacho es agradable
el chico es amable
el chico es malo
el chico es agradable

pero no

es amable el muchacho
es malo el muchacho
es agradable el muchacho
es amable el chico
es malo el chico
es agradable el chico

aunque para un hablante de español esta segunda serie sea totalmente aceptable. Si comenzamos por *es* no tenemos ningún mecanismo de retroceso que nos permita volver atrás y recuperar las reglas que nos permiten construir *el muchacho, el chico*. Naturalmente, el ejemplo es deliberadamente sencillo y existen mecanismos, sobre todo en lingüística computacional, como las redes de transición aumentadas, los transductores de estados finitos o las redes de transición recursivas (Gazdar & Mellish: 1989) que permiten análisis y síntesis mucho más complejos.

6.1.6. Gramáticas consensibles e inconsensibles

La capacidad generativa fuerte es mayor en las gramáticas *insensibles al contexto,* o *inconsensibles,* que en las gramáticas de estados finitos. Recordemos, antes de detenernos en ellas, la estructura de las producciones:

$$a \to b$$

Decimos que *a* es el «origen» de la producción y *b* el «producto» (*output*). También llamamos a *a* «el lado izquierdo» o *lhs* (ing. *left hand side*) y a *b* «el lado derecho» o *rhs* (ing. *right hand side*).

Lo que caracteriza a las gramáticas inconsensibles es que en el origen de la producción (*lhs* o izquierda de la flecha) sólo puede aparecer un símbolo del vocabulario no terminal, es decir, del vocabulario constituido por los símbolos usados para especificar la gramática. Como producto (*rhs* o derecha de la flecha) pueden aparecer o un símbolo no terminal o bien una secuencia de 0 (cero) o más símbolos, que pueden ser terminales y no terminales. En la notación que venimos utilizando, las producciones de la gramática inconsensible se representarían como

$$A \to x$$

Podemos aprovechar este momento para presentar otro tipo de notación, muy frecuente, la BNF (Backus-Naur-Form), que hace uso de un grado mayor de explicitud y, al mismo tiempo, de sencillez:

Los símbolos no terminales se escriben entre paréntesis angulares, $\langle \rangle$, el signo de dos puntos dobles y signo igual, $::=$, equivale a la flecha $\to$. Puesto que el origen (*lhs*) sólo puede estar ocupado por un símbolo no terminal, éstos se repiten con frecuencia; por ello se usa la barra, |, como símbolo para separar dos o más producciones con el mismo origen (*lhs*). Las secuencias a la derecha del signo | se llaman *alternativas* u *opciones* de la definición.

Así, la gramática que produce el lenguaje

$$x, (x), ((x)), (((x))), ((((x)))), \ldots$$

escrita con la notación primera

$$S \to (S)$$
$$S \to x$$

Se escribe en BNF

$$\langle S \rangle ::= (\langle S \rangle) | x$$

Una *derivación* nos muestra cómo se puede generar una oración concreta por las reglas de la gramática:

Gramática

$$\langle O \rangle ::= \langle SUJ \rangle \langle FV \rangle$$
$$\langle SUJ \rangle ::= Luis \mid María$$
$$\langle FV \rangle ::= \langle VB \rangle \langle OBJ \rangle$$
$$\langle VB \rangle ::= bebe \mid come$$
$$\langle OBJ \rangle ::= queso \mid vino$$

Podemos representar así la derivación de la oración

Luis bebe vino

$\langle O \rangle \Rightarrow \langle SUJ \rangle \langle FV \rangle$
  $\Rightarrow$ Luis $\langle FV \rangle$
  $\Rightarrow$ Luis $\langle VB \rangle \langle OBJ \rangle$
  $\Rightarrow$ Luis bebe $\langle OBJ \rangle$
  $\Rightarrow$ Luis bebe vino

aunque la representación más familiar es con un árbol de trazado o indicador sintagmático (*parse tree*):

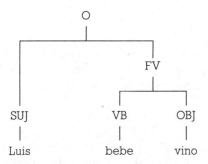

Nótese que esta gramática también permite generar *Luis bebe queso*, *Luis come vino*, e igualmente con *María* como $\langle SUJ \rangle$. Su capacidad generativa es, pues, demasiado fuerte.

La solución de este problema podría ser, sencillamente, que la gramática tuviera en cuenta que si se ha usado *bebe* como ⟨VB⟩ hay que usar *vino* como ⟨OBJ⟩, mientras que si ⟨VB⟩ es *come* ⟨OBJ⟩ es *queso*. Esto supondría que hemos tenido en cuenta qué elemento ha aparecido en el contexto y nos hallaríamos por ello en una gramática de otro tipo, en una gramática *sensible al contexto* o, más brevemente, *consensible*.

Nos ocuparemos ahora de estas gramáticas, pues no vamos a tratar aquí de las gramáticas de mayor capacidad generativa fuerte, las gramáticas sintagmáticas no restringidas (también llamadas *gramáticas regulares*). La capacidad generativa fuerte de las gramáticas consensibles es, como decimos, mayor que la de las inconsensibles. Al igual que en estas últimas, también nos encontramos en las consensibles con una restricción en la producción, sólo que en este caso afecta también al lado derecho. En efecto, la longitud del producto (*rhs*) tiene que ser igual o mayor que la del origen (*lhs*). Se trata de una restricción importantísima, porque implica que las gramáticas consensibles son recursivas. Del mismo modo que en el modelo inconsensible, el origen (*lhs*) está formado por un símbolo no terminal; los símbolos del producto (*rhs*) son secuencias de 0 (cero) o más símbolos, tanto terminales como no terminales.

La notación tradicional de una regla (o *producción*) sería, por ejemplo,

$$xAz \rightarrow xyz$$

es decir, *A,* en el contexto en el que va precedido por *x* y seguido por *z* evoluciona a *y.*

La notación alternativa, hoy más frecuente, es:

$$A \rightarrow y \mid x\_\_z$$

donde la barra oblicua, /, significa «en el contexto que sigue», en el cual el origen se representa mediante el guión de subrayado, bajo la caja de la línea. También puede repetirse *A:*

$$A \rightarrow y \mid xAz$$

Con esta notación podemos reformular las reglas que aplicamos a las lenguas finougras en el capítulo sobre comparatismo, diacronía y tipología (Jeffers y Lehiste: 1979, 24-25). La reformulación más rigurosa exigiría la presencia de un símbolo no terminal en el lado izquierdo de la regla. Así, en lugar de *i,* en **b,** por ejemplo, tendríamos que haber escrito algo como *V (+palatal, +aguda, +estridente)*. No lo hemos hecho así para facilitar la comprensión inmediata; pero debemos advertirlo para evitar confusiones. Estas reglas, que explican los fenómenos fonéticos que permiten la reconstrucción del proto-balto-finés que vimos en la página 97, pertenecen a los dos tipos, consensibles (4, 5 del livonio) e inconsensibles, las restantes:

Livonio

a) V (−frontal) → V (+frontal) / ___ Ci

b) i → 0 / ___ #

c) C (−sonora) → C (+sonora) / sonorante ___ sonorante

d) h → 0

e) au → o

f) a → 0 / CVCVC ___ •

g) r,l → r′,l′ / ___ j

h) j → 0 / r′,l′ ___ V

i) V → V / ___ {r, l}

j) a: → o: / ___ CV

Finés

- a → ä / V (+frontal) C ___

Estonio

a) V → 0 / {CC, CVCVC, VC} ___ #

b) j → i / C ___ #

También podemos construir, como ejemplo, una gramática para la formación del *número* de los sustantivos en español, dependiente del contexto, que en este caso sería la terminación del singular. Emplearemos en este caso otro tipo de notación, BNF y, además, con reiteración del símbolo del *lhs* en el *rhs*.

Vocabulario no terminal, **N**

X = sílaba átona

X′ = sílaba tónica

N = conjunto no definido de grafemas $\geqslant$ 0

= final de palabra

S = marca de plural

{ } = conjunto

| = opcionalidad (BNF)

C = consonante distinta de s

Vocabulario terminal, **T**

s = consonante s

{á| é| í| ó| ú} = conjunto de las vocales tónicas

{a| e| i| o| u) = conjunto de las vocales átonas

0 = cero

Producciones

1. S ::= s/NX'NX{a|e|é|io|u}S#
2. S ::= es/NX'{á|í|ó|ú|}{s|C}S#
3. S ::= 0/NX'NXsS#

La aplicación de 1 produce

$$\text{relámpago } S\# \Rightarrow \text{relámpagos}\#$$
$$\text{casa } S\# \Rightarrow \text{casas}\#$$

La de 2 produce

$$\text{pez } S\# \Rightarrow \text{pezes}$$

(el paso a *peces* precisaría de otra regla consensible, por la que $z \to \textbf{c}\,/\_\{e, é, i, í\}$)

$$\text{limón } S\# \Rightarrow \text{limónes}$$

(El paso de *limónes* a *limones* precisará otra regla consensible para no poner acento gráfico en palabras llanas acabadas en *s*.)

$$\text{res } S\# \Rightarrow \text{reses}\#$$
$$\text{alhelí } S\# \Rightarrow \text{alhelíes}\#$$

(También produciría *papáes* y *mamáes*, junto a *sofáes*, *rajáes*; si se piensa que en la lengua actual todos los plurales de -*á* son en -*ás* basta con pasar la *á* de la producción 2 a 1.)

La aplicación de 3 produce

$$\text{crisis } S\# \Rightarrow \text{crisis}\#$$

El ejemplo, evidentemente, sólo pretende mostrar un caso relativamente sencillo, con una solución no muy complicada y no trata de resolver definitivamente la formalización de las reglas del número en español. Nos contentamos con un modelo aproximado, que deja ver sus puntos flacos.

La formalización que hemos presentado hace uso de teorías y principios que no exponemos, como la definición extensional de conjuntos y sus propiedades (Garrido: 1988) para los conjuntos de vocales tónicas y átonas, o la intensional (los elementos se caracterizan por tener en común la propiedad de no ser la consonante *s*), en el caso de *C*.

6.2. Evolución de las gramáticas transformacionales

A finales de los años 50, como consecuencia de los escritos y enseñanzas de Noam Chomsky fundamentalmente, se produjo un drástico cambio de modelo en lingüística. Este modelo no partía de cero, naturalmente; pero se caracterizó desde el principio por señalar con precisión que su finalidad no era llegar a soluciones eclécticas, sino presentar nuestro conocimiento de la lengua y las estructuras lingüísticas con bases filosóficas y epistemológicas distintas. En los más de treinta años transcurridos se han producido los suficientes cambios como para que no sea realmente justo, ni posible, hablar de *una* gramática transformacional o generativa, que son los dos adjetivos con los que se ha designado; pero tampoco debe pensarse en una inconexa dispersión de ideas, abandonadas y sustituidas a medida que se va demostrando su inviabilidad, porque no importan los cambios que se deben hacer en las reglas o las construcciones concretas, sino la pretensión de construir una ciencia lingüística que explique la capacidad humana de lenguaje y, en la parte proporcional, al hombre como «ser con lenguaje». No faltan antecedentes a este planteamiento «mentalista» (término lanzado como injuria por unos y recogido como grito de guerra por otros, que así llegaron a ponerse las cosas, sobre todo en los años 1966 a 1978), como hemos visto a propósito de las gramáticas de los modalistas o de los racionalistas, hasta von Humboldt, de quien podemos añadir textos como éste (en Arens: I, 245):

> La lengua debe ... ser considerada, según mi convencimiento más firme, como algo puesto en los hombres de manera inmediata, pues es totalmente inexplicable, a la luz de su conciencia, como obra de su entendimiento. Sería inútil acordar a su invención milenios y milenios. La lengua no se hubiese podido inventar si su prototipo no hubiese existido ya en la inteligencia humana. Sola-

mente para que el hombre entienda verdaderamente una única palabra, no como mero estímulo sensible, sino como sonido articulado capaz de expresar un concepto, el lenguaje tiene que estar entero en él y en conexión con él.

De origen judeo-ruso, aunque nacido en los Estados Unidos, en la formación de Chomsky se aúnan la influencia de su padre y la de dos maestros del estructuralismo, en sentido amplio, Roman Jakobson y Zellig Harris. De su padre, profesor de hebreo, aprendió, sobre este idioma, las nociones básicas de la lingüística histórica y comparada. De Jakobson oyó los fundamentos del estructuralismo y las lecciones del Círculo de Praga, o los formalistas rusos. Por su parte Harris, también de origen judío, desarrolló un potente formalismo transformacional en la década de los cincuenta, al que nos hemos referido con excesiva brevedad. Filosóficamente, Chomsky encaja en un liberalismo extremo, tal como se ve en un Bertrand Russell, continuación, en su contexto, del liberalismo americano de Jefferson, lo que explica su constante participación en la escena política, con actitudes de protesta que han llevado a hablar de un socialismo con un tinte anarquizante y que han contribuido a su conocimiento por el gran público. Aunque este aspecto de su carrera sea inseparable de su condición de intelectual norteamericano, nos fijaremos aquí especialmente en otras facetas, como la influencia de la metodología general de la lógica de la investigación científica, aunque no directamente de Popper, lo que explica sus numerosas páginas en defensa de la metodología deductiva y su crítica del empirismo, herencia también de profesores como Nelson Goodman (Harvard), autor de un libro sobre *La estructura de la apariencia*. Si añadimos, además, que en Harvard también enseñaba otro destacado filósofo, Quine, no cabe duda de que la orientación lógica axiomática de la tesis doctoral de Chomsky, *The Logical Structure of Linguistic Theory,* era una consecuencia natural. Esta tesis, muy voluminosa, no vio la luz hasta fines de los 70, lo que fue determinante de la influencia de sus ideas, aunque pueda parecer paradójico.

En efecto, inicialmente, en 1957, sólo publicó un resumen basado en uno de los capítulos, con el título de *Estructuras Sintácticas.* Se trata de un libro muy breve, condensado y lúcido, que inmediatamente se convirtió en la obra de Lingüística más influyente de la gramática occidental, al menos. Su brevedad y concisión, sin duda, facilitaron su acceso inmediato a muchos estudiosos, iniciándose así el camino de la gramática generativa y transformacional o transformatoria.

Ya que vamos a encontrarnos con varios términos básicos que se reiteran, parece buena idea, con un criterio pedagógico, deslindar lo que la gramática generativa (en adelante G.G.) *no* es de lo que es. El empleo de términos como *device*, «mecanismo» o *machine*, o el uso de *generate*, procedentes de la matemática o la cibernética, han llevado a algunos críticos a asimilarla a la lingüística matemática, como uno de sus tipos. Esto es inexacto: la formalización es simple y no exige conocimientos profundos en lo que concierne a los conceptos básicos. Otra cosa es que sus conceptos puedan ser aplicados en el campo de la lingüística matemática; pero, en cierto sentido, lo que ocurre, más bien, es que Chomsky ha llevado al análisis de una lengua natural, el inglés, problemas que los matemáticos y lógicos sólo habían tratado hasta entonces en lenguajes formales. Así ocurre con los de la teoría de autómatas finitos o de la función recursiva.

Prescindiendo, por tanto, de estas interpretaciones inadecuadas, conviene decir pronto que *generativa,* en la frase «gramática generativa», quiere decir «explícita y proyectiva», pues estos son los valores de *generar.* Es *explícita* porque las *reglas* de la gramática y las *condiciones* en que éstas operan deben especificarse rigurosamente y a esto es a lo que se llama *explicitarse.* Es *proyectiva* porque proyecta un conjunto dado de oraciones sobre el conjunto, posiblemente infinito, de oraciones que constituyen la lengua que se explica.

La lengua se concibe como un *sistema axiomático* y la idea general, inicialmente, es que se trata de un *sistema bien definido, computable,* aunque esta concepción es compatible con el *carácter empírico* del análisis lingüístico: se opera sobre datos; pero el fin último es la construcción de una teoría universal. El concepto que se tiene de la gramática es amplio, analítico y sintético, pese al empleo poco afortunado del verbo *produce,* «producir». No se toma el punto de vista del hablante, sino que se repite con frecuencia que la gramática está en el punto medio, entre hablante y oyente.

Esta preocupación metodológica permite distinguir continuamente entre niveles concretos y abstractos. En el plano oracional, por ejemplo, distingue entre *oraciones,* generadas por la gramática mediante reglas, y *expresiones* emitidas por el hablante. En un plano general se distingue entre la *competencia lingüística* del hablante-oyente, que es su capacidad de generar oraciones correctas y sólo correctas, mediante el empleo de los mecanismos gramaticales, y la *actuación (performance)* o aplicación concreta de esa competencia en la producción de un hecho lingüístico concreto. Con ello se puede intentar una definición provisional de la gramática, a partir del hecho de que los hablantes poseen, de modo implícito, unos conocimientos de la gramática de su lengua, ésta es su competencia lingüística, y actualizan estos conocimientos en su producción, en sus actuaciones lingüísticas. El fin de la Gramática será hacer explícito ese conocimiento implícito de los hablantes. Estos conceptos de *competencia* y *actuación,* precisamente por lo que comportan de empleo de las *reglas* de la gramática, no son parangonables (y mucho menos deben confundirse) con los saussureanos de *lengua* y *habla*.

Este rigor de construcción permite decir que la G.G. es estructural, puesto que habla de estructuras; pero no es estructuralista. En sus patrones metodológicos precisos, en los que es imprescindible la sujeción a una argumentación rigurosa, no sólo cuenta el concepto de *regla,* sino también el *orden* de las mismas. En esto sigue el modelo de la Matemática, donde, por ejemplo, $(x * y) + z$ no es lo mismo que $x(y + z)$. La concepción de la lengua va más allá de la descripción sintagmática: a partir del papel central que desempeña la Sintaxis, se estipula que la oración es una combinatoria y de ahí arranca la concepción concatenatoria de la lengua, que vendría a ser una combinación de columnas paradigmáticas.

La formulación de esta fase de la gramática generativo transformatoria (más detalles y bibliografía en Marcos: 1980, Newmeyer: 1980/1982) se limita, por tanto, a la aplicación de dos algoritmos consecutivos, que relacionan una representación más abstracta, primitiva o *profunda* y una estructura de la realización concreta o *superficial,* que, expresados en la terminología luego generalizada, serían:

1. Indicador sintagmático primitivo o profundo, expresable por un algoritmo de ramificaciones (en el que puede haber incrustaciones recursivas) y del que se deriva la cadena o sarta terminal, sobre la cual se construye la expresión correspondiente en estructura de superficie.

2. Las transformaciones, obligatorias u opcionales, que permiten el paso de la estructura profunda, expresada por el indicador sintagmático y la sarta terminal, a la estructura de superficie, expresable en términos fonéticos o gráficos (mediante la emisión oral o la escritura, respectivamente).

El desarrollo de esta corriente, hasta la segunda etapa, de 1965, se caracteriza por las discusiones en torno al papel de la semántica y la creciente complicación del esquema.

En 1963, Katz y Fodor, en un artículo titulado «La estructura de la teoría semántica», intentaron incorporar la semántica a la descripción lingüística sistemática: no se puede determinar el conocimiento del mundo que un hablante posee; pero sí el conocimiento de su lengua, que es diferente. La Semántica tiene un papel auxiliar, secundario; pero es necesaria a la hora de establecer, dentro de la teoría, unos límites de selección, por medio de dos elementos, un *diccionario* o inventario léxico y unas *reglas de proyección,* que combinan los significados de las palabras individuales en los significados posibles para toda la oración: en el uso corriente, *el gato,* en *el gato sujeta el coche,* es *el gato mecánico.*

Tras una fuerte reacción negativa, cuyo más destacado exponente fue Uriel Weinreich, Katz, esta vez en colaboración con Postal, publicó en 1964 su *Teoría integrada de las descripciones lingüísticas,* en la que se postula que las transformaciones singulares no cambian el significado (reflexión semántica sobre la sintaxis), así como la existencia de una Estructura Profunda de la que depende el carácter imperativo, interrogativo o afirmativo de una oración, que deja de obtenerse, por tanto, a partir de reglas transformacionales, como antes.

Todo este movimiento intelectual llevó a la teoría a una nueva fase, la *teoría estándar,* en la cual la semántica forma parte de la descripción lingüística, si bien la forma (sintaxis) es independiente del significado (semántica). El papel de la Semántica no es generativo, no hay una Semántica proyectiva y explícita, sino sólo interpretativa: asigna una interpretación a la estructura profunda, la representación semántica. Esta estructura profunda es un nivel sintáctico independiente y es la base exclusiva de la que arranca la interpretación semántica.

Podemos recordar ahora que, para los lingüistas americanos, ajenos a la división de *forma* y *sustancia* de la expresión y del contenido, la lengua es simplemente la unión entre un sonido y un sentido. Los esquemas siguientes, según Lyons (1977b), muestran la gran diferencia entre los dos modelos generativos.

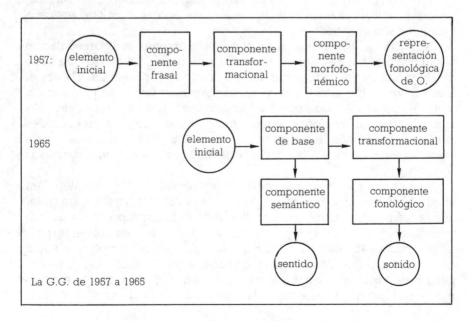

La G.G. de 1957 a 1965

177

El componente semántico interpreta estructuras profundas gracias a un diccionario y unas reglas de proyección. El componente sintáctico es el único generativo. Además de las reglas categoriales o de reescritura incluye dos tipos de reglas del léxico, las de inserción léxica y las de subcategorización, que describen cada elemento léxico como un conjunto de rasgos, siguiendo el modelo del análisis fonológico o semántico. Sobre las estructuras profundas así obtenidas (interpretables semánticamente, como acabamos de decir) operan las transformaciones para obtener estructuras superficiales que, por la aplicación de las reglas fonológicas que constituyen el componente fonológico, dan lugar a las representaciones fonéticas.

El componente sintáctico, por tanto, se desdobla en un componente de *base,* que genera estructuras profundas, y un componente *transformatorio* que convierte las estructuras profundas en superficiales. Las estructuras profundas proporcionan la entrada para el componente de semántica interpretativa, restringido por ello a la única posibilidad de dar una interpretación semántica, mientras que las superficiales dan la entrada al otro componente interpretativo, el fonológico, que ha de asignar una interpretación fonológica.

El concepto de *transformación* también ha cambiado. No hay transformaciones obligatorias, sustituidas por *rasgos* en el análisis de componentes. Las estructuras sintagmáticas terminan en unos símbolos comodín donde se insertan los elementos léxicos por medio de transformaciones de sustitución. En las oraciones complejas las reglas transformatorias se representan por su orden, de «baja» a «alta», en cada indicador sintagmático.

El hecho de que la única entrada para obtener la representación semántica fuera la de la estructura profunda resultó un error, que hubo de solucionarse en 1966, en un trabajo titulado «Topics in the Theory of Generative Grammar», en el que Chomsky modificó el esquema de la teoría estándar de modo que las inserciones léxicas pudieran ser previas a las transformaciones y que también las estructuras superficiales sirvieran de entrada al componente semántico para obtener la representación semántica. Es la corriente llamada *teoría estándar ampliada* (Radford: 1981).

Se entra entonces en un período extremadamente complejo, en el que las diferencias básicas se dan entre *interpretativistas,* para quienes se mantiene el nivel independiente de estructura profunda, la sintaxis está en un nivel independiente y la semántica es sólo interpretativa, frente a los llamados *semantistas generativos,* grupo que como tal no existe y que no se puede homogeneizar de casi ningún modo; pero que, en lo más general, coinciden en que, al negar la autonomía a la Sintaxis, hacen inútil la postulación de un nivel independiente de estructura profunda, exigen inserciones léxicas después de ciertas transformaciones y tienden hacia una estructura semanto-sintáctica, más o menos clara, según los autores de cada planteamiento.

Las discusiones y discrepancias entre los gramáticos generativistas a partir de 1965 y durante los 70 no se resolvieron con la teoría estándar ampliada (llamada también «extendida», con una deplorable traducción del inglés *extended)*. A lo largo de los años 70 se va perfilando una serie de criterios y principios que culminarán al iniciarse los 80 (Chomsky: 1981) en la nueva versión, una gramática transformatoria; pero a la que se le puede discutir el adjetivo de «generativa» (Sells: 1985, 31), llamada en inglés *Government-Binding Theory* (abreviaremos, como es usual, GB) y en español *Teoría de la rección y el ligamiento,* nombre poco estético (Demonte: 1989), pero ya establecido. El nombre, en todo caso, es aquí lo de menos. Uno de los puntos de partida es la necesidad de que la gramática imponga una serie de restricciones (*constraints*) para limitar una capacidad generativa excesiva de las reglas, especialmente las transformacionales (es decir, para evitar una potencia excesiva). Las restricciones son así partes de la gramática que impiden o desautorizan algunas posibilidades lógicas de los datos. No queremos decir con lo anterior que la preocupación acerca de la capacidad generativa sea lo que provoque la reducción de la riqueza y variedad de las reglas transformacionales, pues Chomsky (1985-1989, 186 n.22) aclara que no es así. Para el modelo de GB, la gramática como tal consta de una serie de *módulos* en los que se encuentran los *principios* muy restringidos que rigen la buena formación del producto. No hay reglas para construcciones específicas, como la pasiva o la interrogación. En realidad, sólo hay una regla, la regla de movimiento de α.

Antes de continuar, como hemos venido haciendo en este libro, nos interesa dedicar algunas líneas a la evolución de la terminología. La GG defendió dos niveles de análisis, la *estructura profunda* y la *estructura de superficie.* Como en el modelo de GB los papeles de las dos estructuras no son idénticos a los que tenían antes, aunque sí similares, pasan a llamarse *d-structure* y *s-structure.* Hubiéramos preferido traducir como *estructura-d, estructura-s,* respectivamente, puesto que la relación con *deep,* «profundo», y *surface,* «superficie», ya no es esencial; pero traduciremos la primera por *estructura-p* para acomodarnos al uso de los especialistas españoles. A estos dos niveles de análisis se añaden dos niveles de representación, la *forma fonética* (FF) y la *forma lógica* (FL). INFL o FLEX es la etiqueta para los rasgos de flexión, concordancia, verbos modales, tiempo. La descripción estructural sintagmática sigue un modelo de constituyentes, en el que representamos por FN el sintagma o la frase nominal y por FV el sintagma o frase verbal. La estructura-p de una oración como

el soldado fue convencido

sería:

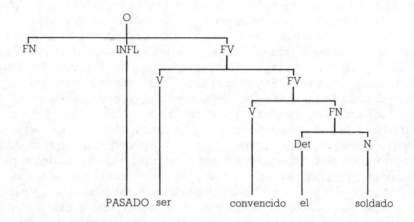

para llegar, tras aplicar los principios restringidos a los que obedecen etiquetas como e_i, a la estructura-s

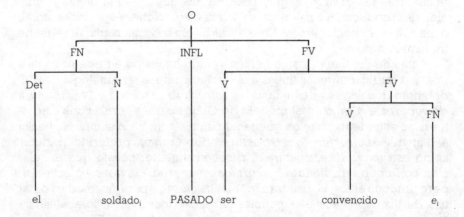

En el indicador sintagmático de la estructura-s *e* es una *huella*, o sea un eco estructural de la FN que ocupaba esa posición, cuyo núcleo está coindexado con *soldado*, como indica el subíndice *i*.

Un esquema mínimo es, por tanto:

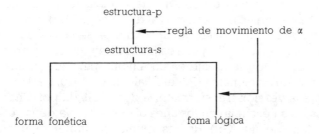

Este esquema debe integrarse en el nivel de estructuras sintácticas en el esquema general de relación de tres estructuras autónomas (Jackendoff: 1987)

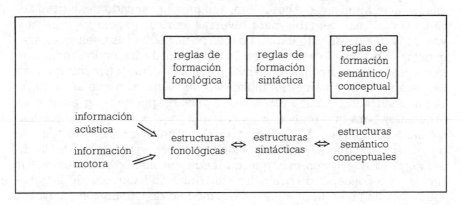

Las flechas simples, en el esquema precedente, son aspectos de la descripción con incidencia en la determinación de la estructura; pero no están necesariamente involucrados en ningún procesamiento activo, mientras que las flechas dobles indican relación entre estructuras que se *deben* computar activamente al comprender o emitir una oración (Jackendoff: 1987, 67). Las flechas son dobles para representar que hay tanto percepción como producción, análisis como síntesis.

Entre las estructuras sintácticas y las semántico-conceptuales hay, en consecuencia, un procesamiento activo. El papel de intermediario entre la estructura-s y el significado corresponde precisamente a uno de los nuevos niveles, la forma lógica (FL), compuesto de primitivos sintácticos y principios de combinación. La estructura-p «es una abstracción de ciertas regularidades de forma que no se pueden expresar directamente en la estructura superficial» (Jackendoff: 1987, 73).

El punto metateorético de partida es la *tesis innatista*. Los seres humanos tenemos una *capacidad de lenguaje* que es un rasgo constituyente, diferencial y privativo de la especie humana. Aunque no hay pruebas concluyentes de este postulado (ni de su negación) y la investigación que se concentra en teorías del aprendizaje de la lengua materna y las lenguas segundas no llega a resultados definitivos, la creencia en la capacidad innata de lenguaje es un axioma para los gramáticos generativos y transformacionales (Piatelli-Palmarini: 1979/1980).

Decíamos que la versión transformatoria desarrollada por Chomsky y los gramáticos de su escuela, en los años 80, es la *teoría de la rección y el ligamiento*, (en adelante GB). Hemos apuntado también el arranque de la posición innatista, a la que, antes de entrar en una visión más pormenorizada, hemos de añadir otro principio previo, el de la *gramática universal*.

Puesto que la mente humana ya tiene esa orientación lingüística específica, hay una gramática universal, que no es sino esa dotación de una facultad lingüística. Ahora bien, aunque el postulado de la gramática universal sea aceptable para diversas teorías, no sólo las generativas, cada una de ellas lo expone e interpreta según sus fines y planteamientos. No hace falta entrar en la discusión de lo obvio, como que todos los seres humanos podemos entender cómo otro ser humano expresa su conocimiento del mundo *en otra lengua;* o que las lenguas se pueden traducir unas a otras, o que, incluso, puede programarse un ordenador para que realice esa tarea, al menos —por ahora— parcialmente. Más allá de eso, hay nociones de gramática universal, como la de *restricción,* que las distintas teorías pueden exponer de modo diverso; pero que no es más que un medio de limitar el poder de las *reglas,* otro concepto de gramática universal. La búsqueda de la generalidad es un fin en la orientación del modelo de GB: no sólo interesan los hechos concretos de una lengua, sino también (y quizás más) la extracción de principios generales que formen parte de la gramática universal.

Las propiedades de la gramática universal funcionan interactivamente; pero no se dirigen hacia un resultado concreto, al que llegan las lenguas particulares, sino a los principios generales. Así, por ejemplo, la pasiva no es una propiedad de la gramática universal, ni siquiera lo es el hecho aparente de que en las lenguas que tienen esa construcción llamada pasiva el objeto de la activa se mueva a la posición de sujeto. Aunque cada teoría lingüística lo explique según su criterio, parece más ajustado estar de acuerdo con la teoría de la rección y el ligamiento y explicar el fenómeno diciendo que el movimiento se produce desde el objeto a otra posición (ésta es la regla del movimiento de α) y que son otros principios y restricciones de la gramática universal los que especifican que hay una serie de posiciones a las que no puede moverse, en vez de decir que se mueve a la de sujeto: cada vez que intenta moverse a otra, hay unos principios que se lo impiden.

Dentro de la estructura del lenguaje, por consiguiente, la gramática universal está incluida en la parte innata, opuesta a la aprendida, a la que corresponden las diferencias periféricas entre las lenguas. Se explica así que un niño pueda aprender cualquier lengua, por su capacidad innata traducida en su posesión de una gramática universal. También pueden explicarse de este modo los aspectos del aprendizaje del lenguaje para los que no hay explicación dentro del aprendizaje, o sea, los que no nos explicamos cómo pueden aprenderse, considerando el tipo de datos que el niño puede manejar (Jackendoff: 1987, 89).

No siempre se pone el mismo énfasis en los principios anteriores que en el siguiente, el *tipológico,* que se vincula a otro concepto esencial, el de *parámetro.* Los parámetros son elementos que flexibilizan los principios, al determinar la fijación de esos principios en función de los datos de la comunidad lingüística de que se trate. Así, el español está caracterizado, fonológicamente, porque no admite ciertos grupos consonánticos en posición final de sílaba, grupos, como /xr/, por ejemplo, que otras lenguas (el árabe, por ejemplo) admiten. Son parámetros sintácticos los que determinan la fijación del orden de los elementos de la frase de modo distinto en lenguas diferentes, o la necesidad de la presencia del sujeto, entre otros rasgos. Mientras el innatismo y la gramática universal son generales, el *principio tipológico* es particular y, seguramente, podría enriquecerse con la aplicación de algunos de los resultados de la investigación expuesta en nuestras páginas sobre tipología. Así, la pertenencia a un cierto tipo lingüístico puede llevar consigo la presencia o ausencia de ciertas restricciones. Hemos de recordar aquí, naturalmente, los *universales implicativos* de Greenberg. Nótese que cuando hablamos de la pertenencia a un *tipo* no hablamos necesariamente de un tipo morfológico (flexivo, aislante, aglutinante) o sintáctico (SVO, VSO, SOV). El chino y el japonés difieren en los dos tipos (aislante, SVO y aglutinante, SOV, respectivamente) y, sin embargo, comparten el rasgo de que no invierten los elementos estructurales en la interrogación, sino que la marcan con una partícula específica que, al menos en chino, puede omitirse en ciertas situaciones de la lengua hablada. Esta partícula, *ma* en chino, *ka* en japonés, se coloca al final de la oración. El kazaj (lengua noroccidental del Xinjiang chino, de la familia túrcica), morfológicamente aglutinante y sintácticamente SOV, como el japonés, sin relación genética, ofrece la misma construcción, a la que añade la variación debida a la armonía vocálica. Esta partícula, que tiene las variantes *ba, be, ma, me, pa, pe,* no es siempre obligatoria. Podemos comparar la construcción en unas frases españolas, chinas y kazajas. (Usaremos ë para representar la grafía de la vocal e invertida):

Español: *¿Conoces los caracteres chinos?*
Chino: *nǐ rènshi hànzì ma?*
Kazaj: *xanzuwʃa ærëptë tanëisëz ba?*

Español: *¿Entiende (usted) el chino?*
Chino: *nín dǒng hànyǔ ma?*
Kazaj: *xanzuwʃa bëlesëz be?*

En la estructura de las oraciones simples interrogativas, kazaj, chino y japonés comparten el mismo tipo. No es éste el lugar de investigar los paralelismos o las divergencias que se puedan producir en otras interrogativas, de estructura-p más compleja y si esa complejidad se refleja en la estructura-s: el chino, por ejemplo, tiene la posibilidad de preguntar simplemente mediante la fórmula de repetir el verbo, primero en forma afirmativa y luego en negativa. Así, lo que traduciríamos literalmente por «¿vienes no vienes?» equivale a *¿vienes?*.

Repasaremos los aspectos principales del modelo de GB atendiendo a la regla y los principios que afectan a las diversas estructuras y formas, empezando por la estructura-p. Iremos descendiendo en el esquema (adaptado de Sells: 1985, libro que hemos tenido en cuenta para lo que sigue):

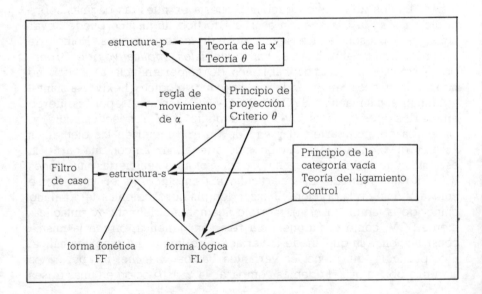

6.2.1. El módulo jerárquico de la estructura-p

No nos detendremos en lo relacionado con la FF, menos atendida que las estructuras -p y -s y la FL, aunque volveremos a ella más adelante. Como la teoría-θ está más relacionada con el criterio-θ, que no sólo afecta a la estructura-p, nos referiremos en primer lugar a la teoría de la x' (x con barra, porque también se representa x̄ en vez de x' y x̄ en vez de x".)

Se trata de una teoría desarrollada ya en los años 70 (Jackendoff: 1977). En principio se trataba del conjunto de reglas encargadas de restringir las estructuras que pueden ser generadas por la base, en el esquema de la Teoría Estándar Ampliada. Sin embargo, en GB las estructuras sintagmáticas, o frasales, ya no son generadas por reglas de reescritura o medios similares, sino que se originan por la interacción compleja de principios distintos.

La base de esta teoría o módulo se halla en el concepto de *núcleo,* (*head*) de las unidades lingüísticas. El núcleo de una unidad es lo que caracteriza a esa unidad. Por ejemplo, el núcleo de una FN es un N, de una FV un V, de una FA (frase adjetiva) un A (adjetivo), de una FP (frase prepositiva) una P (preposición). Cada núcleo *se proyecta* en niveles jerárquicos superiores, hasta el nivel máximo en una frase o sintagma. El nivel máximo se representa como x" y se llama *proyección máxima.*

Las categorías que pueden ser núcleos son A, N, V y P (preposición) y se definen por la presencia o ausencia de los rasgos [±N], categoría nominal, [±V], categoría verbal, en esta tabla:

	N	V
A	+	+
N	+	−
V	−	+
P	−	−

Un esquema teórico completo del módulo, entre varios posibles, sería:

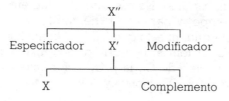

El *complemento* puede ser un *argumento* o un conjunto de argumentos. El argumento es una categoría *hermana* de X y se dice de X que *está subcategorizado para (subcategorizes for)* ese argumento. El grado y los determinantes son especificadores. Las frases adjetivas son modificadores, aunque, en ciertas construcciones, es difícil distinguir esta categoría de los argumentos. En todo caso (véanse resumen, ejemplos y bibliografía en Demonte: 1989, 2.3) se pueden distinguir categorías léxicas, que se proyectan hasta X′ y categorías funcionales, que no seleccionan argumentos y «tienen todas *una* posición de especificador, que se llena en la estructura-S tras el desplazamiento de un constituyente, y admiten sólo *un* complemento, que es obligatorio».

En cuanto a las categorías no léxicas, como la oración, la teoría incluye las reglas

a) O′ → COMP O
b) O → FN INFL FV

Ya hemos tenido ocasión de decir algo sobre el constituyente INFL (p.ej. [+tiempo] para las formas personales, [−tiempo] para los infinitivos). Podemos señalar también que la coindexación, que vimos al referirnos a las *huellas* o ecos estructurales, no sólo se produce en esas situaciones, sino que es característica de otras, como la concordancia. La FN sujeto tiene el mismo subíndice que CONC(ordancia), índice que se asigna convencionalmente a toda la categoría INFL, como se observa claramente al analizar:

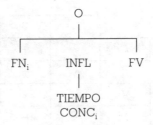

En cuanto a COMP, es el constituyente de *complementante*, que incluye complementantes como *que, si, para*, partículas interrogativas o enfáticas, o cuantificadores. Nótese que el complementante *que* aparece con INFL [+tiempo] y *para* con [−tiempo].

Lo natural sería que, puesto que INFL es el núcleo de O, en lugar de O dijéramos INFL′. Además, la teoría ofrece una complicación adicional: COMP es el núcleo de O′, la proyección máxima, e INFL el de la proyección intermedia, O (Chomsky: 1986a):

La representación

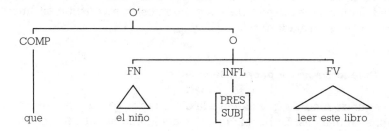

pasaría, en consecuencia, a ser (según esquema que debo a Marina Fernández Lagunilla, donde F es «Frase» y C «complementante»):

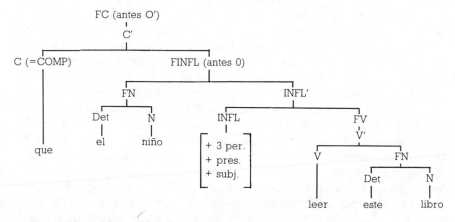

Las equivalencias de X', X'' con las etiquetas categoriales son, por tanto (Sells: 1985, 30):

X	X'	X''
N	N'	FN
V	V'	FV
A	V'	FV
A	A'	FA
P	P'	FP
INFL	O	O'

La ventaja de esta notación es que elimina incómodos vacíos terminológicos interestructurales o, si se prefiere, internodales y explica detalladamente la jerarquía de los elementos que constituyen una estructura-p bien formada.

6.2.2. Categorización y papeles temáticos

El segundo módulo que afecta a la estructura-p es la *teoría-θ* o de las *relaciones temáticas*. Debe verse en relación con la *subcategorización*. Este segundo concepto denota el proceso que expresa el marco sintáctico de un núcleo y sirve de filtro que excluye las estructuras agramaticales que se pueden generar al azar (por ejemplo, excluye *mesa* como núcleo de una FN argumento de *leer*.) Los *papeles temáticos,* en cambio, proporcionan información semántica, básicamente. La teoría de los papeles temáticos está en relación con la teoría de la *valencia* de las gramáticas de relaciones o dependencias. Cada verbo asigna, por ejemplo, papeles temáticos. La diferencia (que nos ayuda también a entender la que existe entre subcategorización y papeles-θ) radica en que en el modelo de GB el verbo no está subcategorizado para un sujeto, porque el dominio de la subcategorización no puede exceder la proyección máxima que, para el verbo, es FV (véase la tabla de equivalencias de X′, X″ y compruébese que FV equivale a X″). La teoría-θ, en cambio, permite, mediante dos procesos distintos, asignar realizaciones argumentales a un papel temático: se asigna *composicionalmente* (por la FV entera) un papel temático al *argumento externo,* en un proceso en el que la proyección máxima es intermediaria; en cambio, se asignan *bajo rección* los papeles temáticos a los argumentos *internos:* Así, AGUA tiene el mismo papel temático, pero distinta realización argumental, en *el agua hierve* (sujeto sintáctico, argumento externo) y *el médico hierve el agua* (objeto sintáctico, argumento interno).

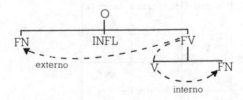

La teoría-θ complementa el abarque de la subcategorización, donde los núcleos *c-seleccionan* (*c-* por «categoría») sólo algunos subconjuntos dentro de los incluidos en sus proyecciones máximas. (Somos conscientes de que existe un uso terminológico bastante generalizado; pero, dado que estas investigaciones todavía no llegan al público estudioso general —no ya al público de la calle—, no hemos cedido a este uso cuando va en contra del general en español, o de los parámetros de nuestra lengua: así, hemos aceptado de muy buen grado «nudo linde» y, con peor humor, «complementante»; pero hemos usado «coindexar», de larga tradición matemática, en vez de «coindizar». Usamos «c-selecciona», «c-manda», etc., porque en español es imposible componer verbos si el segundo elemento no es o pasa a ser verbal, con marcas verbales formales: la solución, por tanto, es usar *c-* como prefijo, que es un parámetro admisible para verbos en la morfología composicional española.)

Todo lo que hemos venido exponiendo nos lleva a la estructura-s y a la FL, para lo cual hemos de ocuparnos de los dos principios que afectan a los tres niveles de representación, el *principio de proyección* y el *criterio-θ*.

6.2.3. Restricción de la representación sintáctica

Nos hemos referido a la selección del léxico en un marco sintáctico proporcionado por la subcategorización de los núcleos. La representación sintáctica está restringida por el *principio de proyección* (Chomsky: 1981, 29, 38 ss.; Sells: 1985, 33-34): «Al proyectar desde el léxico las representaciones en cada nivel sintáctico se tienen en cuenta las propiedades subcategorizadoras de las unidades léxicas».

Esto se traduce, simplificado, como que un objeto presente en un nivel de la derivación (estructura-p, -s o FL) tiene que estar presente en los otros dos y también en que cada vez que un elemento léxico requiera una posición en la estructura sintáctica, dicha posición debe existir. Las transformaciones que llevaban un sujeto profundo a sujeto superficial, por ejemplo, ya no tienen razón de ser y desaparecen, puesto que contradicen el principio de proyección. Claro está que éste exige que haya posiciones que pueden estar ocupadas por una categoría vacía; pero de determinar el tipo de estas categorías vacías se ocupa otro módulo, la teoría del ligamiento (*binding*). Lo esencial es que, una vez que existe una posición sintáctica, ha existido y existirá siempre.

Al ser la sintaxis una proyección de propiedades léxicas, todo núcleo tiene los argumentos que se han especificado léxicamente para él. Cada argumento tiene un papel-θ, es decir, una función única en una estructura sintáctica determinada. La exigencia de una correspondencia biunívoca entre argumento y papel temático es la forma más simple de expresar el criterio-θ. Puesto que, en párrafos anteriores, hemos visto que la subcategorización y la marca-θ, o asignación de papeles temáticos, están interrelacionadas, es necesario un principio que diga (Sells: 1985, 37): «Si α subcategoriza la posición ocupada por β, entonces α θ-marca β». Todas las configuraciones relevantes han de estar presentes en la estructura-p. Lo que se θ-marca es el contenido dominado por una posición subcategorizada.

La subcategorización y la marca-θ interna están sujetas al *principio del gobierno* o la *rección,* que es interactivo y que obliga a que tanto la subcategorización como la marca-θ interna se realicen en el interior de un dominio. Para ello se parte de la noción previa de *mando-c (c-command)* o mando de constituyente. *Mando-c* puede decirse de una categoría α y una categoría β si y sólo si todas las proyecciones máximas que dominan α dominan β (definición revisada). Así V *c-manda* FN y FP en la estructura

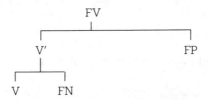

pero no FNsujeto en la estructura

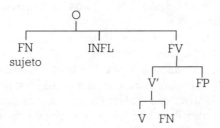

porque la proyección máxima de V, FV (V''=X'' según la tabla) no domina a FNsujeto.

La *rección* es un caso de *mando-c* mutuo, en términos generales. α rige β ssi

a) α c-manda β y
b) α es un elemento del conjunto de *categorías rectoras* {N, V, P, A, INFL, COMP} y toda proyección máxima que domine a β domina a α.

Entre regente, que ha de ser una de las seis categorías nucleares, y regido no puede haber ninguna proyección máxima.

6.2.4. El movimiento

La única regla transformatoria que permanece en GB es muy simple y potente. Se trata de la regla *de movimiento de α*, es decir, «muévase cualquier cosa a cualquier posición». Como vimos al principio, lo característico de la Gramática Universal es el concepto de *restricción*, por lo que la regla tendría como límite «a menos que una restricción lo impida». El movimiento se realiza entre los distintos niveles de una *derivación* (estructura-p — estructura-s — FL). Según el principio de proyección, como hemos visto, las posiciones sintácticas no desaparecen, sino que pueden estar ocupadas por *categorías vacías*. El caso más típico es que una regla de movimiento de α lleve a una categoría de la posición 1 a 2. Entonces 1 es ocupado por una categoría vacía, que es una *huella* de la categoría que estaba en esa posición previamente. Hay dos clases de huellas, a las que deben añadirse otras dos categorías vacías, de tipo pronominal. Para indicar que se ha producido movimiento, la categoría movida y su huella llevan el mismo subíndice, están *coindexadas*, como vimos en el ejemplo *el soldado fue convencido*.

Una de las limitaciones o restricciones fundamentales de la regla *muévase-α* es la *subyacencia*, relacionada con el concepto de *nudo linde* (*bounding node*), porque sólo se puede cruzar uno de estos nudos en una aplicación de *muévase-α*. Es posible que los nudos lindes no correspondan a las mismas categorías en distintas lenguas. En todo caso, para cruzar varios de estos nudos puede aplicarse *muévase-α* en sucesivas ocasiones, siempre si no hay restricciones que impidan ese movimiento. Esto es lo que permitiría cruzar los nudos lindes O en

el hombre que$_i$ [O pienso [O' que [O dijiste [O' que [O habías visto e$_i$]]]]]

para mover *que* desde la posición de objeto de *habías visto,* ahora ocupada por la categoría vacía *e* (inglés *empty*), hasta la de modificador de *hombre*. O no es nudo linde en español y sí lo es O'.

6.2.5. Sobre la estructura-s

Si hasta ahora nos hemos ocupado de reglas y principios que afectan a la estructura-p o a más de un nivel de la derivación, la *teoría del caso* y el *filtro casual* afectan a la estructura-s. El caso está vinculado a las FN especialmente y debe asignarse necesariamente si la FN en la estructura-s va a tener contenido fonético, es decir, se expresará, no es una categoría vacía. Puede incluirse el filtro de caso en el criterio-θ, puesto que una cadena que comience por una FN tiene que tener un caso y no más de uno, del mismo modo que una categoría tiene un papel-θ y no más. La asignación de caso supone *rección* y se vincula por ello con el principio de rección. Además, fuerza el movimiento, así la pasiva, en la que un objeto se mueve a otra posición, requiere que el verbo no asigne caso, porque, de no ser así, un objeto (acusativo) no podría pasar a sujeto (nominativo). El morfema de pasiva suspende la capacidad verbal de asignar caso, al igual que la de asignar un papel-θ externo. Si se trata de la pasiva, cuando el verbo deja de asignar caso al objeto, éste ha de moverse para ir a una posición en la que tenga caso y no tenga papel temático, esto es, la de sujeto. Deja vacía la posición previa, que es ocupada por su huella, una categoría vacía, que recibe como tal un papel-θ.

Las denominaciones de los casos también han sido objeto de controversia. En GB se ha producido un acercamiento entre el planteamiento formal o morfológico más tradicional y la *teoría profunda* de los casos, de la que nos ocupamos al referirnos a la gramática de dependencias y que señalamos en la referencia a la semántica generativa (Fillmore: 1968). Coexisten terminologías que incluyen «agente, objeto, dativo, instrumento, meta», de clara referencia al valor semántico, con otras tradicionales de «nominativo, genitivo, dativo», etc. Para simplificar, usamos las segundas.

Es más sencillo observar la asignación de caso en una lengua en la que el caso implica variaciones morfológicas, como el latín:

- El verbo *legit* rige:
  Un sujeto, que debe ir en nominativo (*-us*)

  Petrus legit

  Un objeto, que debe ir en acusativo (*-um*)

  Petrus librum legit

- Una preposición rige un argumento en acusativo (*-os*) o ablativo (*-o*)

  Petrus librum inter multos legit (Ac.)
  Petrus librum cum amico legit (Abl.)

- Un nombre rige a otro en genitivo (*-i*)

  amicus Petri librum legit

La asignación de caso está sujeta al *principio tipológico:* en griego la preposición asigna caso al dativo, en inglés el genitivo no se asigna bajo rección. Lo esencial es que es necesario asignar *un* caso, cualquiera que éste sea. En algunas lenguas, como el inglés, se restringe la asignación por la *adyacencia;* en latín el caso regido y el regente pueden ir separados por otros elementos léxicos. (No olvidemos que estamos en la estructura-s, en la que el orden lineal es imprescindible.)

El movimiento hace que se creen categorías vacías, sujetas al ECP o *principio de categorías vacías (Empty Category Principle),* que es un principio de buena rección: *una huella debe estar regida adecuadamente,* lo cual se logra cuando el regente es una categoría léxica (N, V, A, P) o cuando hay un tipo de ligamiento, dentro de la misma O'. No podemos entrar en el detalle, claramente resumido en Sells (1985, 61-66; tb. Rizzi: 1982, Jaeggli: 1984), pero sí en los tipos de huellas y categorías vacías (Sells: 1985, 67), en los que el rasgo [a] se refiere a anáfora y [p] a pronominal, pudiendo ser cualquiera de ellos marcado [+] o no marcado [−]:

[−a, −p] huella-qu (o «variable» producida al mover algo a una posición de relativo, *qu-*)

[+a, −p] huella-FN (p.ej. reflexivos)

[−a, +p] pro (pequeño) (p.ej. personales)

[+a, +p] PRO (grande)

La *teoría del control* se ocupa de la relación de PRO con su antecedente, debido a su doble carácter contradictorio (relación anafórica, que exige ese antecedente, a diferencia de la pronominal, de antecedente sólo posible).

La *teoría del ligamiento:* se ocupa de la distribución de las categorías vacías, relaciones interpretativas entre FFNN y distribución de pronombres (con antecedente posible) y reflexivos (que exigen antecedente).

α liga β ssi

α c-manda β y

α y β están coindexadas.

El ligamiento se produce en un *dominio,* en el cual algo, o bien está ligado a una *categoría rectora (Governing Category),* que debe incluir a lo que se rige y también a su regente, o bien queda libre. Por ello hay tres posibilidades y, consecuentemente, tres principios:

Principio A: Una anáfora ([+a]) está ligada en su categoría rectora.

Principio B: Un pronominal ([+p]) está libre en su categoría rectora.

Principio C: Una expresión-R ([−a, −p]) es libre (nunca puede ligarse).

Según el principio A en

María quiso comer

es necesario analizar

María$_i$ quiso PRO$_i$ comer

puesto que sólo puede decirse cuando el sujeto de comer y el de quiso están coindexados (tienen el mismo referido).

Según B, PRO (que es [+p]) tiene que estar libre en su categoría rectora, no tiene categoría rectora. La solución, en este caso, es que PRO debe ser a la vez ligado y libre, lo que coincide con una característica del español: el infinitivo cuyo sujeto es PRO es una forma no personal y por ello no hay un rasgo de CONCORDANCIA en la categoría INFL, es decir, no se requiere un PRO coindexado con el infinitivo.

También según B analizamos la ausencia de sujeto expreso en español y otras lenguas, p.ej. el chino, como

pro habla inglés (Sells: 1985, 74)

mientras que la posposición del sujeto requiere un pro coindexado para explicar la estructura-s de

pro$_i$ llegó Juan$_i$ ayer

con Juan como parte de FV (Sells: 1985, 71-74).
Según A es posible

Juan se lava

sólo si Juan y se están coindexados:

Juan$_i$ se$_i$ lava

del mismo modo que

volver en sí

exige que pro y sí estén coindexados

pro$_i$ vuelve en sí$_i$,

lo que (correctamente) hace imposible

$$*yo_i \; volv\acute{\imath} \; en \; s\acute{\imath}_i$$

*tú$_i$ volviste en sí$_i$.

La mejor solución parece ser

$$pro_i \; v*lv* \; en \; e_i$$

y así en todas las personas, donde *en* asigna caso oblicuo a e_i (reflexivo, huella de FN [+a, −p]) que explica

volví en mí
volviste en ti
volvió en sí

(Naturalmente, no ignoramos el uso vulgar extendido *volví en sí, vuelve (tú) en sí,* que se explica sencillamente como una nominalización de *en sí* como «a recobrar el sentido», o como lexicalización de *volver en sí* con el valor de «reponerse», «recuperarse;» pero nos referimos ahora al uso en el que cada elemento conserva su propio valor.)

PRO está sujeto a los principios A y B; debe aparecer en estructuras en las que si postuláramos una huella violaríamos el criterio-θ, y no puede ser regido (para evitar la contradicción de los principios del ligamiento). Por ello ocupa la posición de «sujeto» en la cláusula de infinitivo. Esta decisión está vinculada, al igual que la relación de PRO con su antecedente, a una teoría menos homogénea que las anteriores, la de *control,* que afecta, como las del ligamiento y la categoría vacía, a la estructura-s y la FL. Necesitamos, en efecto, una teoría que controle la regla de movimiento y los principios que conducen a la construcción de la estructura que se realiza, la estructura-s, y a su interpretación.

Aunque con las transformaciones reducidas al mínimo de la regla de movimiento de α, la teoría de la rección y el ligamiento es una gramática transformatoria. En una de las corrientes más interesantes del último decenio, la *léxico-funcional,* (Bresnan: 1978, 1982) desaparecen las transformaciones y se propone un nivel adicional de *estructura funcional* que se situaría entre la estructura sintáctica y el significado y mediaría entre ambos. Esta estructura funcional es un nivel distinto de la sintáctica, puesto que tiene sus propios primitivos y principios de combinación, lo que impide considerarla como un nivel subordinado o dependiente de la estructura sintáctica. Se deriva en el proceso activo; pero no existe una estructura sintáctica subyacente que se recupere.

Esta referencia a la gramática léxico-funcional es demasiado breve, como lo son las referencias dispersas que hemos hecho a la *gramática sintagmática generalizada* (Gazdar et al.: 1985). Los lectores españoles, que disponen ya de la traducción de Sells (1985), podrán ampliar en esta obra los datos introductorios.

6.2.6. Hacia un nuevo modelo sintáctico

Podemos resumir la posición de las teorías sintácticas actuales, según Jackendoff (1987: 73-74), como un conjunto de reglas sintagmáticas o de estructura de frase y reglas transformatorias, que pueden reducirse al mínimo, es decir, a cero, en uno de los dos subconjuntos. Estas reglas sintácticas describen estructuras relacionadas con la estructura fonológica, de un lado, y la estructura semántico conceptual de otro, en este esquema:

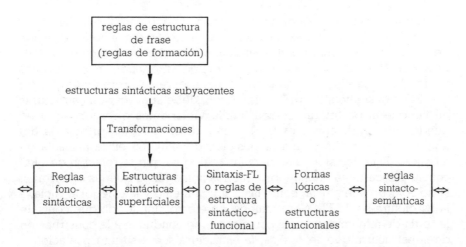

6.3. El esquema de una nueva gramática de constituyentes

Queremos presentar, para concluir, un modelo esquemático, limitado a los niveles fonológico y sintáctico de la estructura lingüística, porque sería excesivamente prolijo y fuera de lugar seguir en detalle uno de los modelos expuestos. Por ello vamos a limitarnos a presentar una posibilidad general, en la línea de lo común y generalmente aceptado (Jackendoff: 1987, cap. 5 y 6). Nos limitaremos a los niveles fonológico y sintáctico, porque son los que se adecuan a esa pretensión limitadísima que acabamos de exponer, mientras que el intento de un planteamiento semántico similar no podría lograr todavía un asentimiento general, además de exigir una labor de síntesis que creemos prematura. No significa esto que no lo creamos preferible, es sólo la conciencia de limitaciones de distinto tipo.

Se llega a explicar una estructura gramatical tras tener en cuenta una serie de categorías, de reglas y de principios. En gramáticas formales tenemos un vocabulario, unas reglas de construcción sintáctica y otras de interpretación (Garrido: 1988). En nuestro esquema consideraremos unos *primitivos,* unos *principios de combinación* y un *principio tipológico.* Todo se sitúa dentro de la concepción innatista y de una teoría de la Gramática Universal, por tanto. Mientras que los primitivos y los principios de combinación se presentan como categorías y reglas de la Gramática Universal, el principio tipológico es un principio también universal; pero que impone las restricciones particulares, según el tipo al que la lengua pertenece y las características singulares de la propia lengua.

La posibilidad de diferenciar una *estructura fonológica* y una *estructura sintáctica* se basa en la capacidad de los hablantes para segmentar el sujeto continuo del habla en unidades discretas y en analizar los principios que las relacionan. La estructura fonológica y la sintáctica son, pues, *niveles de representación.*

En la fonológica es más cercano el objeto representado, la cadena fónica, que tiene además una realidad física perceptible e incluso analizable y sintetizable en sus propiedades físicas, con resultados que no son necesariamente coincidentes con la representación mental que constituye ese nivel de estructura fonológica. En ella, a diferencia de la sintáctica, es más fácil hablar de *clases naturales* (por ejemplo *vocales,* frente a *consonantes*) con características distintas, basadas a menudo en hechos o fenómenos físicos.

Los *primitivos* de la estructura fonológica son los *rasgos distintivos* y las nociones de *segmento fonológico, sílaba, palabra.*

Los tres principios de combinación son jerárquicos, en el sentido de que unidades menores se combinan en unidades de rango superior, más abstractas.

Según el primero, que se diferencia de los dos restantes en ser simultáneo, no lineal, los rasgos distintivos se combinan simultáneamente en una *matriz* que es única para cada segmento fonológico.
El segundo principio permite la concatenación de los segmentos, es lineal.
El tercero es categorizador, pues es por él por quien se produce el encorchetado de las concatenaciones de segmentos en sílabas y de las concatenaciones de sílabas en palabras.

Gracias a estos principios pueden combinarse los primitivos para formar estructuras fonológicas superficiales o profundas en todas las lenguas. El principio tipológico, que aporta los principios particulares que restringen esas estructuras en una lengua concreta, se expresa y establece también en términos de la estructura fonológica. Así, la imposibilidad de que una sílaba (y consiguientemente una palabra) acabe en español por /mp#/, por ejemplo, depende de una restricción tipológica que se aplica al español, no de un principio de combinación. Hay otras lenguas que permiten /mp#/ en final de sílaba y·palabra, como el inglés. La aceptación de un nivel estructural profundo distinto del superficial depende ya del modelo concreto de gramática, así como el tipo de producciones que relacionan, en su caso, ambas estructuras.

En cuanto·a la estructura sintáctica, los *primitivos* son dos, los *constituyentes inmediatos,* de un lado, y de otro *un conjunto etiquetador de categorías léxicas y sintagmáticas.* Al primero se debe la consideración de la oración como un conjunto de FN y FV; pero las etiquetas O, FN, FV, como las de Nombre, Adjetivo, etc. son primitivos que pertenecen al conjunto etiquetador. *Nombre* y *verbo* etiquetan categorías léxicas, *O, FN, FA* etiquetan categorías sintagmáticas. La complejidad de sus relaciones ha quedado expuesta en la explicación de la teoría de la rección y el ligamiento y depende de dos *principios de combinación,* el de *dominio inmediato* y el de *orden lineal.* Una aplicación concreta, general, del principio de dominio inmediato se ha expuesto al hablar de la teoría de la *x'* o de la teoría de la rección, por ejemplo. El principio del orden lineal aparece en aspectos estudiados, como la adyacencia, o consecuencias superficiales del movimiento o el ligamiento.

El principio tipológico, de nuevo, restringe estas posibilidades a las lenguas particulares. Así, la pertenencia al tipo SVO, por ejemplo, repercute en ciertas opciones de orden lineal, dentro del cual unas lenguas pueden tener más restricciones que otras. Verbigracia, dentro del tipo SVO, el chino tiene un orden mucho más rígido que el castellano en los niveles más concretos, es decir, más cercanos a la expresión fónica.

Las restricciones afectan también al conjunto etiquetador de categorías, naturalmente. Así, se discute si la etiqueta *adjetivo* corresponde a algún elemento léxico del chino o si, por el contrario, en esta lengua no hay adjetivos. En árabe no hay *infinitivos,* ni en español, posiblemente, un *aspecto* diferenciado del *tiempo.* Estas carencias son restricciones tipológicas. El principio de combinación exige que cualquier etiqueta necesaria para el análisis y la generación de estructuras lingüísticas se encuentre en el *conjunto etiquetador,* aunque no por ello todas esas etiquetas y las categorías correspondientes puedan aparecer en cualquier lengua o tengan que aparecer en todas las lenguas. Del mismo modo, la evolución histórica de una lengua puede llevar a la aparición de nuevas categorías, que podrán recibir etiquetas de ese conjunto, definido extensionalmente por todas ellas.

Este planteamiento, como todos los que intentan establecer un mínimo de formalización en el metalenguaje, supone la elección de un modelo. Ángel López-García, quien intenta construir un modelo original, desarrollando un punto de partida vinculado a la escuela de Praga, su gramática liminar, topológica y cognitiva (1988, 11), ha señalado cómo la elección de ese modelo, en cualquier teoría lingüística, está condicionada por las propiedades de las lenguas naturales que se consideran relevantes. Nuestra visión ha pretendido mostrar cómo ese *continuum* puede ser segmentado en unidades discretas y cómo se ha presentado ese proceso en varias corrientes que han fluido, sobre todo, por el terreno de la lingüística occidental o, si se prefiere, de origen o inspiración última greco-latina. Hemos intentado huir de la limitación descriptiva para realzar aquellas líneas que se van entretejiendo en el quehacer de los estudiosos, tejer y destejer más odiseico que épico.

Índice de autores y materias

Bibliografía

En esta bibliografía empleamos el orden alfabético internacional, siguiendo la reforma aceptada por la Real Academia Española para el *Diccionario*. Cuando citamos una obra con dos fechas, separadas por una barra, por ejemplo «1957/1974», quiere decir que la obra se publicó por primera vez en la fecha que figura a la izquierda (1957 en el ejemplo) y que la citamos por la fecha de la derecha, que puede corresponder a ediciones corregidas o traducciones, principalmente. Agradecemos a las bibliotecas de las universidades de Heidelberg, Stanford y Berkeley las facilidades concedidas para la consulta, xerocopia y copia electrónica de los datos necesarios. Esta bibliografía sólo pretende recoger las obras citadas directa o indirectamente en el texto.

ABRAHAM, Werner (1981): *Diccionario de Terminología Lingüística Actual*, Madrid: Gredos.

ALARCOS GARCÍA, Emilio (1934): «Una teoría acerca del origen del castellano», *Bol. R.A.E.*, XXI, 209-228.

Cfr. Correas, Gonzalo.

ALARCOS LLORACH, Emilio (1951): *Gramática Estructural (según la Escuela de Copenhague y con especial atención a la lengua española)*, Madrid: Gredos.

——— (1974): *Fonología española*, 4ª ed. aumentada y revisada, Madrid: Gredos.

——— (1970/1978): *Estudios de gramática funcional del español*, 2.ª ed. aumentada, Madrid: Gredos.

——— (1978): *Milenario de la Lengua Española*, Oviedo: Caja de Ahorros de Asturias.

ALCALÁ, Pedro (1505): *Arte para ligeramente saber la lengua aráuiga*, Granada.

Cfr. Lagarde.

Cfr. Corriente

ALONSO, Amado (1939/1961): «Sobre métodos: construcciones con verbos de movimiento en español», *Estudios Lingüísticos. Temas españoles*, Madrid: Gredos.

ANÓNIMO DE LOVAINA (1559/1966): *Gramática de la lengua vulgar de España*, ed. fac. y estudio de Rafael de Balbín y Antonio Roldán, Madrid: CSIC.

ALONSO-CORTÉS, Ángel [Manteca] (ed.) (1969): *Lecturas de Sociolingüística*, Madrid: Cátedra.

ANSPECH, E. (1936): «Das Fortleben Isidors im VII. bis IX. Jahrhundert», *Miscellanea Isidoriana. Homenaje a S. Isidoro de Sevilla en el XIII centenario de su muerte, 636-1936*, Roma, 323-356.

ARENS, Hans (1955/75): *La Lingüística: sus textos y su evolución desde la Antigüedad hasta nuestros días*, 2 vols., Madrid: Gredos.

ARGENTE, Juan, (ed.) (1971): *El círculo de Praga*, Barcelona: Anagrama.

BÁEZ SAN JOSÉ, Valerio (1988): *Fundamentos críticos de la gramática de dependencias*, Madrid: Síntesis.

BAHNER, Werner (1966): *La lingüística española del Siglo de Oro*, Madrid: Ciencia Nueva.

BARTSCH, Renate, y VENNEMANN, Theo (1982/1983): *Grundzüge der Sprachtheorie. Eine linguistische Einführung*, Tübingen: Max Niemeyer.

BLOOMFIELD, Leonard (1933/1935): *Language*, ed. revisada, Londres: George Allen & Unwin.

BRESNAN, Joan (1978): «A Realistic Transformational Grammar», en M. Halle, J. Bresnan y G. Miller (eds.): *Linguistic Theory and Psychological Reality*, 1-59. Cambridge, Mass.: M.I.T. Press.

—— (ed.) (1982): *The Mental Representation of Grammatical Relations*, Cambridge, Mass.: M.I.T. Press.

BREVA CLARAMONTE, M. (1983): *Sanctius Theory of Language*, Amsterdam: John Benjamin's.

BURSILL-HALL, G. L. (1971): *Speculative Grammars of the Middle Age*, La Haya: Mouton.

—— (1975): «The Middle Ages», *Current Trends in Linguistics*, ed. Th. A. Sebeok, La Haya: Mouton, 13, 179-230.

—— (1981): *A census of Medieval Latin grammatical manuscripts*, Stuttgart-Bad Cannstatt: Frommann-Holzboog,

BYNON, Theodora (1977): *Historical Linguistic*, Cambridge: University Press. (Trad. esp. Madrid: Gredos).

CARROLL, J. B. (1953): *The Study of Language: a Survey of Linguistics and Related Disciplines in America*, Cambridge, Mass.: Harvard University Press.

CASARES, Julio (1947): «Nebrija y la gramática castellana», *Bol.R.A.E.*, 26, 335-367.

CASTRO, Américo (1936): *Glosarios Latino-españoles de la Edad Media*, Madrid: Centro de Estudios Históricos.

CHOMSKY, Noam (1957/1974): *Estructuras sintácticas*, México: Siglo XXI.

—— (1965): *Aspects of the Theory of Syntax*, Cambridge, Mass.: M.I.T. Press. (Versión española, Madrid: Aguilar.)

—— (1966/1969): *Lingüística Cartesiana. Un capítulo de la historia del pensamiento racionalista*, Madrid: Gredos. (Cfr. reseña de Alfredo Deaño en *Revista de Occidente*, agosto-septiembre de 1972.)

—— (1968/1971): *El lenguaje y el entendimiento*, Barcelona: Seix Barral.

—— (1972): *Studies on Semantics in Generative Grammar*, La Haya: Mouton.

—— (1977/1982): *Ensayos sobre forma e interpretación*, Madrid: Cátedra.

—— (1980): *Rules and Representations*, Oxford: Basil Blackwell. (Trad. catalana de J. A. Argente, Barcelona: Empúries, 1986).

—— (1981/1982): *Lectures on Government and Binding. The Pisa Lectures*, Dordrecht: Foris (2.ª ed. revisada).

—— (1982/1988): *Some Concepts and Consequences of the Theory of Government and Binding*, Cambridge, Mass.: M.I.T. Press. Trad. esp. *La nueva sintaxis. Teoría de la rección y el ligamiento*, Barcelona: Paidós.

—— (1985/1989): «Cambios de perspectiva sobre el conocimiento y uso del lenguaje», en Alonso-Cortés: 1989, 163-198.

—— (1986a): *Knowledge of Language. Its Nature, Origin and Use*, N. York: Pantheon. (Manuscrito de 1984).

—— (1986b): *Barriers*, Cambridge, Mass.: M.I.T. Press.

—— (1988): *Language and Problems of Knowledge*, Cambridge, Mass.: M.I.T. Press. Trad. esp. Madrid: Visor.

Cfr. Piatelli-Palmarini.

COLÓN, Germán (1985): «Variantes léxicas en el español de Nebrija», *Philologica Hispaniensia in Honorem Manuel Alvar*, II, Madrid: Gredos, 95-111.

COLÓN, Germán, y SOBERANAS, Amadeu-J. (1979): Elio Antonio de Nebrija, *Diccionario latino-español (Salamanca 1492)*, Barcelona: Puvill.

—— (1987): Elio Antonio de Nebrija, Gabriel Busa, O.S.A. *Diccionario latín-catalán y catalán-latín (Barcelona, Carles Amorós, 1507)*, Barcelona: Puvill.

COMRIE, Bernard (1981): *Language Universals and Linguistic Typology*, Oxford: Blackwell. Trad. esp. Madrid: Gredos.

CORREAS, Gonzalo ([1625]/1954): *Arte de la Lengua Española Castellana*, ed. y estudio de Emilio Alarcos García, Madrid: CSIC, anejos *RFE*.

—— (1627/1984): *Arte Kastellana*, introducción ed. y notas por Manuel Taboada Cid, Santiago de Compostela: Universidad.

—— (1630/1971): *Ortografia Kastellana, nueva i perfeta*, Salamanca (casa de Xazinto Tabernier), ed. fac. Madrid: Espasa Calpe.

CORRIENTE, Federico (1974): *Las muᶜallaqāt.: antología y panorama de Arabia preislámica*, Madrid: Instituto Hispano-árabe de Cultura.

—— (1977): *A Grammatical Sketch of the Spanish Arabic Dialect Bundle*, Madrid: Instituto Hispano-árabe de Cultura.

—— (1980): «Notas de lexicología hispanoárabe», *Vox Romanica*, 39, 183-210 (esp. 194-210.)

—— (1981): «Notas de lexicología hispanoárabe. (III y IV)», *Awrāq*, 4, 5-30, (esp. 5-27.)

—— (1988): *El léxico árabe andalusí según P. de Alcalá. Ordenado por raíces, anotado y fonémicamente interpretado*, Madrid: Universidad Complutense. Departamento de Estudios Árabes e Islámicos.

COSERIU, Eugenio (1970): «Semantik, innere Sprachform und Tiefenstruktur», *Folia Linguistica*, 4, 53-63.

—— (1977a): *Tradición y novedad en la ciencia del lenguaje*, Madrid: Gredos.

—— (1977b): *Principios de Semántica Estructural*, Madrid: Gredos.

—— (1978): *Gramática, semántica, universales*, Madrid: Gredos.

DE ANDRÉS, Teodoro (1969): *El nominalismo de Guillermo de Ockham como Filosofía del Lenguaje*, Madrid: Gredos.

DEAÑO, Alfredo (1974/1986): *Introducción a la lógica formal*, Madrid: Alianza editorial.

DEL ESTAL FUENTES, E. (1973): *Francisco Sánchez de las Brozas y la doctrina de la elipsis*, Salamanca: Universidad.

—— (1975): Cfr. Sánchez de las Brozas: 1562.

DEMONTE, Violeta (1989): *Teoría sintáctica: de las estructuras a la rección*, Madrid: Síntesis.

DEZSÖ, László (1982): *Studies in Syntactic Typology and Contrastive Grammar*, La Haya: Mouton.

DÍAZ GARCÍA, Amador (1973): *El dialecto árabe-hispánico y el «Kitâb fî lahn al-'âmma» de Ibn Hišâm al-Lajmî*, Granada: Universidad.

DÍAZ Y DÍAZ, Manuel (1978): *Las primeras glosas hispánicas*, Barcelona: Universidad Autónoma.

DONZÉ, Roland (1970): *La Gramática General y Razonada de Port Royal*, Buenos Aires: Eudeba.

ERFURT, Tomás de: Cfr. L. Farré.

ENCYCLOPÉDIE DE L'ISLAM (1961): Leiden - París: Brill, nueva edición.

FARRÉ, Luis (ed.) (1947): Tomás de Erfurt, *Gramática especulativa*, Buenos Aires: Losada.

FAULMANN, Karl (1880): *Illustrierte Geschichte der Schrift. Entstehung der Schrift der Sprache und der Zahlen sowie der Schriftsysteme aller Völker der Erde*, Viena: A. Hartlebens. (reimp. Nördlingen: Franz Greno, 1989.)

FERGUSON, Thaddeus (1976): *A History of the Romance Vowel Systems through Paradigmatic Reconstruction*, La Haya-París: Mouton.

FERNÁNDEZ SEVILLA, Julio (1974): «Un maestro preterido, Elio Antonio de Nebrija», *Boletín del Instituto Caro y Cuervo*, XXIX, 1-33.

FILLMORE, Charles (1966/1971): «Hacia una teoría moderna de los casos», en Heles Contreras (compilador) *Los fundamentos de la gramática transformacional*, 45-65, México: Siglo XXI.

—— (1968): «The case for Case», en E. Bach y R. T. Harms (eds.) *Universals in Linguistic Theory*, [0]-88, N. York: Holt, Rinehart & Winston.

FIRTH, J. R. (1957): *Papers in Linguistics. 1934-1951*, Oxford: University Press.

FORREST, R. A. D. (1948/1973): *The Chinese Language*, Londres: Faber & Faber.

FRIED, V. (ed.) (1972): *The Prague School of Linguistics and Language Teaching*, Oxford: University Press.

GARCÍA, Constantino (1960): *Contribución a la historia de los conceptos gramaticales. La aportación del Brocense*, Madrid: CSIC.

GARCÍA DE DIEGO, Vicente (1970): *Gramática Histórica Española*, 3.ª ed., Madrid: Gredos.

GARRIDO MEDINA (1988): *Lógica y Lingüística*, Madrid: Síntesis.

GAZDAR, Gerald; KLEIN, Ewan; PULLUM, Geoffrey, y SAG, Ivan (1985): *Generalized Phrase Structure Grammar*, Cambridge, Mass.: Harvard University Press.

GAZDAR, Gerald, y MELLISH, Chris (1989a): *Natural Language Processing in Lisp. An Introduction to Computational Linguistics*, Wokingham, etc.: Addison-Wesley.

—— (1989b): *Natural Language Processing in Prolog. An Introduction to Computational Linguistics*, Wokingham, etc.: Addison-Wesley.

GELB, Ignace E. (1952/1987): *Historia de la escritura*, Madrid: Alianza.

GLEASON, H. A., Jr. (1965): *Linguistics and English Grammar*, N. York-Londres: Holt, Rinehart & Winston.

—— (1955/1970): *Introducción a la Lingüística Descriptiva*, Madrid: Gredos.

GODOY ALCÁNTARA, José (1868): *Historia crítica de los falsos cronicones*, Madrid. Reimp. Madrid: Tres catorce diecisiete, 1981.

GÓMEZ ASENCIO, José Jesús (1981): *Gramática y categorías verbales en la tradición española (1771-1847)*, Salamanca. Universidad, Acta Salmanticensia.

—— (1985): *Subclases de palabras en la tradición española (1771-1847)*, Salamanca. Universidad, Acta Salmanticensia.

GONZÁLEZ OLLÉ, Fernando (1978): «El establecimiento del castellano como lengua oficial», *Boletín de la Real Academia Española*, 58, 229-280.

GRABMANN, M. (1937): *Die Introductiones in Logicam des Wilhelm von Shyreswood*, *Sitzungsberichte der Bayerischen Akademie der Wissenschaften*, Munich, cuaderno X.

GRAVES, F. P. (1912): *Peter Ramus and the Educational Reformation of the sisteenth Century*, N. York.

GREENBERG, Joseph H. (1957): *Essays in Linguistics*, Chicago: University Press.

—— (1963): «Some Universals of grammar with particular reference to the order of meaningful elements», *Universals of language*, ed. J.H. Greenberg, Cambridge, Mass: Cambridge Univ. Press, 73-113.

—— (1966): *Language Universals*, La Haya: Mouton.

—— (ed.) (1966): *Universals of Language*, Cambridge, Mass.: M.I.T. Press (2.ª ed.).

—— 1987: *Language in the Americas*, Stanford: University Press.

—— (ed.) (1978): *Universals of Human Language*, 4 vols. Stanford: University Press.

GRISHMAN, Ralph (1986): *Computational Linguistics*, Cambridge: University Press.

GUILLAUME, Gustave (1969): *Langage et science du langage*, París: Nizet; Quebec: Presses de l'Université Laval.

HALL, R. A. Jr. (1951-2): «American Linguistics 1925-1950», *Archivum Linguisticum*, 3, 101-125, 4, 1-16. Versión en español, *Lingüística Norteamericana 1925-50*, Buenos Aires, Fac. de Filosofía y Letras, Universidad de Bs. As., *Cuadernos de Lingüística*, 2, 1960.

HALLYDAY, M. A. K. (1961): «Categories of the Theory of Grammar», *Word*, 17, 241-292.

—— (1982): *Exploraciones sobre las funciones del lenguaje*, Barcelona: Editorial Médica y Técnica.

HAMP, E. P. (1957): *A Glossary of American Technical Linguistic Usage 1925-1950*, Utrecht-Amberes, 3.ª ed. 1966.

HARRIS, James (1751/1795): *Hermès, ou Recherches philosophiques sur la grammaire universelle*. Trad. y adiciones de Fr. Thurot. París (Impr. de la République), Messidor, año IV.

HARRIS, Zellig (1951): *Structural Linguistics*, Chicago: The University of Chicago Press.

HAUGEN, Einar (1950): *The first grammatical treatise. The earliest Germanic Phonology*, suplemento a *Language*, 26.

HAWKINS, J. A. (1983): *Word Order Universals*, N. York: Academic Press.

HEILMANN, Luigi (ed.) (1976): *Wilhelm von Humboldt nella cultura contemporanea*, Bolonia: il Mulino.

HERVÁS Y PANDURO, Lorenzo (1784): *Catálogo de las lenguas de las naciones conocidas*, Cesena. (En italiano).

—— (1800/1979): *Catálogo de las lenguas de las naciones conocidas y numeración, división y clases de éstas según la diversidad de sus idiomas y dialectos*. 6 volúmenes. Reimp. Madrid: Atlas (según la edición de Madrid, 1800-1805).

HIERRO S[ÁNCHEZ] PESCADOR, José (1986): *Principios de Filosofía del Lenguaje*, Madrid: Alianza editorial.

HIRSCHFELD, H. (1926): *Literary History of Hebrew Grammarians and Lexicographers*, Londres.

HITTI, Philip K. (1970/1973): *El Islam, modo de vida*, Madrid: Gredos.

HJELMSLEV, Luis (1928/1976): *Principios de Gramática General*, Madrid: Gredos.

—— (1934/1976): *Sistema lingüístico y cambio lingüístico*, Madrid: Gredos.

HOCKETT, Charles F. (1958): *A Course in Modern Linguistics*, N. York: The Macmillan Co. Hay adaptación española, Buenos Aires: EUDEBA.

—— (1968/1974): *El estado actual de la Lingüística*, Madrid: Akal.

HOPPER, P. J. (1973): «Glottalized and Murmured Occlusives in Indoeuropean», *Glossa*, 7, 141-166.

HUMBOLDT, Wilhelm von (1822/1972): *Sobre el origen de las formas gramaticales y sobre su influencia en el desarrollo de las ideas. y Carta a M. Abel Rémusat sobre la naturaleza de las formas gramaticales en general y sobre el genio de la lengua china en particular*, Barcelona: Anagrama, 1972.

—— (1836/1907): *Werke. Gesammelten Schriften*, t. VI, Berlín: B. Behr's.

—— (1836/1974): *Introduction à l'oeuvre sur le kavi et autres essais*, trad. e introd. de Pierre Caussat, París: Seuil. Cfr. Heilmann, L.

HYMES, Dell (ed.) (1964): *Language in Culture and Society. A Reader in Linguistics and Anthropology*, N. York: Harper & Row.

JACKENDOFF, Ray S. (1972): *Semantic Interpretation in Generative Grammar*, Cambridge, Mass.: M.I.T. Press.

—— (1977): *X-bar syntax: A study of phrase structure*, Cambridge, Mass.: M.I.T. Press.

—— (1983): *Semantics and Cognition*, Cambridge, Mass.: M.I.T. Press.

—— (1987): *Consciousness and the Computational Mind*, Cambridge, Mass.: M.I.T. Press.

JAEGGLI, Osvaldo (1984): «Subject Extraction and the Null Subject Parameter», en C. Jones y P. Sells (eds.) *Proceedings of NELS 14*, Graduate Linguistic Student Association, University of Massachussets at Amherst, 132-153.

JAKOBSON, Roman (1941/1974): *Lenguaje infantil y afasia*, Madrid: Ayuso.

—— (1952): «The Puzzles of the Igor' Tale», *Speculum*, 27.

—— (1963): *Essais de linguistique générale*, París: Minuit. (Prefacio y biliografía de Jakobson por Nicolas Ruwet.)

—— (1970/1974): *Main Trends in the Science of Language*, N. York: Harper & Row.

—— (1974/1984): *Ensayos de Lingüística General*, Barcelona: Ariel.

—— (1980a): *The framework of language*, Michigan Studies in the Humanities.

—— (1980b): *Brain and Language*, con ayuda de Kathy Santilli, Columbus, Ohio: Slavica Pub.

JEFFERS, Robert J., y LEHISTE, Ilse (1979): *Principles and Methods for Historical Linguistics*, Cambridge, Mass.: The M.I.T. Press.

JESPERSEN, Otto (1922): *Language. Its Nature, Development and Origin*, Londres: George Allen & Unwin.

—— (1924): *The Philosophy of Grammar*, Londres: George Allen & Unwin.

JIMÉNEZ PATÓN, Bartolomé ([1614]/1965): *Instituciones de la Gramática Española. Epítome de la Ortografía latina y castellana*, ed. y estudio de Antonio Quilis y Juan Manuel Rozas, Madrid: CSIC.

JOOS, M. (1957): *Readings in Linguistics. The Development of Descriptive Linguistics in America since 1925*, Washington, 4.ª ed. 1966.

KAY, Martin (1967): «Experiments with a powerful parser», *2ème Conférence Internationale sur le Traitement Automatique des Langues*, Grenoble.

KEIL, H. (1857-1878): *Grammatici Latini*, Leipzig: Teubner, 7 vols.

KLIMOV, G. A. (1977): *Tipologija jazykov aktinovo stroja,* («Tipología de la estructura activa de las lenguas»), Moscú: Nauka.

—— (1983): «On Contentive Typology», *Lingua e Stile*, 18, 327-41.

KUKENHEIM, Louis (1932): *Contributions à l'histoire de la grammaire italienne, espagnole et française à l'époque de la Rennaissance*, Amsterdam: Noord-Hollandsche Uitgevers-Maatschappij. (Reimp. 1974, Utrecht: H&S Pub.)

—— (1951): *Contributions à l'histoire de la grammaire grecque, latine et hébraique à l'époque de la Renaissance*, Leiden: Brill.

—— (1962): *Esquisse historique de la linguistique française et de ses rapports avec la linguistique générale*, Leiden: Universitaire Pers.

KURYLOWICZ, Jerzy (1949): «La nature des procès *analogiques*,» *Acta Linguistica*, V, 15-37.

LAGARDE, Paul de (1883): *Petri Hispani de Lingua Arabica Libri duo*, Göttingen: A. Hoyer, reimp. 1971, Meisenheim a. Glan: Anton Hain.

LAPESA, Rafael (1968): «Evolución sintáctica y forma lingüística interior en español», *Actas del XI Congreso Internacional de Lingüística y Filología Románicas*, Madrid: CSIC, 131-150.

—— (1980): *Historia de la Lengua Española*, ed. muy revisada. Madrid: Gredos.

—— (1984): «Símbolos y palabras en el *Setenario*, de Alfonso X», estudio preliminar a la edición de Kenneth H. Vanderford, Barcelona: Crítica, VII-XXV. (La edición reproduce la de Buenos Aires, 1945.)

LAW, Vivien (1982): *The Insular Latin Grammarians*, Woodbridge: The Boydell Press.

LÁZARO CARRETER, Fernando (1949): *Las ideas lingüísticas en España durante el siglo XVIII*, Madrid: CSIC. (Reimp. Barcelona: Crítica).

—— (1962): *Diccionario de términos filológicos*, Madrid: Gredos. (1.ª ed. 1953).

LEWANDOWSKI, Theodor (1982): *Diccionario de Lingüística*, Madrid: Cátedra.

LIAÑO, Jesús María (1971a): «Nueva redacción de la Minerva», *Estudios Clásicos*, 63, 187-203.

—— (1971b): *Sanctius el Brocense*, Madrid: Universidad de Salamanca.

LLORENTE MALDONADO DE GUEVARA, Antonio (1967): *Teoría de la lengua e historia de la Lingüística*, Madrid: Alcalá.

LÓPEZ GARCÍA, Ángel (1988a): *Psicolingüística*, Madrid: Síntesis.

—— (1988b): «A Characterization of Perceptual Linguistics with a Sketch of the English Verbal System in Liminar Grammar», *LynX*, 1, 9-49.

—— (1988c): «Fundamentos y desarrollo de la gramática liminar», *Revista Española de Lingüística*, 18, 385-401.

—— (1989): «Nota para la historia de la lingüística española: la contribución de san Vicente Ferrer», *Philologica II, Homenaje a D. Antonio Llorente*, Salamanca: Universidad, 389-398.

LYONS, sir John (1968): *Introduction to Theoretical Linguistics*, Cambridge: University Press. (Trad. esp. *Introducción en la Lingüística Teórica*, Barcelona: Teide.)

—— (1977a): *Semantics*, 2 vols. Cambridge: University Press. (Trad. esp. *Semántica*, Barcelona: Teide.)

—— (1977b): *Noam Chomsky*, Harmondsworth: Penguin. Ed. revisada. (Hay trad. esp. Barcelona: Grijalbo, 1974, de la primera edición, de 1970.)

—— (1981): *Language and Linguistics*, Cambridge: University Press. (Trad. esp. Barcelona: Teide.)

MACDONALD, Gerald J. (1981): Antonio de Nebrija *Vocablario de Romance en Latín*, Madrid: Castalia.

MAŃCZAK, Witold (1958): «Tendances Générales des Changements Analogiques», *Lingua*, 7, 298-325, 387-420.

MARCOS MARÍN, Francisco (1975): *Lingüística y Lengua Española*. Madrid: Cincel, reimp. 1988.

—— (1976a): «Aspectos de la lingüística actual», *Escuela Española*, 2.325, Mayo 1976, pp. 12-15, y *Bol. Informativo de CEDE*, 25 de Marzo de 1976.

—— (1976b): «Notas introductorias acerca del desarrollo de la lingüística en la Unión Soviética». *Escuela Española*, 2.360, Diciembre de 1976, pp. 4-5.

—— (1979): *Reforma y Modernización del Español (Ensayo de Sociolingüística Histórica)*, Madrid: Cátedra.

—— (1980/1984): *Curso de Gramática Española*. Madrid: Cincel-Kapelusz.

—— (1983a): «La planificación lingüística». *Introducción a la Lingüística*, ed. F. Abad y A. García Berrio, Madrid: Alhambra, 315-344.

—— (1983b): «Observaciones sobre la Gramática en la Edad Media occidental».

Serta Philologica F. Lázaro Carreter, Madrid: Cátedra, 343-353.

—— (1984): «El desarrollo del castellano», *Historia 16,* IX, 96, 1984, 67-70, y *La España de Alfonso X,* Madrid: Cuadernos Historia 16, n.º 13, 1985 [1986], 25-28.

—— (1987): «Américo Castro, traductor y glosador de W. Meyer-Lübke (Una carta inédita de J. Jud y una reseña de Leo Spitzer)», *Homenaje a Américo Castro,* Madrid: Editorial Universidad Complutense, 143-149.

—— (1982): F.M.M. (coordinador): *Introducción plural a la gramática histórica.* Madrid: Cincel.

—— (1985): «El nombre en árabe de Toledo», *Homenaje a Álvaro Galmés de Fuentes,* Madrid: Gredos, II, 599-607. Versión con ligeras variantes en *Toledo Hispanoárabe,* Toledo: Colegio Universitario, 1986, 11-16.

—— (1988): F.M.M. y Jesús Sánchez Lobato, *Lingüística Aplicada,* Madrid: Síntesis.

MARTINET, André (1965): *Elementos de Lingüística General,* Madrid: Gredos.

MAYANS I SISCAR, Gregorio (1766): *Francisci Sanctii Brocensis, Opera Omnia,* I, Ginebra.

MEHIRI, Abdelkader (1973): *Les théories grammaticales d'Ibn Jinnī,* Túnez: Université de Tunis.

MENÉNDEZ PIDAL, Ramón (1940/1962): *Manual de Gramática Histórica Española* (la 6.ª ed. es la última corregida), 11.ª ed. Madrid: Espasa Calpe.

—— (1956): *Orígenes del Español,* 4.ª ed., Madrid: Espasa Calpe.

MONROE, James T. (1970): *Islam and the Arabs in Spanish Scholarship,* Leiden: Brill.

MORENO CABRERA, Juan Carlos (1987): *Fundamentos de Sintaxis General,* Madrid: Síntesis.

NEBRIJA, Antonio de (1492/1980): *Gramática de la lengua castellana,* ed. Antonio Quilis, Madrid: Editora Nacional, 1980.

—— (1517/1977): *Reglas de Orthographía de la Lengua Castellana,* ed. A. Quilis, Bogotá: Instituto Caro y Cuervo, 1977.

NEWMEYER, Frederick J. (1980/1982): *El primer cuarto de siglo de la gramática generativo-transformatoria (1955-1980),* Madrid: Alianza editorial.

NIEDEREHE, Hans-Josef (1986): H.-J. N. y Antonio Quilis (eds.): *The History of Linguistics in Spain.* Amsterdam, Philadelphia: John Benjamins. (Studies in the History of the Languages Sciences; 34).

—— (1986b): «La lexicographie espagnole jusqu'à Covarrubias», *Histoire, Épistémologie, Langage,* VIII, 1, 9-19.

—— (1986c): «La lessicografia spagnola dagli inizi fino a Covarrubias», *Schifanoia,* II, 101-106.

—— (1987): *Alfonso X el Sabio y la lingüística de su tiempo.* Madrid: SGEL.

—— (1987b): Aarsleff, H.; Kelly L.G.; y H-J.N. (eds.): *Papers in the History of Linguistics: Proceedings of the Third Intenational Conference on the History of the Language Sciences (ICHoLS III).* Amsterdam, Philadelphia: John Benjamins.

—— (1987c): H.-J. N.; Schlieben-Lange, B. (eds.): *Die Frühgeschichte der Romanischen Philologie: von Dante bis Diez.* Tübingen: Narr. (Beiträge zum deutschen Romanistentag in Siegen; XXX, 9).

——— (1987d): «La lexicografía española desde los principios hasta el año 1599», *Papers in the History of Linguistics: Proceedings of the Third Intenational Conference on the History of the Language Sciences (ICHoLS III)*. Amsterdam, Philadelphia: John Benjamins, 157-166.

——— (1987e): «Les dictionaires franco-espagnols jusqu'en 1800», *Histoire, Épistémologie, Langage*, IX, 2, 13-26.

——— (1988): H.-J. N.; Schlieben-Lange, B. (eds.): «Frühgeschichte der romanischen Philologie von Dante bis Diez», en F. Nies, R. Grimm (eds.): *Ein 'unmögliches Fach': Bilanz und Perspektiven der Romanistik*. Tübingen: Gunter Narr, 125-130.

——— (1988b): «Alfons der Weise, das Galicische und die Sprachgeschichte», *Homenagem a Joseph M. Piel por ocasião do 85º aniversário*. Tübingen: Niemeyer.

——— (1988c): «Les dictionnaires bilingues français-espagnols et espagnol-français au XVIIIᵉ siécle», *Travaux de linguistique et de philologie*, 26, 33-47.

OTERO, Carlos Peregrín (1970): *Introducción a la lingüística transformacional*, México: Siglo XXI.

PADLEY, G. A. (1976): *Grammatical Theory in Western Europe. 1500-1700. The Latin Tradition*, Cambridge: Univ. Press.

PAREJA, Félix, M. S. I. (1952-54): *Islamología*, 2 vols. Madrid: Razón y Fe.

PAUL, Hermann (1880/1970): *Princípios Fundamentais da História de Língua*, Lisboa: Fundación C. Gulbenkian.

PEIRCE, Charles S. (1957): *Essays in the Philosophy of Science*, N. York: V. Tomas.

PIATELLI-PALMARINI, Massimo (ed.) (1979/1980): *Language and Learning: The Debate between Jean Piaget and Noam Chomsky*, Cambridge, Mass.: M.I.T. Press.

PIKE, Kenneth L., y PIKE, Evelyn G. (1977): *Grammatical Analysis*, Summer Institute of Linguistics & University of Texas at Arlington.

PINBORG, J. (1967): «Die Entwicklung der Sprachtheorie im Mittelalter», *Beiträge zur Geschichte der Philosophie und Theologie des Mittelalters*, XLII, 2.ª parte.

QUILIS, Antonio.
    Cfr. Jiménez Patón.
    Cfr. Nebrija.
    Cfr. Niederehe.

RADFORD, Andrew (1981): *Transformational Syntax. A student's guide to Chomsky's Extended Standard Theory*, Cambridge: University Press.

RAMAT, Paolo (1987): *Linguistic Typology*, Berlín, etc.: Mouton de Gruyter.

RICO, Francisco (1978): *Nebrija frente a los bárbaros*, Salamanca: Universidad.

——— (1981): «Un prólogo al Renacimiento español. La dedicatoria de Nebrija a las Introducciones Latinas», *Seis lecciones sobre la España de los siglos de oro. Homenaje a Marcel Bataillon*, Sevilla: Universidad.

RIDRUEJO, Emilio (1977[1979]): «Notas romances a gramáticas latino-españolas del siglo XV», *Revista de Filología Española*, 59, 48-80.

RIZZI, Luigi (1982): *Issues in Italian Syntax*, Dordrecht: Foris.

ROBINS, R. H. (1951): *Ancient and Medieval Grammatical Theory in Europe*, Londres.

—— (1969): *A short History of Linguistics*, Londres y Harlow: Longmans, trad. esp. *Breve historia de la Lingüística*, Madrid: Paraninfo, 1974.

RUSSELL, Bertrand (1970): *Los problemas de la Filosofía*, Barcelona: Labor.

SAUSSURE, Ferdinand de (1915/1945): *Curso de Lingüística general*, Buenos Aires: Losada, traducción, prólogo y notas de Amado Alonso.

SÁNCHEZ DE LAS BROZAS, Francisco (1562): *Minerva (1562)*, introducción y edición de Eduardo del Estal Fuentes, Salamanca: Universidad, 1975.

—— (1587/1976): *Minerva*, introducción y traducción por Fernando Riveras Cárdenas, Madrid: Cátedra.

Cfr. Mayans.

SÁNCHEZ DE ZAVALA, Víctor (1973): *Indagaciones praxiológicas sobre la actividad lingüística*, Madrid: Siglo XXI de España.

SAPIR, Edward (1921/1954): *El lenguaje*, México: Fondo de Cultura Económica.

—— (1949): *Selected Writings of Edward Sapir in Language, Culture and Personality*, Berkeley: University of California Press.

SCHMIDT, Siegfried J. (1968): *Sprache und Denken als Sprachphilosophisches Problem von Locke bis Wittgenstein*, La Haya: Martinus Nijhoff.

SEILER, H. (1977): *Sprache und Sprachen*, Munich: Fink.

SELLS, Peter (1985): *Lectures on Contemporary Syntactic Theories*, Stanford: CSLI. (Trad. esp. Barcelona: Teide).

SERBAT, G. (1989): *Casos y funciones. (Estudio de las principales doctrinas casuales, de la Edad Media a nuestros días)*, Madrid: Gredos.

SGALL, Petr (1974): «Die Sprachtypen in der klassischen und der neueren Typologie», *Prague Bulletin of Mathematical Linguistics*, 21, 3-9.

SEYBOLD, Christian Fred (1900): *Glossarium latino-arabicum ex unico qui exstat codice Leidensi, undecimo seculo in Hispania conscripto*, Berlín.

SKALIČKA, Vl. (1979): *Typologische Studien*, Braunschweig: Vieweg.

STEINTHAL, Heyman (Hajim) (1980): *Geschichte der Sprachwissenschaft bei den Griechen und Römern*, Berlín. 2.ª ed.

TESNIÈRE, Lucien (1959/1966): *Éléments de Syntaxe Structurale*, 2.ª ed. revisada, París: Klincksieck.

THUROT, Ch. (1868): *Notices et extraits de divers manuscrits latins pour servir à l'histoire des doctrines grammaticales du Moyen Âge*, París.

TRUBETZKOY, Nicolai Sergueievich (1939/1973): *Principios de Fonología*, Madrid: Cincel. (Prólogo de Luis J. Prieto.)

VACHEK, J. (1964): *A Prague School Reader in Linguistics*, Bloomington: Indiana Univ. Press.

VALVERDE, José María (1955): *Guillermo de Humboldt y la Filosofía del Lenguaje*, Madrid: Gredos.

VILLALÓN, Cristóbal de (1558/1971): *Gramática Castellana*, ed. fac. y estudio de Constantino García, Madrid: CSIC.

VIÑAZA, Conde de la [Cipriano Muñoz y Manzano] (1893): *Biblioteca Histórica de la Filología Castellana*, Madrid (imprenta de Manuel Tello). Reimp. Madrid: Atlas, 1978, 3 vols.

VOSSLER, Karl (1946): *Jean Racine*, Buenos Aires: Espasa Calpe.

WECHTER, P. (1964): *Ibn Barun's Arabic Works on Hebrew Grammar and Lexicography*, Filadelfia.

WHORF, Benjamin Lee (1956/1971): *Lenguaje, Pensamiento y Realidad*, Barcelona: Barral.